Die geheimen Botschaften, Manuskripte und Schätze der Templer

in

RENNES - LE - CHATEAU

Die Auflösung des kosmischen Geheimnisses
das bisher nur Eingeweihten vorbehalten war

von Monika Hauf

© 4. Auflage, Copyright 2014 by Bohmeier Verlag, D-04357 Leipzig, Oelssnerstr. 2, Germany, Tel.: +49 (0) 341-6812811 - Fax: +49 (0) 341-6811837.
Immer erreichbar über unsere Internet-Homepage: www.magick-pur.de

© Copyright 1999 für Cover-Konzeption und Ausführung Joe Allen Davis
Gesamtherstellung: Bohmeier Verlag, Printed in Germany

ISBN 978-3-89094-313-6

Motto:

„Wenn man eine Legende erschafft, so geschieht dies in der Absicht, denen, die den Schlüssel dafür haben, etwas in die Hand zu geben. Aber bisweilen verliert sich der Schlüssel - und mit ihm die Geschichte. Allein die Legende bleibt.“

(Philippe de Chérisey: „Circuit“, zitiert aus dem Buch
Louis Charpentiers über die Kathedrale von Chartres)

Inhaltsverzeichnis

In meinem Buch über die Templer[1] habe ich die Geschichte eines Schatzes anklingen lassen, den der kleine Dorfpfarrer von Rennes-le-Château Ende des 19. Jahrhunderts dort gefunden haben soll. Dabei habe ich eine merkwürdige Geheimgesellschaft erwähnt, die sich „Prieuré de Sion“ nennt. Diese Geschichte habe ich damals kommentarlos so weitergegeben, wie sie in der Sekundärliteratur überliefert wird, speziell in „Der Heilige Gral und seine Erben“ und „Das Vermächtnis des Messias“ von Michael Baigent, Richard Leigh und Henry Lincoln. Diese sind anhand von bestimmten Unterlagen zu der Überzeugung gekommen, daß hinter den Templern die besagte Prieuré de Sion stand und mit diesen gemeinsam an einer Restauration der Dynastie der Merowinger arbeitete. Aufsehen erregten Baigent, Leigh und Lincoln jedoch in erster Linie aufgrund ihrer These, daß es sich bei den Merowingern um die Nachkommen von Jesus Christus und Maria Magdalena handeln könnte.

Durch eine Reihe unglaublicher Zufälle gelangte ich in den Besitz der Originalunterlagen, auf die sich Baigent, Leigh und Lincoln gestützt hatten. Und ich mußte feststellen, daß ihre Interpretation auf sehr schwachen Füßen ruht und daß sich, im Gegenteil, hinter der Prieuré de Sion etwas abzeichnet, das wesentlich grandioser ist.

Ravensburg, 7.11.1996

---

1 Monika Hauf: „Der Mythos der Templer“, Walter Verlag, Zürich, 1995

Kapitel 1: Der Hintergrund

Der Schatz im Languedoc

Es war einmal ein armer Dorfpfarrer in einer kleinen Gemeinde in den Bergen. Dieser fand eines Tages einen riesigen Schatz, woraufhin er seine Kirche restaurierte, sich ein schönes Haus baute und viele Freunde einlud.

So könnte ein Märchen beginnen. Nur ist diese Geschichte beileibe keins. Der Pfarrer, Bérenger Saunière, lebte tatsächlich (1852-1917), und seine Kirche sowie seine Villa können heute noch in Rennes-le-Château im französischen Languedoc[2] besichtigt werden.

Und sie werden auch besichtigt. Schon 1965 sah sich die Gemeindeverwaltung veranlaßt, am Ortseingang ein Schild aufzustellen, das Grabungen verbot. Aus gutem Grund: manche Schatzsucher setzten nicht nur Metalldetektoren ein, sondern schreckten sogar vor Sprengungen nicht zurück.

Andere befassen sich mehr theoretisch mit diesem Thema: Schon 1985 gab es fast fünfhundert Bücher zum Thema „Rennes-le-Château". Sie beschäftigen sich nicht nur mit dem Schatz, sondern auch mit den merkwürdigen Dekorationen, mit denen Saunière seine Kirche schmückte und die nicht nur Hinweise auf die Lage des Schatzes liefern sollen, sondern denen auch eine tiefe esoterische Bedeutung zugeschrieben wird.

Was geschah damals tatsächlich? Wir wissen, daß Bérenger Saunière sein Amt in Rennes-le-Château 1885 im Alter von dreiunddreißig Jahren antrat und seine Kirche in einem jämmerlichen Zustand vorfand. Ihr Alter ist nicht genau bekannt. Offiziell wurde sie 1059 geweiht. Aber Teile des Fundaments stammen noch aus der Zeit der Karolinger[3], eventuell sogar der Westgoten[4]. Speziell das Dach war sehr vernachlässigt und drohte einzustürzen. Schon 1883 hatte der Generalvikar von Carcassonne den Staat eindringlich um Unterstützung zur Erhaltung des Gebäudes gebeten. Das Gotteshaus in seinem derzeitigen Zustand stelle eine Gefahr für die Gläubigen dar.

Bérenger Saunière sah sich also trotz seines äußerst niedrigen Salärs veranlaßt, dringend etwas zur Renovierung seiner Kirche zu unternehmen. Er heuerte einige Arbeiter an und scheute sich nicht, selbst bei den Bauarbeiten Hand anzulegen. Aber anstatt sich um das baufällige Dach und die Fenster zu kümmern, riß er als erstes den Altar und den Bodenbelag heraus. Manche vermuten, daß er sich bewußt in Rennes-le-Château niedergelassen hatte und gezielt etwas suchte: schließlich stammte er aus dem Nachbardorf Montazels und kannte die lokalen Überlieferungen.

---

2 Languedoc, Landschaft an der Mittelmeerküste, zwischen der Provence und den östlichen Pyrenäen, jahrhundertelang von den Grafen von Toulouse unabhängig verwaltet, Brennpunkt der Troubadour-Romantik, Schauplatz des Katharer-Kreuzzugs, erst im 13. Jahrhundert Frankreich angeschlossen.

3 Fränkische Dynastie, ursprünglich Hausmeier der Merowinger (687), lösten dann diese als Herrscher ab.

4 Volksstamm aus der Gegend des Schwarzen Meers, der im 5. Jahrhundert im heutigen Südfrankreich und Nordspanien einen unabhängigen Staat mit der Hauptstadt Toulouse gründete. Später von den Franken besiegt und aus dem Languedoc vertrieben. Der südliche Teil des Westgotenreiches mit der Hauptstadt Toledo konnte sich bis zum Einfall der Araber im 8. Jahrhundert halten.

Augenzeugen bestätigen den Fund eines Kruges mit alten Münzen. Ebenso soll er bereits 1886 auf alte Manuskripte gestoßen sein. Außerdem steht fest, daß er vermutlich schon 1891, spätestens jedoch im März 1892 seine erste Reise nach Paris unternahm. Sie sollte nicht die letzte bleiben. Und Paris war nicht das einzige Ziel. Zehn Jahre nach Beginn der Umbauarbeiten nimmt er endlich das Dach in Angriff.

Und dann geschieht das, was einhundert Jahre später zu den wildesten Spekulationen Anlaß geben sollte. Saunière läßt die gesamte Kirche von Grund auf umformen. Die steinernen Wände verschwinden hinter einer doppelten Gipsschicht, welche als Grundlage für fürchterliche bonbonfarbige Malereien und Stukkaturen dient. Danach packt Saunière der Größenwahn: Er kauft Grundstücke, allerdings im Namen seiner Haushälterin Marie Dénarnaud, und läßt zwischen 1901 und 1905 eine Villa und eine Bibliothek in einem freistehenden Turm errichten. Und er empfängt Gäste im großen Stil: darunter eine Operndiva und einen Erzherzog. Alle waren von ihrem Gastgeber und seiner Großzügigkeit begeistert. Ein Park mit Springbrunnen, exotische Vögel in Volièren, Obstbäume in Glashäusern und sogar zwei kleine Affen runden das paradiesische Bild ab. Schon um 1900 hatte seine gutaussehende junge Haushälterin begonnen, ihre Garderoben in Paris zu bestellen. Man tuschelte.

Irgendwann kommen die Gerüchte über Saunières für einen armen Dorfpriester reichlich ungewöhnlichen Lebenswandel auch seinem Bischof in Carcassonne zu Ohren. Der fordert natürlich umgehend eine detaillierte Aufschlüsselung der Quellen und der Verwendung der Gelder. Da Saunière darüber keine hinreichende Auskunft geben kann oder will, beschuldigt der Bischof ihn schließlich, mit Messen zu handeln oder aber Geld für Messen kassiert zu haben, die dann überhaupt nicht gelesen wurden[5]. Der Bischof ist sich jedoch darüber im klaren, daß seine Anklage haltlos ist, und äußert sich auch dementsprechend. Eine solche Einnahmequelle hätte nicht ausgereicht, Saunières Lebensstil zu bestreiten.

Der Streit zieht sich jahrelang hin. Schließlich enthebt der Bischof Saunière seines Amtes. Am 1. Juli 1909 tritt ein gewisser Abbé Marty die Pfarrstelle von Rennes-le-Château an, mit dem Effekt, daß die Kirche von den Dorfbewohnern boykottiert wird. 1910 wendet sich Saunière schließlich nach Rom. Und tatsächlich, im Oktober 1915 annulliert der Vatikan alle Sanktionen des Bischofs von Carcassonne. Saunière hat den Sieg davongetragen. Er sollte sich dessen nicht lange erfreuen. Am 17. Januar - merken wir uns dieses Datum - 1917 erleidet er einen Schlaganfall mit Gehirnblutung. Fünf Tage später stirbt er.

Seine Haushälterin, die seine Erbin war und als seine Vertraute galt, überlebte ihn um mehr als eine Generation. Ihre letzten Jahre verbrachte sie in der Obhut der Familie Corbu, der sie Saunières „Villa Béthanie“ auf Leibrentenbasis verkauft hatte. Noël Corbu kannte die merkwürdige Geschichte von Bérenger Saunière und hatte bis zum Schluß gehofft, Marie würde ihr Versprechen wahr machen und ihm das Geheimnis verraten, das ihn in

---

[5] Der „Verkauf“ von Heiligen Messen ist in der katholischen Kirche heute noch üblich, speziell die sogenannten Seelenmessen für Verstorbene. Der „Handel“ mit Messen, wie er Saunière vorgeworfen wurde, ist jedoch verboten. Saunière wurde beschuldigt, für Messen zu werben, dafür zwei, drei oder gar vier Francs zu kassieren und dann nach „Auftragserteilung“ diese Messen um einen Franc pro Messe an einen anderen Priester „weiterzuverkaufen“, der dann diese Messe lesen sollte.

„einen reichen, einen sehr reichen Mann“ verwandeln würde, so hatte sie sich ausgedrückt. Nach einem Schlaganfall konnte oder wollte sie jedoch nicht mehr sprechen. Nahm sie ein Geheimnis mit ins Grab?

Hatte sie kurz nach dem Zweiten Weltkrieg wirklich ungültig gewordene Geldscheine verbrannt, weil sie befürchtete, bei einem Umtausch über deren Herkunft Rechenschaft ablegen zu müssen? Hielt sie sich deshalb jahrzehntelang nur mühsam mittels ihres kleinen Gemüsegartens und ein paar Karnickeln und Hühnern über Wasser? Oder wollte sie die Corbus nur hinhalten?

Nach ihrem Tod versucht Noël Corbu, auf andere Art aus der Vergangenheit Kapital zu schlagen. Er verwandelt im Frühjahr 1955 die „Villa Béthanie“ in ein Hotel. Die Anfänge sind schwierig. Das Unternehmen beginnt erst zu florieren, als die Zeitung „La Dépêche du Midi“ im Januar 1956 eine Serie von Artikeln über den „Milliardenpfarrer“ veröffentlicht.

Das „erste Geschlecht“

Ein paar Monate später, am 5. Juni 1956, gründen einige Männer, darunter ein gewisser Pierre Plantard, in St.-Julien-en-Genevois bei Genf eine Vereinigung, die sie „Prieuré de Sion“[6] nennen. Ihr Ziel: nicht weiter definierte Studien und Wiederbelebung der Ideale des Rittertums.

Aber was hat die Gründung einer solchen Gesellschaft mit der Geschichte des Abbé Saunière zu tun? Die Frage muß anders formuliert werden: Warum sah sich die Prieuré gerade zu diesem Zeitpunkt veranlaßt, sich offiziell registrieren zu lassen? Denn laut ihrer eigenen Aussage lag die eigentliche Gründung fast tausend Jahre zurück. Die Prieuré sei als „Ordre de Sion“ 1099 nach der Eroberung Jerusalems im ersten Kreuzzug von Gottfried von Bouillon, dem ersten fränkischen König der Heiligen Stadt, gegründet worden. Und sie stehe ihrerseits hinter der Gründung des Templerordens im Jahre 1118, der ursprünglich lediglich ihr Schwertarm gewesen sei.

Eine ganze Generation lang, bis Anfang der achtziger Jahre, beschränkt sich die Prieuré de Sion größtenteils darauf, in der Bibliothèque Nationale von Paris Dokumente zu hinterlegen. Dokumente, die sich unter fiktiven Autorennamen mit einem bestimmten Thema befassen: dem Überleben der Dynastie der Merowinger bis in die heutige Zeit - und ihrer Verbindung mit Rennes-le-Château.

Der von den Merowingern angeführte fränkische Volksstamm hatte sich während der Völkerwanderung in Belgien niedergelassen. Mit ihrer Ausbreitung nach Süden verdrängten sie den alten Namen Galliens, bis das Land schließlich den ihren annahm: Reich der Franken, Frankreich.

Aber die Schulbücher betonen üblicherweise weniger die Stärke der ersten Merowinger als die Dekadenz der späteren merowingischen Kindkönige. Die Merowinger werden damit zum bedeutungslosen Bindeglied zwischen dem Untergang des römischen Imperiums und seiner Wiedergeburt durch die Kaiserkrönung Karls des Großen im Jahre 800 in Rom. Die Prieuré-Unterlagen interpretieren die Geschichte anders. Die Dynastie der Me-

6 Wörtlich Priorat von Zion. Theoretisch ist jedes Kloster, dem ein Prior vorsteht, ein Priorat.

rowinger, das „erste Geschlecht", sei nicht ausgestorben, lediglich in der Versenkung verschwunden.

Und wie erklärt nun die Prieuré das Überleben der Merowinger, wo doch der einzige Sohn des letzten merowingischen Königs in einem Kloster gestorben war und keine Nachkommen hinterlassen hatte? Die Prieuré greift nicht auf diesen offiziell letzten männlichen Merowinger zurück, sondern auf Dagobert II., König von Austrien[7], der vermutlich im Jahre 679 in Nordfrankreich ermordet wurde. Entgegen der landläufigen Meinung habe sein Sohn Sigebert IV. ihn überlebt. Er sei nach der Ermordung seines Vaters von einem Getreuen nach Südfrankreich in Sicherheit gebracht worden, just in die Gegend, wo heute Rennes-le-Château liegt. In seinen Nachkommen lebe das „erste Geschlecht" weiter. Bis zum heutigen Tage.

In Deutschland ist der Name Dagobert inzwischen ausgestorben und höchstens noch durch den schrulligen reichen Onkel der Komik-Ente Donald Duck ein Begriff. Mit einer Ausnahme: dem Kaufhauserpresser, der sich diesen Decknamen zulegte. Er hatte durch sein phantastisches Glück, der Polizei mehrfach im letzten Moment wie durch ein Wunder zu entwischen, dem Namen Dagobert einen gewissen Nimbus verliehen. Es war eine Art Anti-Klimax, als „Dagobert" im April 1994 schließlich gefaßt wurde. Aber ob Talerchenzählender Dagobert Duck oder erpresserischer Phantom-Dagobert: beide haben mit Geld zu tun.

Und damit sind wir bei der Antwort auf die Frage angelangt, was die Gründung der Prieuré de Sion mit der Affäre Rennes-le-Château zu tun hat. Dagobert II. beziehungsweise der Prieuré de Sion gehöre nämlich der Schatz, den der Abbé Saunière gefunden hat. So zumindest besagt eine codierte Nachricht in einem alten Manuskript, auf das wir zu einem späteren Zeitpunkt noch eingehen.

In Frankreich ist ein weiterer König Dagobert allerdings wesentlich populärer: sein Großvater Dagobert I., der „gute König Dagobert", der Held eines bekannten Volkslieds. Wenn man die von der Prieuré herausgegebenen Unterlagen analysiert, zeichnet sich ein Mann als wichtigster Theoretiker ab: Philippe Marquis de Chérisey. Sein Hauptwerk, auf das wir im Laufe dieser Abhandlung immer wieder zurückkommen, weil es die Thesen der Prieuré kondensiert, ist ein Roman mit dem Titel „Circuit", die Kreisbahn. Dieser Marquis de Chérisey, zeitweise Großmeister der Prieuré, stellt jedem der zweiundzwanzig Kapitel seines Schlüsselromans einen Vers dieses Liedes voran. Das hat seine Gründe, wie wir noch sehen werden.

Der auffallendste Aspekt des Liedes ist, daß es nicht die geschichtliche Wirklichkeit wiedergibt. Dagobert, ein mächtiger Herrscher, wird darin nämlich als harmloser Trottel dargestellt. Bemerkenswert ist weiterhin, daß sein Berater, der heilige Eligius, in diesem Lied einen beinahe höheren Stellenwert als der König selbst einnimmt. Daß Eligius tatsächlich ein Vertrauter König Dagoberts I. war, ist eine historische Tatsache. Ursprünglich war er jedoch als Goldschmied für Dagoberts Vorgänger Chlothar an den Königshof gerufen worden.

---

7 Austrien beziehungsweise Austrasien nannten die Merowinger den nordöstlichen Teil Galliens, der ihrer Herrschaft unterstand. Austrien bedeutet nichts anderes als Ostreich.

Dagobert I. stirbt 634, Nachfolger ist sein Sohn Sigebert III. - ein vierjähriges Kind. Die Herrschaft liegt in den Händen eines „Reichsverwesers“, Hausmeier genannt. Sigebert wird nur sechsundzwanzig Jahre alt und läßt 656 ebenfalls einen Kindkönig als Erben des Thrones zurück: Dagobert II., geboren 652, „unseren“ Dagobert. Dieser wird bald darauf entführt und rituell entmachtet: durch Abschneiden seines langen Haares. Die Merowinger - und ihre Untertanen - schrieben nämlich dem Haar eine magische Bedeutung zu. Lediglich die Könige trugen ihr Haar lang und offen, anders als ihre Krieger, die den Nacken ausrasierten und das Haar auf dem Hinterkopf zusammenbanden. Über die Reihenfolge mehrerer Palastrevolutionen sind sich die Historiker nicht ganz einig. Der Hausmeier Grimoald versucht, den fränkischen Adeligen seinen eigenen Sohn Childebert als Thronanwärter unterzuschieben, dieser wird aber um 660 wieder abgesetzt. Chlodwig II., bereits König von Burgund und Neustrien[8], läßt sich 657 zum König von Austrien ausrufen, nach seinem Tod noch im gleichen Jahr werden seine Söhne Chlothar III. beziehungsweise dessen Bruder Childerich II. seine Nachfolger. - Als Sieben- beziehungsweise Dreijährige; an ihrer Stelle herrscht wiederum ein Hausmeier.

Aber es sieht nicht so aus, als habe der fromme Eligius gegen diesen Verrat an seinem toten Freund Dagobert I. und den eklatanten Rechtsbruch protestiert. Vielleicht war ihm beziehungsweise der Römischen Kirche die jüngste geschichtliche Entwicklung im Reich der Franken gar nicht unangenehm. Die Taufe Chlodwigs, deren 1500-Jahr-Feier 1996 begangen wurde, hatte auch seine Untertanen in den Schoß der Kirche von Rom getrieben. Aber ansonsten waren die Merowinger zwar willkommene Partner im Kampf gegen die arianischen[9], also laut Rom ketzerischen Westgoten im Süden des heutigen Frankreich, jedoch viel zu unbotmäßig. Und vor allem fühlten sie sich nicht auf die Bestätigung der Kirche angewiesen, selbst wenn es später so ausgelegt wurde: ein Engel habe 496 nach der Taufe Chlodwigs in Gestalt einer Taube eigens ein Ölfläschchen vom Himmel herabgetragen. Hincmar, Bischof von Reims im 9. Jahrhundert, rechtfertigte damit die Praxis der königlichen Salbung. Aber selbst katholische Quellen gestehen inzwischen, daß es sich dabei wohl eher um eine damals übliche Form der Firmung im Anschluß an die Taufe handelte.

Der Zauber des merowingischen Blutes war mächtig genug, die Verschwörer von einem Königsmord abzuhalten. 660 wird Dagobert nach Irland gebracht. Ob man ihn dort ursprünglich mit Gewalt in den kirchlichen Dienst zwingen wollte oder ob es sich dabei um eine Schutzmaßnahme gehandelt hat - immerhin wurde ihm im Kloster Slane eine hervorragende Erziehung zuteil -, wissen wir nicht. 667 vermählte er sich im Norden Großbritanniens mit einem Edelfräulein namens Mathilde. Wilfrid, der Bischof von York, hatte dafür gesorgt, daß er Irland verlassen konnte. Mathilde hat vermutlich nicht mehr erlebt, wie ihr Gatte 671 auf den Kontinent zurückkehrte; sie sei 670 gestorben. 674 erlangte Dagobert die Königswürde von Austrien zurück.

Aber sein Triumph währte nur kurz. Über seinen Tod gibt es zwei Versionen. Die erste besagt, er sei in einer Schlacht gegen König Theoderich gefallen und in Rouen bestattet worden. Später habe man ihn nach Stenay überführt, eine kleine Stadt in Nordostfrankreich. Der zweiten Theorie nach wurde er auf Veranlassung des neustrischen Hausmeiers

---

8 Neustrien hieß der westliche Teil des merowingischen Reiches.

9 Die Arianer stritten die göttliche Natur Jesu ab und wurden deshalb beim Konzil von Nicäa (325) als Ketzer verurteilt. Was nichts an der Tatsache änderte, daß sich ihre These weiter verbreitete.

Ebroin 679 in der Nähe von Stenay ermordet und dort beigesetzt. Wenn diese Theorie zutrifft, liegt der Verdacht nahe, daß hinter Ebroin der austrische Hausmeier Pippin der Mittlere stand. Denn irgend jemand hatte Interesse daran, Ebroin anschließend zum Schweigen zu bringen. Er wurde in ein Kloster verbannt und 681 ermordet.

689 nahm Pippin den Titel Prinz der Franken an. Sein Enkel, Pippin der Jüngere, setzte dann offiziell den letzten Merowingerkönig, Childerich III., ab. Danach ließ er durch zwei Bischöfe in Rom nachfragen, ob der Papst seine Usurpation billigte. Da die Antwort positiv ausfiel, ließ Pippin sich 751 von einem Priester salben. Er war also bereit, die Oberhoheit der Kirche im Austausch für seine Legitimation anzuerkennen.

Die Gebeine Dagoberts II. werden etwa zweihundert Jahre nach seinem Tod in Stenay wiederentdeckt. Am 10. September 872 erfolgt seine Heiligsprechung bei einem Konzil in Douzy - als Märtyrer.

Leider gelten nicht einmal die magersten Daten der Biographie Dagoberts als gesichert. Diese Epoche liegt zu weit zurück. Einen Sohn namens Sigebert hatte er tatsächlich, nur weiß man nicht genau, wann er geboren wurde und wer seine Mutter war. Und ob dieser Sohn ihn überlebte und schließlich als Graf von Rhedae, dem heutigen Rennes-le-Château, in der Kirche Ste.-Marie-Madeleine begraben wurde, wie die Prieuré de Sion behauptet. Auch für andere von der Prieuré vorgebrachte bedeutsame genealogische Verknüpfungen existieren keine Beweise.

Die Prieuré beruft sich dabei auf die Unterlagen eines gewissen Henri Lobineau alias Henri de Lénoncourt, dessen Identität allerdings umstritten ist. Die Autoren Michael Baigent, Richard Leigh und Henry Lincoln erläutern in ihren Bestsellern „Der Heilige Gral und seine Erben“ sowie „Das Vermächtnis des Messias“, wie sie sich bemühten, die von der Prieuré präsentierten Genealogien auf ihren Wahrheitsgehalt hin zu untersuchen. Und zwar anhand von unabhängigen Quellen. Es war ein hoffnungsloses Unterfangen.

Andererseits konnten Baigent, Leigh und Lincoln die Behauptungen der Prieuré auch nicht widerlegen, obwohl sie für ihre Forschungen den beeindruckenden Apparat des BBC mit seinen Archiven und hervorragenden weltweiten Verbindungen zur Verfügung hatten. Es gelang ihnen nicht einmal der Nachweis, daß es sich bei dem jetzigen „Thronanwärter“ der Prieuré, Pierre Plantard, mit vollem Namen Pierre Plantard de St.-Clair, alias Pierre VI., Graf von Rhedae, einem der Gründer der modernen Prieuré von St.-Julien, um einen Scharlatan handelt.

Aber warum ist es überhaupt von Bedeutung, ob ein Merowinger auf dem französischen Thron sitzt? Was steht hinter dem Blut des „ersten Geschlechts“? Für Baigent, Leigh und Lincoln ist die Frage beantwortet: weil der Stammvater Jesus Christus selbst war. Sie interpretieren den Heiligen Gral, le Saint Gral oder Sangraal, als „sang réal“, das heilige Blut Christi, das in den Adern seiner Nachkommen fließt. Daß der Gral für die Ideologie der Prieuré eine gewaltige Bedeutung hat, ist unbestreitbar. Wir werden immer wieder auf ihn zurückkommen. Die Verbindung zum Blut Christi ist zwar verführerisch, doch letztlich nur eine Auslegung von Baigent, Leigh und Lincoln.

Die berühmtesten Geschichten um den Heiligen Gral entstanden während der Kreuzzüge. Wolfram von Eschenbach bezeichnet in seiner Gralsgeschichte „Parzival“ die Hüter des Grals als Templeisen, was eindeutig an die Templer erinnert. Und die Prieuré gibt an, hinter der Gründung dieses Ordens zu stehen. Gottfried von Bouillon, der erste König des neugegründeten Königreiches Jerusalem, war laut Prieuré ein Nachkomme der Merowinger. Ein Nachkomme, der sich seines Ursprungs bewußt war und im Nahen Osten für das „erste Geschlecht“ ein neues Reich gründete.

... und seine Erben

Die Hoffnungen auf eine Restauration des alten Geschlechts, die sich unter ihm erfüllt sahen, wurden 1291 mit der Rückeroberung des Heiligen Landes durch die Sarazenen zunichte gemacht. Von diesem Moment an hätten sich die Merowinger wieder auf ihr europäisches Kernland konzentriert. Der Gedanke, unter dem Schutz der Prieuré de Sion eines Tages die Königswürde zurückzuerlangen, sei nie fallengelassen worden. Wie ging es weiter?

Das Blut des „ersten Geschlechts“ floß laut Prieuré unter anderem in den Adern der Herzöge von Lothringen[10] und Guise, die tatsächlich im 16. Jahrhundert immer wieder mehr oder weniger offen gegen die herrschende Dynastie der Valois rebellierten. Die letzten Valois waren Heinrich II. und seine drei Söhne, die nacheinander als Franz II., Karl IX. und Heinrich III. den französischen Thron bestiegen[11]. Wäre Franz II. nicht bereits in Alter von fünfzehn Jahren und kinderlos gestorben, hätten die Merowinger in Gestalt seiner Nachkommen die Thronfolge angetreten. Seine Gemahlin war Maria Stuart[12], die junge Königin von Schottland, von mütterlicher Seite eine Guise.

Heinrich III. war verheiratet mit Louise de Vaudémont. Diese war nicht nur eine Verwandte der Guise und hatte damit Merowinger-Blut in den Adern; der Ort Vaudémont in Lothringen ist der Zwillingshügel eines Wallfahrtsortes mit dem bezeichnenden Namen Sion. Heinrich und Louise de Vaudémont hinterließen keine Nachkommen: der König wurde umgebracht, als er gerade achtunddreißig Jahre alt war. Auf den ersten Blick mag es merkwürdig erscheinen, daß dahinter vermutlich die Guise standen. Es gibt jedoch eine logische Antwort auf diese Frage. Schon Heinrichs Zeitgenossen fragten sich, ob der König homosexuell war. Heute würde man ihn vermutlich als „Drag Queen“ bezeichnen: er liebte Verkleidungen, Kosmetik, Schmuck, speziell riesige Ohrgehänge - und seine Favoriten, die „Mignons“. Es heißt zwar, Louise de Vaudémont habe einige Fehlgeburten erlitten, nur kann es sich dabei um ein bewußt in Umlauf gebrachtes Gerücht handeln; die Sterilität eines Königs galt als unheilvolles Omen für das Land.

---

10 Lothringen, Landschaft in Ostfrankreich, zwischen Vogesen und Pariser Becken, Kernland des Merowinger-Reiches Austrien, jahrhundertelang Streitapfel zwischen Frankreich und Deutschland.

11 Heinrich II. (1519 - 1559), kam völlig unerwartet bei einem Turnier um. Der berühmte Nostradamus soll seiner Gemahlin, Katharina von Medici (1519 - 1589) prophezeit haben, daß jeder von ihren drei Söhnen einen Thron besteigen würden. Die Prophezeiung erfüllte sich. Nur war es immer der gleiche Thron: der französische. Und keiner der drei hinterließ einen Nachfolger. Franz II. (1544 - 1559) starb noch im Jahr seiner Krönung. Karl IX. (1550 - 1574) hinterließ neben einer Tochter nur einen unehelichen Sohn, so daß danach sein Bruder Heinrich III. (1551 - 1589) die Thronfolge antrat.

12 Maria Stuart (1542 - 1597), Tochter Jakobs V. von Schottland und Marie de Guise.

Der nächste Thronanwärter war Heinrich IV.[13], der Begründer einer neuen Dynastie, der Bourbonen. Auch seine Thronbesteigung wurde von den Guise angefochten. Sogar beim Papst fanden sie Unterstützung. Der Heilige Stuhl hatte lange die Abschwörung des protestantischen Glaubens, der sich Heinrich IV. unterzogen hatte, nicht anerkannt. Die Guise waren demonstrativ katholisch, wie neunzig Prozent der damaligen Bevölkerung Frankreichs, und konnten auf breite Unterstützung zählen. In erster Ehe war Heinrich IV. mit Margarethe, einer Schwester der letzten Valois-Könige, vermählt.

Nur hatte es vorher Pläne gegeben, die Prinzessin mit Henri de Guise zu verheiraten. Diese Heirat hätte dem Herzog von Guise, Salisches Recht[14] hin oder her, einen moralisch besseren Anspruch auf den Thron verschafft, als Heinrich IV. je besaß. Der Herzog von Guise war ein - allerdings sehr entfernter - Nachkomme Karls des Großen, es gab durchaus Kreise, die ihn nicht ungern auf dem Thron Frankreichs gesehen hätten.

Heinrich IV. wurde 1610 ermordet, hatte aber mit seiner zweiten Gattin Maria von Medici zwei Söhne, die ihn überlebten: den späteren König Ludwig XIII. und Gaston, den Herzog von Orléans (1608-1660) . Und letzterer vermählte sich zweimal mit Damen aus merowingischem Geblüt: in erster Ehe mit Marie de Bourbon-Montpensier, einer Guise, in zweiter Ehe mit Margarethe von Lothringen. Was störte König Ludwig XIII. an dieser Ehe, daß er einen Skandal riskierte und sie mit aller Gewalt für ungültig erklären lassen wollte? Befürchtete er, daß nach beinahe tausend Jahren das Gespenst des „ersten Geschlechts“ wieder auferstehen könnte und seinen Anspruch auf den Thron bestreiten würde?

Ludwig XIII. und seine Gemahlin, Anna von Österreich, waren jahrzehntelang kinderlos geblieben. Auch war der König nicht sehr populär, am wenigsten unter seinem Hochadel. Es kam zu offenen Rebellionen, hinter denen aber auch Gaston von Orléans stand. Die Rebellen verloren jedoch die Entscheidungsschlacht bei Castelnaudary; Gaston zog sich in den Languedoc zurück, wie vor ihm schon Sigebert. Aber noch war er Thronfolger; es sah so aus, als würde der übernächste König Merowinger-Blut in den Adern haben.

Zu Gastons Bestürzung und zur allgemeinen Verwunderung hieß es auf einmal, Königin Anna sei schwanger. Diese Nachricht klang so unglaublich, daß die Legitimität des späteren Ludwigs XIV. von manchen Kreisen stark angezweifelt wurde. Der Chirurg, der nach dem Ableben Ludwigs XIII. die Leiche untersucht hatte, hielt es aus organischen Gründen für unwahrscheinlich, daß der König Vaterfreuden genossen hatte. Letztendlich darf sogar in Frage gestellt werden, daß Anna von Österreich wirklich die Mutter Ludwigs XIV. war. Diverse Vorkehrungen, welche üblicherweise bei der Geburt eines königlichen Prinzen das Unterschieben eines falschen Kindes verhindern sollten, wurden in diesem

---

13 Heinrich IV. (1553 - 1610), seit 1562 König von Navarra, ab 1589 König von Frankreich, im protestantischen Glauben erzogen. Die Legende behauptet, er habe seine politisch motivierte Konvertierung zum Katholizismus mit den Worten kommentiert: „Paris ist eine Messe wert!“

14 Das Salische Gesetz war ursprünglich ein altes Volks*recht* der Salfranken. Es wurde jedoch um 510 vom Frankenkönig Chlodwig aus dem Hause der Merowinger zum allgemeinen *Gesetz* erhobenen. Ein wichtiger Bestandteil bestand vorerst darin, daß es die Frauen von der *ErbschaftanLandbesitz* ausschloß. Auch später, im Streit um die frz. Krone gegen Eduard III. von England, berief sich Frankreich (nach 1358) auf das Salische Gesetz, wodurch sich auch später Grundeigentum und Thronfolge nur durch Männer vererben können. Das Salische Recht schloß damit letztendlich die weibliche Thronfolge sowie die Weitergabe des Thronanspruchs über Frauen grundsätzlich aus.

Falle nämlich mißachtet. Die Geburt sei plötzlich sehr rasch vor sich gegangen. Nicht einmal der König war anwesend.

1648, nach dem Tod Ludwigs XIII., erhob sich der Hochadel Frankreichs gegen die Regentin, Königin Anna. Dieser Aufstand, die sogenannte Fronde, hatte sein Hauptquartier ausgerechnet in Stenay, dem Wallfahrtsort des heiligen Dagobert. Und die älteste Tochter Gastons von Orléans, genannt „La Grande Mademoiselle", von ihrer Mutter her eine Guise, verteidigte höchstpersönlich die Bastille gegen den König.

War dies der einzige Grund, warum ihr der König die Eheschließung verbot? Oder hegte er ähnliche Befürchtungen wie schon Ludwig XIII.: daß die Merowinger nur darauf warteten, einen geeigneten Thronprätendenten zu präsentieren - zum Beispiel in Gestalt eines Sohnes der „Grande Mademoiselle"? Da die Grande Mademoiselle ihren Plan weiterhin verfolgt, läßt Ludwig ihren Auserwählten, den Herzog von Lauzun, kurzerhand verhaften und zehn Jahre lang in der Festung Pignerol, am Fuße der Alpen und damit fern von Paris, einkerkern. Auch als die Grande Mademoiselle schließlich seine Freiheit erkauft hat, steht Lauzun weiterhin unter Bewachung und darf sich der Hauptstadt nicht nähern - obwohl die Grande Mademoiselle zu diesem Zeitpunkt bereits über fünfzig Jahre alt war und damit keine dynastische Gefahr mehr darstellte. Fürchtete Ludwig eine Wiederholung der Ereignisse bei seiner eigenen Geburt?

Der Heilige und der Ketzer

Im Zusammenhang mit dieser bewegten Epoche bringt die Prieuré gerne den Namen Vincent de Paul[15] ins Spiel. Dieser heilige Vincent wird im deutschsprachigen Raum nur frommen Katholiken ein Begriff sein, anders als in Frankreich, wo er jahrzehntelang gewirkt hat. Vincent hatte großen Einfluß auf die königliche Familie, speziell auf die alternde Königin Anna.

Seine Biographien berichten verschämt, es gebe im Leben des Heiligen etwas, das die Neugier reize: die Zeit zwischen 1605 und 1607. Seiner eigenen Aussage nach verbrachte Vincent diese zwei Jahre in Tunis: auf einer Seereise von Marseille nach Toulouse hätten ihn Piraten gefangengenommen und als Sklaven verkauft. Zu seinen Herren gehörten unter anderem ein Alchimist und ein abtrünniger Christ, den er wieder auf den rechten Weg brachte, worauf beide gemeinsam nach Frankreich zurückkehrten. Seine löbliche Bescheidenheit habe es dem Heiligen verboten, sich dieser Bekehrung zu rühmen, aus diesem Grund sei es ihm peinlich gewesen, darauf angesprochen zu werden.

Ganz anders der Originalton, den Vincent selbst anklingen läßt, als man ihm fünfzig Jahre später eine Kopie des Briefes schickt, in dem er damals einem Gönner gegenüber seine jahrelange Abwesenheit aufgrund der oben geschilderten Ereignisse erklärte: „Ich beschwöre Euch, beim Herzen Jesu und bei allen Gnaden, die Gott Euch erwiesen habt, gewährt mir die eine, den elenden Brief, der die Türkei erwähnt, an mich zurückzugeben!"

Ein weiterer offener Punkt ist die Mitgliedschaft Vincents in der „Compagnie du Saint Sacrement", einer ultrakatholischen Geheimgesellschaft, von der man gerade weiß, daß sie existiert hat, aber nicht genau, in welcher Form und zu welchem Zweck. 1627 gegründet,

---

15 Saint Vincent de Paul, geboren 24.04.1581 nahe Pouy in Gascogne, verstorben am 27.09.1660 in Paris, französischer Priester und Gründer der Gemeinschaft der „Lazaristen".

sollte sie offiziell die Gläubigen zur Frömmigkeit aufrufen, wohltätige Werke unterstützen und die Verehrung des Altarsakramentes fördern, aber ihre eigentlichen Zielsetzungen seien politischer Art gewesen. Diversen Biographen Vincents war anscheinend die Compagnie nicht seriös genug, um mit ihm in Verbindung gebracht zu werden - sie wird offiziell kaum erwähnt. Und natürlich sind ihre Hintermänner nicht alle bekannt, sonst wäre es ja keine Geheimgesellschaft.

Genannt werden neben dem heiligen Vincent de Paul auch Jean-Jacques Olier und Nicolas Pavillon. Das ergibt dankbarerweise einigen Stoff für Spekulationen und Hypothesen: Olier stand nämlich hinter dem Bau der Barockkirche St.-Sulpice in Paris, welche in der Ideologie der Prieuré eine große Bedeutung einnimmt. Genauso wie der Namenstag dieses heiligen Sulpicius: der 17. Januar. Pavillon war Bischof von Alet: zeitweise gehörte Rennes-le-Château zu dieser Diözese.

Die Informationen über die Compagnie sind äußerst widersprüchlich. So soll sie gegen die Jesuiten konspiriert haben, obwohl zumindest ein Jesuit, nämlich Suffren, der Beichtiger des Königshauses, ein Mitglied der Compagnie war.

Baigent, Leigh und Lincoln sind der Meinung, die Compagnie du Saint Sacrement habe im 17. Jahrhundert als Fassade für die Prieuré de Sion gedient. Weil die Prieuré zu verstehen gibt, Vincent habe die zwei kritischen Jahre nicht bei den Heiden, in der Barbarei, sondern in „Barbarie“ verbracht: einer Burg der Plantards im Nivernais[16].

Gérard de Sède, einer der ersten Autoren, der sich des Themas „Rennes-le-Château“ annahm und der seine Informationen vermutlich aus erster Hand bezog, sagt, auf was es der Prieuré ankommt. Vincents Zeitgenosse Molière[17] habe in seinem Theaterstück „Les fourberies de Scapin“[18] auf die geheimnisvolle Seereise Vincents angespielt: ein junger Mann in Geldnöten versucht, aus seinem Vater Lösegeld herauszuschinden, indem er vorgibt, daß Piraten ihn auf ihr Schiff lockten. Was den Vater zu der in Frankreich sprichwörtlich gewordenen Frage veranlaßte: „Aber was zum Teufel hatte er auf diesem Schiff überhaupt verloren?“

Gérard de Sède weist jedoch ebenso darauf hin, daß Molière diesen Satz lediglich aufgriff. Die Szene stammt nämlich aus einem weiteren Lustspiel: „Le pédant joué“[19]. Sein Autor war zu seiner Zeit eine Berühmtheit. Nur wurde sein Name lange Zeit totgeschwiegen und erst Ende des 19. Jahrhunderts wieder ins Rampenlicht gerückt, im wahrsten Sinne des Wortes: durch das ihm gewidmete Theaterstück „Cyrano de Bergerac“ von Edmond Rostand. Der historische Cyrano de Bergerac (1620-1655) zeichnete sich tatsächlich durch eine übergroße Nase aus. Und er soll auch sehr gereizt reagiert haben, wenn jemand ihr zuviel Aufmerksamkeit schenkte. Er führte und sekundierte unzählige Duelle und riskierte damit die Todesstrafe. Zu den Beratern des Königs, welche sich für ein Verbot und eine strenge Bestrafung der Duelle eingesetzt hatten, gehörte ausgerechnet Vincent de Paul.

---

[16] Nivernais: Landschaft in Burgund.

[17] Molière (1622 - 1673), französischer Komödiendichter und Schauspieler. Zu seinen bekanntesten Werken gehört „Tartuffe“.

[18] dt.: Scarpins Streiche

[19] dt.: Der angeführte Pedant

Bergerac war jedoch nicht nur Duellant und Musketier, sondern auch ein begnadeter Poet. Klassiker wie Molière und Corneille[20] schrieben passagenweise von ihm ab. Sie gingen in die Literaturgeschichte ein. Bergerac gilt als exotische Randerscheinung - und auch das nicht einmal wegen seiner Werke, sondern aufgrund seines exzentrischen Verhaltens. Er beschäftigte sich auch mit Mathematik, Musik, den Naturwissenschaften und Philosophie. Seine Thesen baute er in literarische Werke ein. Leider wurden Teile dieses Vermächtnisses nach seinem Tode verbrannt. Auch hielten seine Nachlaßverwalter es für nötig, manche Stellen zu entschärfen. Erhalten sind neben „Le pédant joué“ ein utopischer Roman über eine Reise zum Mond und zur Sonne, die Tragödie „La mort d'Agrippine“[21] sowie manche Briefe.

Noch in ihrer verstümmelten Form geben uns diese Werke eine Vorstellung von der geistigen Größe Bergeracs. Und von seinem Mut. So ging er davon aus, daß der Mensch nicht die Krone der Schöpfung darstellt, daß die Gestirne keine Lichter am Firmament sind, sondern Planeten oder Sterne, und daß sich die Erde um die Sonne dreht. 1633, als Bergerac seine Studien in Paris begann, bedrohte die Inquisition Galileo Galilei für die Postulierung der nämlichen Thesen mit dem Tod. Das Paradies der Genesis verlegt Bergerac auf den Mond. Aufgrund der Lücken im Text ist diese Stelle nicht ganz eindeutig; es sieht jedoch so aus, als lasse er seinen Protagonisten dort vom Baum der Erkenntnis und vom Baum des Lebens kosten. Und in einem Lustspiel wagt ein Gelehrter die ketzerische Aussage, es sei Cupido gewesen, der Sohn der Venus, welcher das Licht vom Chaos trennte. In einem späteren Zusammenhang wird klar, warum sich Bergerac mit dieser Berufung auf die Venus endgültig einen Platz im Gedankengebäude der Prieuré erobert hat.

Ein weiteres Stück Molières, „Le Tartuffe“, habe das Mißfallen der Compagnie du Saint Sacrement erweckt, weil darin das von ihr propagierte Ideal für den Laien, einen heiligmäßigen Mann zum geistlichen Führer und Vorbild zu nehmen, verunglimpft worden sei. Aber „Tartuffe“ wurde nach einigen Änderungen aufgeführt. Und beweisbar ist das Eingreifen der Compagnie nicht.

Vergleichen wir diese Theorie mit einer Anekdote über die Aufführung von Bergeracs „Tod der Agrippina“. Eine Gruppe frommer Menschen wollte sich mit eigenen Augen und Ohren davon überzeugen, ob dieses Stück die christliche Religion in den Schmutz ziehe, wie Kritiker behaupteten. Einige sehr heikle Stellen lassen sie ungerührt über sich ergehen. Erst als in der vierten Szene des vierten Aktes der Ausruf „Schlagen wir zu, hier kommt das Opfer!“ fällt, greifen sie ein und protestieren gegen die „gottlose Beschimpfung des Altarsakraments“. Bergerac hatte nämlich für „Opfer“ den Ausdruck „hostie“ verwendet, eine Ableitung aus dem Lateinischen. Sein Zeitgenosse Corneille tat dies mehrfach ungestraft. Wer war diese „Gruppe frommer Menschen“? Die gleiche, welche Baigent, Leigh und Lincoln mit der Prieuré de Sion gleichsetzen? Es ist unerklärlich, daß die Bedeutung Bergeracs dem englischen Autorenteam nicht aufgefallen ist, obwohl sein Name mehrmals in den von der Prieuré de Sion inspirierten Werken fällt: so bei Philippe de Chérisey, Gérard de Sède und Jean-Luc Chaumeil. Speziell in „Circuit“ finden wir auch

---

20 Corneille (1606 - 1684), weiterer französischer Dramatiker, der sich jedoch, im Gegensatz zu seinem Kollegen Molière, auf Tragödien spezialisiert hatte.

21 dt.: Der Tod der Agrippina

zahlreiche Anspielungen auf sein Werk. Interessant ist auch, daß Charles Nodier[22], der zu Beginn des 19. Jahrhunderts Großmeister der Prieuré de Sion gewesen sein soll, einer der wenigen Literaten war, die Bergerac zu würdigen verstanden. Nodier bespricht seine Werke mehrmals und ausführlich. Die britischen Autoren haben versucht, einen Zusammenhang zwischen den Männern herzustellen, welche die Prieuré als ihre Großmeister bezeichnet. Dabei ignorieren sie, daß es sich in dem Zeitraum, in dem die Compagnie agierte, ausschließlich um Engländer beziehungsweise Deutsche handelte.[23] Wie sollten diese vom Ausland aus mitten während des Dreißigjährigen Krieges eine in Frankreich ansässige Geheimgesellschaft dirigieren? Was nicht bedeutet, daß sich zu dieser Zeit keine esoterischen Verbindungen zwischen dem Kontinent und den Britischen Inseln spannten. Denn zahlreiche englische und schottische Aristokraten waren im Gefolge der englischen Königin Henriette, einer Tochter Heinrichs IV. von Frankreich, vor Cromwells[24] Truppen geflohen. Es heißt, diese britischen Emigranten hätten das jakobitische Freimaurertum von England auf den Kontinent gebracht.[25]

1623, als die Rosenkreuzer[26] ihre Manifeste in Paris aushängten, war Cyrano noch ein Kind und lebte fern der Hauptstadt. Später waren sie ihm durchaus ein Begriff; würde er sie sonst erwähnen? Aber Verbindungen zu den Freimaurern würden sowohl vom zeitlichen Rahmen her als auch zu Cyranos Charakter passen. Seine Biographen sind zudem der Meinung, daß er England besucht hat. Wenn es zur Zeit der Compagnie du Saint Sacrement in Frankreich bedeutende Esoteriker gab, dann waren diese in den Reihen ihrer Gegner zu suchen. Zu diesen muß Bergerac gezählt werden.

Aber was bezweckt die Prieuré, wenn sie Vincent de Paul scheinbar einen wichtigeren Stellenwert einräumt als Cyrano de Bergerac, weil sie auf letzteren nur versteckt hinweist? Darauf gibt es nur eine logische Antwort: sie wollte bewußt einen Widerspruch provozieren. Das wird nicht das letzte Mal sein, daß wir ein solches Verhalten konstatieren.

Die Manuskripte

Wir haben erwähnt, daß die 1956 gegründete Prieuré de Sion verschiedene Unterlagen in der Bibliothèque Nationale von Paris hinterlegte. Im Prinzip eine korrekte Vorgehensweise: jedes in Frankreich veröffentlichte Buch muß dort eingesehen werden können. Zu erkennen sind diese Werke daran, daß die fiktiven Namen der Autoren einen Zusammen-

---

[22] Charles Nodier (1780 - 1844), französischer Schriftsteller, romantische bis phantastische Themen, interessierte sich tatsächlich für Geheimgesellschaften.

[23] Robert Fludd (1595 - 1637), Johann Valentin Andreae (1637 - 1654), Robert Boyle (1654 - 1691), Isaac Newton (1691 - 1727), Charles Radclyffe (1727 - 1746). Die Zahlen in Klammern beziehen sich dabei auf die Amtszeit.

[24] Oliver Cromwell (1599 - 1658) führte die Rebellion des englischen Parlaments gegen König Karl I., nahm nach der Hinrichtung des Königs den Titel Lordprotektor an und führte in England ein streng puritanisches Regime ein.

[25] Siehe Fußnote 1

[26] Eine geheimnisvolle Gruppe, die Anfang des 17. Jahrhunderts durch drei Veröffentlichungen für Aufruhr in Europa sorgte: „Die chymische Hochzeit des Christian Rosencreutz“, die „Fama Fraternitatis“ und die „Confessio“.

hang mit Rennes-le-Château demonstrieren: Antoine l'Ermite, Nicolas Beaucean, Madeleine Blancassal, Jean Delaude, Walter Celse-Nazaire, Serge Roux.

Kennern der Materie ist die Bedeutung dieser Namen sattsam bekannt. Jean Delaude (de l'Aude) beziehe sich auf das Departement Aude, in dem Rennes-le-Château und sein Nachbarort Rennes-les-Bains liegen. Auch in dem Werk, das ihm zugeschrieben wird, verberge sich ein Wortspiel: „Le Cercle d'Ulysse“, der Kreis des Odysseus, bedeute in Wirklichkeit „le cercle du lys“, der Kreis um die Lilie, das Wappen der Plantards. Den Heiligen Celse und Nazaire ist die Kirche von Rennes-les-Bains geweiht. Blancassal ist eine Zusammenziehung der Namen der Flüsse Blanque und Sals, die sich in der Nähe von Rennes-les-Bains vereinigen. Nicolas Beaucean greift eine andere Schreibweise von Beauséant auf, der berühmten schwarzweißen Schlachtstandarte der Templer.

Antoine l'Ermite wird gerne auf die Statue des heiligen Antonius in der Kirche von Rennes-le-Château bezogen. Oder auf ein Gemälde, das Bérenger Saunière bei seinem ersten Besuch in Paris gekauft haben soll. In „Circuit“ verrät Philippe de Chérisey, daß seine Bedeutung für die Prieuré hauptsächlich in einem Buch von Gustave Flaubert[27] liegt: „La Tentation de St.-Antoine“[28]. Diese Versuchung bestand in den Lockungen der verschiedenen ketzerischen Strömungen, welche zu Lebzeiten des Heiligen (ca. 251-356) im Mittelmeerraum mit dem orthodoxen Christentum konkurrierten und mit denen er sich in seinen Visionen auseinandersetzen mußte. Sprich: die Gnosis, eine Interpretation des Evangeliums, welche die Erkenntnis über den Glauben stellt. Die Prieuré möchte den Leser veranlassen, sich mit solchen Lehren zu beschäftigen. Wenn er diesem Rat folgt, ergibt sich ein großer Teil der weiteren Interpretation von selbst. Wichtig ist außerdem der Namenstag des heiligen Antonius, der 17. Januar, ein Datum, dem wir in dieser Abhandlung noch häufig begegnen werden.

Was vor zwanzig oder gar dreißig Jahren in diesen Schriften von den Autoren mit den Phantasienamen in der Bibliothèque Nationale niedergelegt wurde, ist inzwischen Allgemeingut geworden. Die modernen Autoren haben die Ansprüche der Prieuré de Sion mehr oder weniger gut zusammengefaßt.

Mit zwei Ausnahmen. Die erste ist ein Prosagedicht mit dem Titel „Le Serpent Rouge“[29]. Dieses Gedicht behandeln die meisten Interpretationen sehr stiefmütterlich, und das, obwohl es auf den 17. Januar und damit das wichtigste Datum der Prieuré datiert ist. Vielen Autoren scheint das Gedicht zu unbequem. Aus diesem Grunde ignorieren sie auch, daß der Name eines weiteren kryptischen Autors, Serge Roux, an „Le Serpent Rouge“ erinnert.[30] „Le Serpent Rouge“ handelt von einem Zodiak mit dreizehn Tierkreiszeichen und ist ungeheuer symbolträchtig. Schon die erste Strophe weist den Leser ausdrücklich darauf hin, daß die Manuskripte, die ihm einzeln zugespielt werden, für den Wissenden ein Ganzes ergeben. Gleichzeitig deutet sie jedoch, mittels einer Farbsymbolik über den Ursprung der Farben Weiß und Schwarz, die damit verbundene Gefahr an. Wäh-

27 Gustave Flaubert (1821 - 1880), französischer Schriftsteller, bekannt durch seinen Roman „Madame Bovary“, der bei seinem ersten Erscheinen einen Skandal auslöste.

28 dt.: Die Versuchung des heiligen Antonius

29 dt.: Die Rote Schlange

30 „Roux“ beziehungsweise die weibliche Form „rousse“ wird in bestimmten Zusammenhängen, zum Beispiel bei der Haarfarbe, dem sonst üblichen Ausdruck „rouge“ für die Farbe Rot vorgezogen.

rend die additive Mischung aller Grundfarben, also die Projektion von Licht in verschiedenen Wellenlängen auf eine Leinwand, Weiß ergebe, führe die subtraktive Mischung, das körperliche Zusammenschütten der Farben, zu Schwarz.

Diese These, daß sowohl Weiß als auch Schwarz alle anderen Farben enthält und die beiden somit identisch sind, ist wiederum gnostisch. Gut und Böse, Licht und Schatten, Leben und Tod sind ohne ihren Gegenpol unverständlich und heben sich sogar in diesem auf.

Der Autor von „Le Serpent Rouge" hat recht. Einzeln gesehen können die Prieuré-Unterlagen zu Fehlinterpretationen verleiten. Was weiß aussieht, kann in Wirklichkeit schwarz sein - erst der Kontrast, der Vergleich mit den anderen Steinen des Mosaiks, ermöglicht die richtige Anordnung zu einem Gesamtbild. Rocco Negro und Blanchefort, der schwarze Fels und die weiße Burg, sind zwei geographisch völlig bedeutungslose Punkte bei Rennes-le-Château. Dennoch hat die Prieuré dafür gesorgt, daß sie in allen Publikationen Erwähnung finden.

Ironischerweise konzentrieren sich die meisten Interpretationen der Affäre Rennes-le-Château nicht auf diese beiden Grundfarben, sondern auf die Arabesken, mit denen die Prieuré ihre Unterlagen versah, um dem Ganzen etwas Würze zu verleihen. Dazu gehören die zahlreichen Hinweise auf die Dekorationen der Kirche von Rennes-le-Château und die sogenannte heilige Geometrie der Umgebung.

Wir haben gesagt, es gebe neben der „Roten Schlange" noch eine weitere Ausnahme von der Regel, daß die modernen Autoren die Argumente der Prieuré de Sion recht gut vermitteln. Diese zweite Ausnahme ist der bereits mehrfach zitierte Roman „Circuit" von Philippe de Chérisey. Baigent, Leigh und Lincoln streifen gerade noch seine Existenz. Aber ansonsten verstehen sie unter „Circuit" den Namen eines internen Mitteilungsblattes der Prieuré, da diese sich gleichzeitig „Chevalerie d'Institutions et Règles Catholiques, d'Union Indépendante et Traditionaliste" nenne, kurz: CIRCUIT. Daß dieses Wortungetüm, „Ritterschaft der katholischen Institutionen und Regeln der unabhängigen und der Tradition verhafteten Vereinigung", lediglich eine Anspielung auf den Roman sein könnte, berücksichtigen sie nicht. Die Handlung von „Circuit" an sich ist relativ einfach: ein Schauspieler namens Amédée erhält den Auftrag, unter dem Namen Charlot auf den Kanarischen Inseln nicht näher spezifizierte Nachforschungen anzustellen. Im Laufe der Erzählung wird das, was wir als Affäre Rennes-le-Château kennen, in einem breiten esoterischen Kontext dargestellt.

Chérisey wußte, von was er sprach. Seine Epigonen wissen es nicht mehr. Aber Chérisey ist tot. Er starb 1985, zu einem Zeitpunkt, als das Autorenteam Baigent, Leigh und Lincoln gerade durch die Veröffentlichung von „Der Heilige Gral und seine Erben" eine gewaltige Kontroverse entfacht hatte. Baigent, Leigh und Lincoln waren jedoch nicht die ersten, die sich „offiziell" mit dem Rätsel von Rennes-le-Château auseinandergesetzt haben. Gérard de Sède kann für sich in Anspruch nehmen, der Pionier gewesen zu sein, der dieses Thema vor allen anderen aufgriff - seine Veröffentlichungen reichen zurück bis ins Jahr 1967, und ihm haben letztendlich die englischen Autoren ihren Erfolg zu verdanken, was sie auch anerkennen. Sein Buch „L'or de Rennes“[31] war der Anlaß, daß sie sich dieses Themas annahmen.

Es gibt jedoch Hinweise, daß auch de Sède nicht von sich aus zu seinen Erkenntnissen kam. 1962, also lange vor „L'or de Rennes“, erschien sein Buch über Gisors[32], neben Rennes-le-Château und Stenay die dritte Hochburg der Prieuré: „Les Templiers sont parmi nous“. Und die Zeichnungen in diesem Buch stammen von Pierre Plantard: Mitbegründer der modernen Prieuré de Sion, zeitweise ihr Großmeister - und dem Vernehmen nach ihr „Thronprätendent“. Plantard habe sich nach de Sèdes Reportage über die unterirdische Kapelle von Gisors mit ihm in Verbindung gesetzt. „Les Templiers sont parmi nous“[33] stellt zwar keine Verbindung zu Rennes-le-Château her, dafür wird die Prieuré de Sion zum ersten Mal öffentlich vor einem breiteren Publikum erwähnt.

Auch in seinem dritten Klassiker, „La race fabuleuse“[34], zieht de Sède keine direkten Querverweise zu Rennes-le-Château. Das Thema spricht jedoch für sich selbst: die Merowinger.

Zu den bedeutungsvollsten Unterlagen der Affäre Rennes-le-Château gehören jedoch neben den in der Bibliothèque Nationale hinterlegten Dokumenten und den Veröffentlichungen de Sèdes die geheimnisvollen Schriften, auf die der Abbé Saunière in seiner Kirche gestoßen sein soll. Sie werden im allgemeinen wie folgt beschrieben, mit kleinen Abweichungen bezüglich Alter und Inhalt:

- eine Genealogie der merowingischen Könige beziehungsweise ihrer Nachfahren bis zum Jahr 1244
- eine Weiterführung dieser Genealogie bis 1644, erstellt von François-Pierre von Hautpoul, dem Feudalherrn von Rennes-le-Château
- das sogenannte Testament des Henri von Hautpoul aus dem Jahre 1695, das ein Staatsgeheimnis enthalten soll

Kein einziges dieser Dokumente wurde je präsentiert. Der einzige Beweis für beziehungsweise Hinweis auf ihre Existenz besteht in zwei Schriftstücken, die immerhin von einem englischen Notar und dem französischen Konsulat in London unterzeichnet sind. Beim ersten handelt es sich um einen notariell beglaubigten Antrag auf Ausfuhrgenehmigung von drei Genealogien beim französischen Konsulat in London aus dem Jahre 1955. Laut diesem Antrag stellen die drei alten Manuskripte den Beweis für die Abstammung des Hauses Plantard von Sigebert IV. dar, dem Sohn König Dagoberts II. Das zweite Dokument, datiert auf 1956, in dem der vorläufige Verbleib der Unterlagen in England beantragt wird, hat das englische Autorenteam als Fälschung gebrandmarkt.

Baigent, Leigh und Lincoln gaben sich die größte Mühe, die drei Engländer, welche die notariell beglaubigten Urkunden beantragt hatten, aufzuspüren und über die Hintergründe dieser Vorgänge zu befragen. Aber immer wieder wurden ihnen neue Namen zugespielt, mit dem Hinweis, daß noch weitere Personen in die Transaktion involviert waren.

---

31 dt.: Das Gold von Rennes

32 Gisors: kleine Stadt in der Normandie, im Mittelalter zur Zeit der Auseinandersetzungen zwischen dem englischen und dem französischen König um die englischen Besitzungen auf dem Kontinent von wichtiger strategischer Bedeutung.

33 dt.: Die Templer sind unter uns

34 dt.: Das sagenumwobene Geschlecht

Angesichts des gewaltigen Aufwandes - es waren auch Rückfragen in den Vereinigten Staaten notwendig - sind die Resultate ihrer Bemühungen eher mager. Über den Verbleib der Dokumente gibt es nur Gerüchte.

Saunière soll noch ein viertes Manuskript gefunden haben, das jedoch bei der geschilderten notariellen Transaktion nicht erwähnt wird. Zumindest aber gibt es hiervon Kopien. Pierre Plantard habe allerdings eingestanden, daß es sich um Fälschungen handelte, die Philippe de Chérisey bereits 1956 erstellte. Später milderte Plantard seine Aussage: es handle sich zwar um Kopien, aber diese basierten auf Originalen. Dieses vierte Dokument besteht aus zwei Abschriften aus den Evangelien in lateinischer Sprache, mit absichtlich eingebauten Unregelmäßigkeiten und Fehlern. Ursprünglich sollen die beiden Texte Vorder- und Rückseite eines Pergaments dargestellt haben.

Wenn man die leicht hochgestellten Buchstaben des ersten, relativ kurzen Dokuments in der vorgegebenen Reihenfolge kopiert, ergibt sich folgender Text in französischer Sprache: A DAGOBERT II ROI ET A SION EST CE TRESOR ET IL EST LA MORT. Auf Deutsch: „Dieser Schatz gehört König Dagobert II. und Sion und er ist der Tod." Eine andere Übersetzung, die den meisten Autoren wesentlich geläufiger ist, lautet „...und er liegt dort tot." In den zweiten, wesentlich längeren Text wurden zahlreiche Buchstaben eingebaut, die überflhüssig sind. Wenn man sie in mehreren Schritten auf hundertzwanzig Buchstaben reduziert und dann mit Hilfe eines ungeheuer komplizierten Codes entschlüsselt, ergeben sie folgende Nachricht:

BERGERE PAS DE TENTATION QUE POUSSIN TENIERS GARDENT LA CLEF PAX DCLXXXI PAR LA CROIX ET CE CHEVAL DE DIEU J'ACHEVE CE DAEMON DE GARDIEN A MIDI POMMES BLEUES.

Dieser Satz ist für die Analyse der gesamten Affäre Rennes-le-Château von gewaltiger Bedeutung, aber nicht so, wie er normalerweise interpretiert wird. Auf die Feinheiten der Übersetzung und die Fehler, die meist dabei gemacht werden, gehen wir in einem späteren Kapitel noch ein. Die grobe Übersetzung lautet wie folgt:

SCHÄFERIN KEINE VERSUCHUNG DASS POUSSIN TENIERS DEN SCHLÜSSEL HÜTEN FRIEDEN 681 DURCH DAS KREUZ UND DIESES PFERD GOTTES ERLEDIGE (VOLLENDE?) ICH DIESEN DÄMON VON WÄCHTER IM SÜDEN BLAUE ÄPFEL.

Poussin[35] und Teniers[36] sind die Namen von zwei Malern. Ersterem verdanken wir ein Bild mit dem Titel „Die Schäfer von Arkadien", das ausgerechnet in Arques entstanden sein soll: in der Nähe von Rennes-le-Château. Es stellt drei in antike Gewänder gekleidete Hirten und eine Frau dar, welche auf einem Sarkophag die Aufschrift ET IN ARCADIA EGO entziffern: Auch ich war einst in Arkadien[37].

---

35 Nicolas Poussin (ca. 1594 - 1665), bekannter französischer Maler, der sich auf klassische Themen spezialisiert hatte. Wir kommen zu einem späteren Zeitpunkt nochmals auf ihn und sein Bild »Et in Arcadia ego« zurück.

36 David Teniers der Jüngere (1610 - 1690), niederländischer Maler, spezialisierte sich auf Szenen des flämischen Bauernlebens.

37 Arkadien: griechische Berglandschaft auf dem Peloponnes, in der Dichtkunst und Malerei zum Land der ewigen Jugend und der Glückseligkeit idealisiert. Wir kommen auch darauf noch zurück.

Die Grabsteine der Marquise

Im vorangegangenen Kapitel haben wir erfahren, daß sich die Dokumente, welche der Abbé Saunière in seiner Kirche gefunden haben soll, in der Obhut der Familie Hautpoul befanden. Diese Feudalherren von Rennes-le-Château waren also Geheimnisträger. Und kurz vor der Französischen Revolution soll die letzte Marquise von Hautpoul dieses Geheimnis ihrem Beichtvater, dem Abbé Bigou, anvertraut haben, der es dann in codierter Form auf den Grabsteinen der Marquise festhielt. Auf einer Stele brachte er folgende Aufschrift an, die im übrigen ein Anagramm des soeben besprochenen „Bergère"-Textes darstellen soll:

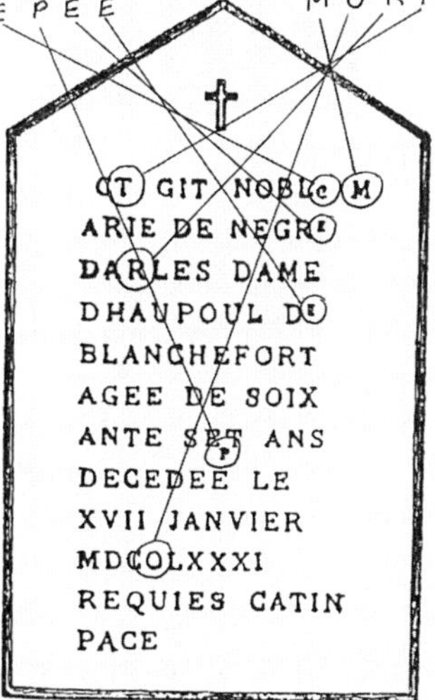

CT GIT NOBLe M
ARIE DE NEGR^{E}
DARLES DAME
DHAUPOUL D^{E}
BLANCHEFORT
AGEE DE SOIX
ANTE SE$_{P}$T ANS
DECEDEE LE
XVII JANVIER
MDCOLXXXI
REQUIES CATIN
PACE

CI GIT NOBLE,
MARIE DE NEGRE
D'ABLES DAME
D'HAUTPOUL DE
BLANCHEFORT
AGEE DE SOIX-
ANTE SEPT ANS
DECEDEE LE
XVII JANVIER
MDCCLXXXI
REQUIESCAT IN
PACE

Es ist unübersehbar, daß einige Buchstaben herausragen, weil sie kleingeschrieben oder hoch- beziehungsweise tiefgestellt sind. Aber dies sind nicht die einzigen Fehler. Alle Abweichungen zusammen ergeben die beiden Schlüsselworte, die für die Dechiffrierung der Evangeliumsabschrift nötig sind: MORT, der Tod, und EPEE, das Schwert. Zur Verdeutlichung wurde der berichtigte Text gegenübergestellt. Seine Übersetzung lautet wie folgt: „Hier ruht die edle Marie de Nègre d'Ables, Dame d'Hautpoul de Blanchefort, gestorben im Alter von siebenundsechzig Jahren, am 17. Januar 1781. Möge sie in Frieden ruhen."

Durch eine falsche Trennung in der vorletzten Zeile ragt inmitten des lateinischen Textes das französische Wort CATIN heraus, zu deutsch Hure, das auf dem Grabstein einer hohen Dame reichlich befremdlich wirkt. Manche werden vielleicht in diesem Zusammenhang unwillkürlich an die Patronin von Rennes-le-Château denken, die reuige Sünderin Maria Magdalena[38]. Davor sollten sie sich hüten - denn damit verfangen sie sich prompt in einer ihnen gestellte Falle. Das Wort „catin" wurde nämlich aus einem lateinischen Kontext gerissen. Und der lateinische Ausdruck „catinus" bedeutet lediglich Kelch;

[38] Die Überlieferung identifiziert sie mit der stadtbekannten Sünderin, die im Hause des Pharisäers Simon die Füße Jesu mit ihren Tränen wusch und anschließend salbte (Lk 7/37-39).

unter der Bezeichnung „sacro catino“ verehrt man in Genua heute noch ein Gefäß, das mit dem Kelch des Letzten Abendmahls identifiziert wird - und damit dem Heiligen Gral.

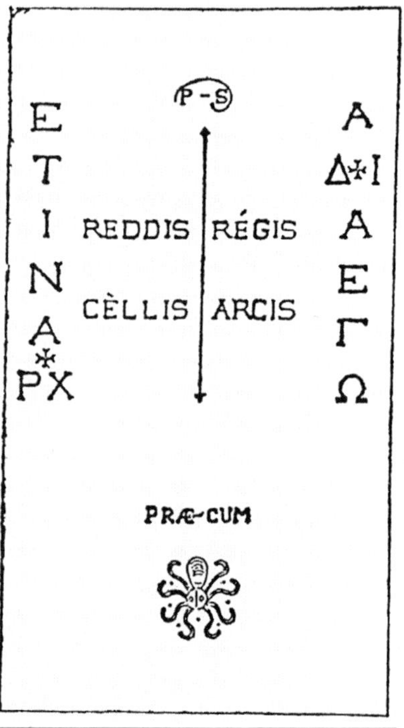

Der liegende Grabstein mit der Aufschrift ET IN ARCADIA EGO in griechischen Buchstaben und dem merkwürdigen Tintenfisch - oder einer Spinne?
Man vergleiche dieses Tier mit dem Schlangenträger auf dem Deckblatt der Statuten der Prieuré.

Ein weiterer Stein soll auf dem Grab der Marquise gelegen haben. Dieser wiederholt links und rechts die Aufschrift des Poussin-Bildes, ET IN ARCADIA EGO, allerdings in griechischen Buchstaben. In der Mitte befinden sich die rätselhaften Worte REDDIS - REGIS - CELLIS - ARCIS, darunter die Zeichnung eines tintenfischähnlichen Tieres. Die Symbolik assoziiert den Tintenfisch wegen seiner vielen Beine mit der Spirale. Und diese wiederum mit der Schlange. Nicht nur, daß die Prieuré ihren Zodiak als Rote Schlange bezeichnet. Das astrologische Zeichen des Schlangenträgers auf dem Deckblatt ihrer Statuten gleicht einer stilisierten Abbildung dieses Tintenfisches.

Über die Bedeutung der Worte REDDIS - REGIS - CELLIS - ARCIS wurde viel gerätselt. REDDIS wird gerne auf Rhedae bezogen, den alten Namen von Rennes-le-Château, ARCIS demzufolge auf den Nachbarort Arques. Oder sollte ARCIS gemeinsam mit CELLIS auf eine Heilige namens Roseline hinweisen, die in der Ideologie der Prieuré eine wichtige Rolle einnimmt und deren Namenstag am 17. Januar gefeiert wird? Sie war nämlich die Priorin des Kloster von *Celle*-Roubaud in *Arcs*-sur-Argens. Damit würden beide Grabsteine der Marquise auf das gleiche kritische Datum Bezug nehmen: den 17. Januar, der eine Art Leitmotiv der Prieuré darstellt.

Aus diesen und anderen Erklärungen wurde bereits eine Unzahl von kryptischen Hinweisen auf den Schatz konstruiert, die wir hier nicht wiederholen wollen. Nur eine Alternative verdient es, erwähnt zu werden. Sie basiert darauf, daß es sich bei diesen Wörtern um Ableitungen lateinischer Vokabeln handelt. Eine „cella“ kann unter anderem das Innere eines Tempels bezeichnen. REGIS ist der Genitiv von „rex“, König, ARCIS der von „arx“, Burg oder Anhöhe. Genauso könnte ARCIS jedoch auf „arca“, die Schatztruhe, zurückgeführt werden. Wenn man nun „arx“ als den Tempelberg von Jerusalem und „cella“ als das Allerheiligste des von „rex“ Salomon erbauten Tempels sieht, verwandelt sich „arca“ in die Bundeslade, welche die Gesetzestafeln des Berges Sinai enthielt - und irgendwann verlorenging.

Ein Volk behauptet jedoch, sie zu besitzen, heute noch: die Äthiopier. Ein gemeinsamer Sohn der Königin von Saba und Salomons habe die Lade vor dreitausend Jahren entführt. Sie soll sich in einer Kirche in Axum befinden, die der heiligen Maria vom Berge Zion geweiht ist, ein Name, der auffallend dem der Prieuré ähnelt. In jeder christlichen Kirche Äthiopiens verehren die Gläubigen eine stilisierte Nachbildung der Bundeslade. Diese begleiten sie alljährlich in einem feierlichen Umzug durch die Straßen der Stadt: ausgerechnet am 18. und 19. Januar, also unmittelbar nach dem 17. Was meinte Pierre Plantard, als er 1979 behauptete, die Prieuré besitze den verlorenen Schatz von Jerusalem, aber wichtiger sei ein spiritueller Schatz? Zumal in „Circuit“ nicht nur die jüdischen Könige David und Salomon auftauchen, sondern sogar die Königin von Saba?

Auffallend ist auch die gemeinsame Endung der vier Wörter: IS. „Le Serpent Rouge“ spricht einmal ausdrücklich von der Göttin Isis, in einer anderen Strophe fällt der merkwürdige Ausdruck „zweimal IS“. Der Grabstein der Marquise von Hautpoul potenziert dies zu „viermal IS“. Der spanische Autor Alarcón hält diese Silbe „IS“ für einen vorkeltischen Begriff, mit dem etwas Heiliges in seinen diversen Manifestationen ausgedrückt werden sollte. Er ist der Meinung, diese Silbe in diversen Ortsbezeichnungen in entstellter Form wiedergefunden zu haben.

Greifen wir diese Anregung auf: trifft sie auf unser Thema zu? Es könnte sein: Paris selbst enthält diese beiden Buchstaben - und auch die für die Prieuré so wichtige Kirche St.-Sulpice, wenn man die Schreibweise ignoriert und nur vom Laut ausgeht.[39] Laut einer alten Überlieferung leitet sich der Name Paris sogar von Isis ab und lautete ursprünglich Par-Isis.

Und welche Deutung ist nun die richtige? Vermutlich keine - beziehungsweise alle. Die Interpretation dieser vier Worte gleicht der Richter-Skala für seismische Beobachtungen: sie ist nach oben hin offen. Philippe de Chérisey macht in „Circuit“ daraus eine Allegorie über Tod und Wiedergeburt: Wer nicht die Erfahrung des Kellers gemacht habe, werde nicht auf die Höhe gelangen. Diese Aussage ist so simpel, daß sie gerne übersehen wird. Wie wir noch sehen werden, zu unrecht.

Erhalten ist jedoch keiner der beiden Grabsteine. Und die Erklärungen für ihr Verschwinden sind widersprüchlich. Manche meinen, Saunière sei dafür verantwortlich. Haben diese Grabsteine überhaupt je existiert? Die wichtigste Quelle, auf die sich ihre Verfechter nämlich berufen, ist mehr als zweifelhaft: eine Broschüre mit dem Titel „Pierres Gravées du Languedoc“, Steininschriften im Languedoc, zusammengestellt von einem gewissen Eugène Stublein.

Der Diskussion um die Echtheit dieses Traktats wollen wir uns nicht anschließen. Denn die eigentliche Frage muß anders lauten: Warum fand die Marquise überhaupt in einem Einzelgrab auf dem Friedhof ihre letzte Ruhestätte? Irgendwo unter der Kirche muß eine Krypta sein. Noch 1724 wurde dort ein gewisser Henry de Vernet bestattet[40]. Warum also nicht die Marquise?

---

[39] Sulpice wird als „Sülpis“ ausgesprochen.

[40] Zumindest steht dies im alten Kirchenregister von Rennes-le-Château.

Letztendlich ist auch diese Frage lediglich rhetorischer Art. Was uns interessieren muß, ist nicht die Existenz dieser Grabsteine, sondern die Gründe, warum die Prieuré Wert auf ihre Beschreibung legt. Wiederholen wir die wichtigen Punkte:

- der Tod (MORT) und das Schwert (EPEE)
- CATIN: die Hure und der Heilige Gral
- die Gegenüberstellung von Schwarz (Nègre) und Weiß (Blanchefort)
- zweimal ISIS
- der 17. Januar
- die Verfälschung des Sterbedatums von 1781 zu 1681

Die beiden letzten Daten scheinen einen direkten Hinweis auf Sigebert IV. zu enthalten. Denn genau tausend Jahre vorher, am 17. Januar 681, sei dieser in Rennes-le-Château angekommen, der Heimat seiner Mutter Gislis, deren Name sich zudem aus den Endungen der Worte RE-GIS und CEL-LIS bilden läßt. An diesem Tag war seit der Ermordung Dagoberts mehr als ein Jahr verstrichen. Warum diese Verzögerung? Eine Begründung lautet, Sigebert IV. habe sich unmittelbar nach der Ermordung seines Vaters einige Zeit bei seiner Schwester Irmine im Kloster von Oerren[41] aufgehalten. Aber das wirft nur eine neue Frage auf. Warum brach er von dort mitten im Winter auf, um ausgerechnet am 17. Januar 681 in Rennes-le-Château anzukommen?

Der Text dieser Evangelienabschrift, über den Spaziergang Jesu und seiner Jünger Die Worte BLES und SOLIS SACERDOTIBUS sind in der rechten unteren Ecke deutlich abgesetzt. Die höhergestellten Buchstaben (hier durch Umkreisung hervorgehoben) bilden in der vorgegebenen Reihenfolge in diesem lateinischen Text die französischen Worte A DAGOBERT II ROI ET A SION EST CE TRESOR ET IL EST LA MORT (Dieser Schatz gehört König Dagobert II. und Sion und er bedeutet den Tod / liegt dort tot).

[41] Oerren, auch Horreum genannt: Kloster bei Trier

Kapitel 2: Analogie und Inversion (I)

Der tolle Tanz der Zahlen

Die spöttische Bemerkung eines Skeptikers, ob die Prieuré nicht neben dem Tag auch noch die genaue Uhrzeit von Sigeberts Eintreffen kenne, ist unangebracht. Natürlich kann weder das Jahr noch das Datum durch unabhängige Dokumente belegt werden - nicht einmal die Tatsache an sich. Hinzu kommt, daß wir inzwischen eine Kalenderreform hatten. Unter Papst Gregor XIII. wurden im Jahre 1582 in den meisten Ländern die Tage zwischen dem 4. und dem 15. Oktober gestrichen.

Dennoch betont Louis Vazart[42] die an sich völlig nebensächliche Tatsache, daß sich der Gouverneur von Stenay just am 17. Januar 872 nach Douzy zum Palast Karls des Kahlen begab, um die Heiligsprechung König Dagoberts II. zu erwirken. Am 17. Januar des Jahres 1382 sei es dem damaligen Großmeister der Prieuré, dem Alchimisten Nicolas Flamel, zum ersten Male gelungen, reines Silber herzustellen. Anscheinend mißt die Prieuré diesem Ereignis mehr Bedeutung zu als der erstmaligen Herstellung von Gold am 25. April. Der 17. Januar ist der Namenstag diverser Heiliger, welche die Prieuré immer wieder erwähnt, darunter Antonius und Roseline.

Bedeutsam ist jedoch nicht nur der Tag, sondern auch das Jahr der Ankunft Sigeberts: 681. Wenn man die Ereignisse untersucht, welche die Prieuré und ihre Exegeten immer wieder hervorheben, so stellt man fest, daß sich die Kombination der Zahlen 1, 6 (beziehungsweise die Umkehrung 9) und 8 mit einer so auffallenden Häufigkeit wiederholt, daß es schon beinahe unheimlich wirkt. 681 wurde der neustrische Hausmeier Ebroin, der alte Widersacher der Familie Sigeberts, ermordet, 689 hatte der Hausmeier Pippin den Titel Prinz der Franken angenommen. 816 sei das Salböl der fränkischen Könige zum ersten Mal urkundlich erwähnt worden. Ein Gemälde von Guercino[43], das ebenfalls die Aufschrift „Et in Arcadia ego" trägt, entstand 1618. Nicolas Fouquet[44], der allmächtige Finanzminister Ludwigs XIV., fiel 1660 in Ungnade und starb 1680. Ein Jahr später, 1681, wird Lauzun, die große Liebe der Grande Mademoiselle, wieder freigelassen. Die beiden hatten gleichzeitig einen Teil ihrer Haft in der Festung Pignerol verbracht.

Im gleichen Jahr, 1681, ließ Ludwig XIV. die Stadt Straßburg besetzen. Sogenannte Reunionskammern sollten dafür sorgen, daß alle Gebiete, welche zu irgendeinem Zeitpunkt von französischen Lehnsherren abhängig waren, Frankreich einverleibt wurden. Da hierbei die französischen Grenzen nach dem Dreißigjährigen Krieg - der im übrigen ausgerechnet 1618 begann - als Maßstab genommen wurden, waren diese Gebietsansprüche

---

42 Zeitweise Mittelsmann zwischen Pierre Plantard und Michael Baigent, Richard Leigh und Henry Lincoln, Gründer des „Cercle St. Dagobert II".

43 Guercino alias Giovanni Francesco Barbieri (1591 - 1666), italienischer Maler.

44 Nicolas Fouquet (1615 - 1680), französischer Staatsmann, Mäzen zahlreicher Künstler. Seine Prunkentfaltung erweckte den Neid Ludwigs XIV., was zu seinem Sturz führte. Andere meinen, Fouquet habe irgend etwas Belastendes gegen Ludwig XIV. in der Hand gehabt. Auf jeden Fall wurde er bis zu seinem Lebensende gefangengehalten und in der Gefangenschaft streng abgeschirmt. Manche identifizieren ihn sogar mit dem berühmten „Mann in der eisernen Maske", einem Staatsgefangenen, der sein Gesicht permanent verbergen mußte, oder meinen zumindest, er habe dessen Identität gekannt.

beachtlich. Ludwig XIV. konnte nicht alle seine Wünsche durchsetzen. Aber es gelang ihm, große Gebiete im heutigen Nordostfrankreich zu gewinnen. Nach dem deutsch-französischen Krieg wurden 1871 Teile von Elsaß-Lothringen wieder Deutschland angegliedert. In diesem Grenzland, um dessen Herrschaft Frankreich und Deutschland im Ersten Weltkrieg von neuem erbittert kämpften, liegt die Stadt Stenay.

Der Erste Weltkrieg endete bekanntermaßen im Jahre 1918; wieder die gleiche Zahlenkombination. Fast gespenstisch mutet es an, wenn man bedenkt, daß die Gründung des deutschen Kaiserreiches wenn nicht an einem 17., so doch an einem 18. Januar erfolgt war, in jenem Schicksalsjahr 1871. Prompt ließen die Franzosen gerade am Jahrestag dieses Ereignisses die Verhandlungen zwischen den Kriegsgegnern Deutschlands beginnen, die zum Versailler Vertrag[45] führen sollten. Beide Ereignisse spricht Chérisey in „Circuit" an.

1861 malte Eugène Delacroix[46] in der Chapelle des Anges von St.-Sulpice den Kampf zwischen Jakob[47] und dem Engel, und am 24. Dezember dieses Jahres wurde Henri Boudet, der spätere Pfarrer von Rennes-les-Bains und guter Bekannter Saunières, zum Priester geweiht. 1886 soll Saunière seine geheimnisvollen Manuskripte gefunden und ein Legat von der Witwe des französischen Thronprätendenten[48] erhalten haben. 1891 hätten einerseits ein Missionspfarrer und andererseits Pierre Plantards Vater Rennes-le-Château besucht.

Im Prinzip haben diese Daten auf das Geschehen an sich keinerlei Einfluß. Wenn die Prieuré-Unterlagen sie trotzdem hervorheben, so steckt dahinter eine Methode. Ein bedeutsames Ereignis im 20. Jahrhundert konstruierte die Prieuré selbst: Pierre Plantard sei 1981 in Blois zum Großmeister gewählt worden - an einem 17. Januar. Der 17. Januar selbst ist übrigens ebenfalls ein Hinweis auf die Ziffern 6, 8 und 1. Denn die Prieuré behauptet, an diesem Tag werde neben anderen Heiligen auch Rochus gefeiert. Das ist falsch. Der Namenstag des heiligen Rochus ist der 16. August: der 16.8.

Eigentlich schade, daß die berüchtigte Schlacht von Hattin, bei der Gérard de Ridefort, Großmeister der Templer, das Königreich Jerusalem verraten haben soll, nicht 1186, sondern erst ein Jahr später stattfand. Bestimmt hätte man auch ihn noch gerne auf das Tapet gebracht. Schließlich soll dieses Ereignis zur Spaltung zwischen der Prieuré de Sion und dem Templerorden geführt haben. Aber dafür enthält die Jahreszahl 1187 die gleichen Ziffern wie 1871. Und wenn wir gerade bei den Templern sind: Der Legende nach trug der jakobitische Heerführer Claverhouse ein originales Templerkreuz auf der Brust, als er bei der Schlacht von Killiecrankie starb - für manche der Beweis, daß der Orden nach seinem

---

[45] 1919 abgeschlossener Vertrag zwischen den Siegermächten des Ersten Weltkriegs und Deutschland, welcher die Gebietsabtretungen und Entschädigungszahlungen regelte.

[46] Eugène Delacroix (1798 - 1863), französischer Maler, Anführer der romantischen Schule. Sein berühmtestes Gemälde stellt eine Allegorie der Freiheit dar, die als Frauengestalt mit entblößter Brust und der Trikolore in der Hand das Volk anfeuert, die Barrikaden zu erstürmen. Dieses Gemälde fand sich auf den alten Hundert-Franc-Scheinen wieder.

[47] Diesen Kampf schildert die Genesis (Gen. 32/23-26). Wir kommen zu einem späteren Zeitpunkt noch darauf zurück.

[48] Heinrich von Bourbon, genannt der Graf von Chambord (1820 - 1883), hätte 1873 als Heinrich V. den französischen Thron besteigen können, wenn er sich nicht geweigert hätte, die Trikolore anzuerkennen. Verheiratet mit einer österreichischen Erzherzogin.

Verbot auf dem Kontinent in Schottland weiterbestand.[49] Diese Schlacht von Killiecrankie fand ausgerechnet 1689 statt.

Der Verlag, in dem die Bücher de Sèdes über die Merowinger, die Templer und Rennes-le-Château erschienen, brachte damals noch weitere Bücher mit ähnlichen Themenkreisen heraus, darunter ein Buch von Arkon Daraul mit dem Titel „Les sociétés secrètes", die Geheimgesellschaften. Daraul beschreibt unter anderem die Mysterien der Antike, den Mithraskult[50], die Geschichte des Templerordens, der Assassinen und der Sufis. Die drei Letztgenannten agierten etwa im gleichen Zeitraum, während der Kreuzzüge, als der Orden von Sion gegründet wurde. Ein eventueller Zusammenhang oder die gegenseitige Beeinflussung soll hier nicht diskutiert werden. Aber es ist interessant festzustellen, daß Arkon Daraul esoterische Sufi-Quellen zitiert, welche dem Wort SUFI[51] den kabbalistischen Zahlenwert 186 zuweisen.

Spätestens jetzt könnte der Vorwurf auftauchen, ich würde im Prinzip gleich vorgehen wie meine Vorgänger: Zahlen und Einzelheiten aus den Prieuré-Unterlagen in meine eigenen Theorien einarbeiten. Diesen Vorwurf kann ich zurückweisen: ich stütze mich weniger auf die einzelnen Fakten als auf die Bedeutung, die ihnen von den Prieuré-Autoren selbst ursprünglich verliehen wurde. Nämlich keine. Die Erklärung, was es mit diesen Zahlen, 1, 6 beziehungsweise 9 und 8 auf sich hat, liefert wiederum Philippe de Chérisey. Seine Protagonistin Roseline kommt an einem 6. August, also am 6.8., bei einen Autounfall um. Ihr 2CV habe eine Möbius-Kurve[52] beschrieben und sich wie ein Handschuh gedreht, so daß aus dem ursprünglichen Autokennzeichen 1681 OS die Nummer SO 1891 geworden sei.

Warum gerade ein Vergleich mit dem Möbius-Band? Die Möbius-Kurve ist symbolisch aufzufassen: innen und außen, vorne und hinten bilden eine Einheit; der Übergang ist fließend. Diese Erklärung läßt sich auf die Ziffern 6/9, 8 und 1 übertragen. Auf was es ankommt, sind nicht die Zahlen an sich, sondern die Tatsache, daß sie sich *spiegeln* lassen. Die 8 bleibt immer gleich, ebenso die 1, während die 6 zur 9 wird. Natürlich hat auch die Null diese Eigenschaft. Wofür die Prieuré sie sattsam hervorhebt: über den Null-Meridian von Paris, der die Kirche St.-Sulpice durchquert und auch Rennes-le-Château beinahe streift.

Von Bedeutung ist nicht irgendeine Zahl oder ein Datum, das bei diesen Spielereien variiert wird, sondern die unerklärliche Tatsache, daß sich tatsächlich so viele Kombinationen bilden lassen, die alle mit unserem Thema zu tun haben.

---

49 Siehe Fußnote 1.

50 Mithras war ursprünglich ein Lichtgott, ein der Sonne und dem Himmel zur Seite stehender Genius. Später wurde er mit der Sonne vermengt beziehungsweise gleichgesetzt. Die Mysterien dieses Gottes waren sehr populär und verbreiteten sich schnell, ausgehend von Persien, über Italien, Gallien und das römische Germanien.

51 Als Sufis bezeichnet man die Anhänger einer mystischen Richtung des Islam.

52 Ein Möbius-Band entsteht, wenn man einen Papierstreifen nimmt, eines der beiden Enden um 180° dreht und dann mit dem anderen zusammenklebt. Wenn man einen Bleistift an einer beliebigen Stelle ansetzt und parallel zu den beiden Kanten einen Strich zeichnet, bis man wieder zum Ausgangspunkt zurückgekehrt ist, so befindet sich dieser sowohl auf der Innen- als auch auf der Außenseite des Bandes, ohne daß man je abgesetzt hat.

Diese Möglichkeit der Umkehrung, die *Inversion*, ist eines der Leitmotive der Prieuré. Sie führt sie sogar mit ihrem eigenen Namen durch. So findet man als Abkürzung für die Prieuré de Sion nicht nur die Buchstabenfolge „P S“, sondern auch „S P“: die lateinische Bezeichnung Sionis Prioratus. Und in „Le Serpent Rouge“ hat der Erzähler eine plötzliche Erleuchtung in dem Moment, in dem sich sein Blick vom „P“ zum „S“ und vom „S“ zurück zum „P“ wendet. Erkenntnis ist also die Einsicht, daß die Pole vertauscht werden können. Ein Gedanke, den bereits Bergerac geäußert hat. Die Zahlenspielereien der Prieuré haben also das gleiche Ziel wie die Betonung der Farben Schwarz und Weiß sowie des heiligen Antonius und seiner Versuchung: die Bedeutung des Dualismus und der Gnosis hervorzuheben.

Die Schrift DM

Der französische Schriftsteller Patrick Ferté hat sich mit der Frage auseinandergesetzt, ob die Werke von Maurice Leblanc[53] eventuell auf die Affäre Rennes-le-Château anspielen. In „Circuit“ tauchen nämlich unvermittelt Personen aus diesen Romanen auf - sogar Arsène Lupin höchstpersönlich. Ferté zieht auch Querverweise zu Nostradamus. Er sieht Arsène Lupin als Verkörperung des „Prinzen Ulpian“, der in einem der Vierzeiler des Nostradamus auftaucht: weil Ulpian ein Anagramm zu A. Lupin darstelle.

Im gleichen Vers spricht Nostradamus von einer geheimnisvollen „Schrift D M“. Fertés Meinung nach bezieht sich der Leblanc-Roman „La demeure mystérieuse“, das Haus der Geheimnisse, auf diesen Satz. „La demeure mystérieuse“ ist die Geschichte von zwei Häusern in Paris, die sich außen und innen gleichen wie ein Ei dem anderen. Ihr Erbauer hatte sie völlig identisch gestalten und einrichten lassen; eines teilte er mit seiner Gattin, im anderen besuchte er seine Mätresse.

Es besteht kein Zweifel, daß die Prieuré auf diesen Roman anspielt. Schon das Thema an sich entspricht ihrer Ideologie: was sich äußerlich gleicht, muß noch lange nicht den gleichen Inhalt haben. Diese Inversion betont und verdoppelt sie, indem sie in „Le Serpent Rouge“ aus „la demeure mystérieuse“ die Umkehrung bildet: „demeura un mystère“ - blieb ein Geheimnis.

Auf diese Initialen „D“ und „M“ greift die Prieuré auch über den Namen einer Person zurück, deren Name vermutlich genauso fiktiv ist wie die Namen Antoine l'Hermite, Nicolas Beaucean, Madeleine Blancassal, Jean Delaude, Walter Celse-Nazaire und Serge Roux. Allerdings unterscheidet sie sich dadurch von ihren „Kollegen“, daß ihr Name keine unmittelbaren Rückschlüsse auf die Affäre Rennes-le-Château zuläßt. Auch scheint nicht klar, ob es sich um einen Mann namens David Myriam oder eine Frau namens Myriam David handelt. Oder hat die Prieuré bewußt einen Zwitter konstruiert?

Die griechische Sage kennt ebenfalls ein solches zweigeschlechtiges Wesen: den Sohn des Hermes und der Aphrodite. Merken wir uns diese Namen. In der Alchimie stellt dieser „Hermaphrodit“ die Vereinigung der Gegensätze dar. Damit ist der Hermaphrodit - und somit auch Myriam David/David Myriam - ein Sinnbild für die Überwindung des Dualismus, was manche gnostischen Strömungen am Ende der Zeiten erwarteten. Diese Theorie

---

[53] Maurice Leblanc (1864 - 1941), französischer Verfasser von Abenteuerromanen, erschuf den berühmten Gentleman-Einbrecher Arsène Lupin.

wird dadurch gestützt, daß Chérisey in „Circuit“ einen weiteren Hermaphroditen erfindet. In einem Maurice-Leblanc-Roman kommt eine Frau namens Grégoire vor, die sich als Mann verkleidet. Chérisey behauptet, es habe sich in Wirklichkeit um einen Mann gehandelt, der so tat, als sei er eine verkleidete Frau.

Verschiedene Autoren interpretieren die Buchstabenfolge „D M“ als Abkürzung für „Diis Manibus“: „den göttlichen Seelen der Toten geweiht“. Diese „Schrift D M“ wurde auf Gräbern angebracht, um Grabschänder abzuhalten. Der Prieuré ist diese Tatsache bekannt. Sie sorgte dafür, daß die von ihr inspirierten Autoren auch auf Shugborough Hall stießen, ein Herrenhaus in Mittelengland. Im Park dieses Hauses kann eine Bas-Relief-Kopie des bereits erwähnten Poussin-Gemäldes der Schäfer von Arkadien besichtigt werden. Auf dieser findet sich diese „Schrift D M“ ebenfalls wieder. Allerdings hält sich die Reproduktion von Shugborough nicht genau an das Original. Die größte Abweichung besteht darin, daß sie spiegelverkehrt ist: es handelt sich um eine Inversion.

Hier spricht man Punisch

Im Jahre 1886 - wiederum eine Kombination der Ziffern 1, 8 und 6 - erschien in Carcassonne ein Buch mit dem Titel „La vraie langue celtique et le cromleck de Rennes-les-Bains“, die wahre keltische Sprache und der Cromlech[54] von Rennes-les-Bains. Sein Verfasser war Saunières Kollege Boudet, Pfarrer von Rennes-les-Bains. Bei seinem Ersterscheinen sei das Buch verlacht worden, in der Neuauflage von 1978 wurde es aufgrund seiner Verbindungen zur Affäre Rennes-le-Château zu einem Bestseller. Der Faksimile-Druck umfaßt das gesamte Buch, einschließlich des ursprünglichen inneren Deckblattes. Gérard de Sède weist in seinem neuesten Buch über Rennes-le-Château darauf hin, daß dieses einen Widerspruch in sich berge: der Name der Druckerei und das Jahr des Erscheinens, 1886, seien unvereinbar, da die genannte Druckerei schon sechs Jahre vorher ihre Geschäfte eingestellt habe.

Es stellt sich die Frage, ob nicht das gesamte Buch eventuell eine Fälschung ist, eine weitere Mystifikation der Prieuré, und ob Pierre Plantard unter diesen Umständen nicht nur das Vorwort, sondern den gesamten Text verfaßt hat.[55] Eine solche Vorgehensweise ist nicht außergewöhnlich. So erwähnt zum Beispiel Howard Phillips Lovecraft[56] in seinen Horrorgeschichten immer wieder einen Mann namens Abdul Alhazred und sein Buch „Necronomicon“. Und mit der Verbreitung von Lovecrafts Büchern erschien prompt ein solches Werk auf dem Markt.

Aber bereits das Vorwort zu „La vraie langue celtique“ weist darauf hin, daß Boudet sechs Jahre lang die Druckfahnen seines Buches korrigierte und daß die Druckerei in der Zwischenzeit den Besitzer gewechselt hatte. Wenn de Sède die Anomalien dennoch für erwähnenswert hält, so stellt dies lediglich eine Aufforderung dar, sich intensiv mit dem

---

54 Ein „Cromlech“ ist ein megalithischer Steinkreis, bestehend aus einzelnen aufrecht stehenden Steinen. Das bekannteste Beispiel ist Stonehenge.

55 Er gibt schon in der Einleitung an, es seien nur wenige Exemplare der Originalauflage erhalten; sein Vater habe eines mit der persönlichen Widmung Boudets besessen; bei der Neuauflage des Belfond-Verlages handle es sich um eine genaue Reproduktion.

56 Howard Phillips Lovecraft (1890 - 1937), amerikanischer Schriftsteller des Phantastischen, seine Geschichte „Cthulhus Ruf“ inspirierte eine ganze Reihe weiterer Autoren, in seinem Sinne weiterzuschreiben.

Buch zu beschäftigen - auch mit dem Deckblatt. Die Druckerei gehörte nämlich einem Mann namens Pomiès, lautgleich zu „pommier", dem französischen Wort für Apfelbaum. Im gleichen Buch, in dem er das Titelblatt kritisiert, kommt de Sède auf den Namen von Saunières Bank in Toulouse zu sprechen: Pommier & Pavie. Auch Chérisey weist auf diesen Begriff hin: über einen Schriftsteller namens Amédée Pommier, der für die Handlung von „Circuit" an sich keinerlei Bedeutung hat.

Damit sind wir nicht nur bei einem weiteren Leitmotiv der Prieuré an gelangt, dem Apfel - wir kommen darauf noch zurück -, sondern gleichzeitig beim Tenor des Buches von Boudet: Wortspielereien.

Mehrere Autoren wollen Hinweise darauf gefunden haben, daß Boudet sein Meisterwerk tatsächlich zur Rezension an diverse Gelehrte und wissenschaftliche Gesellschaften sandte und daß die Reaktion aus amüsierter Ablehnung bestand. Außerdem erwähnen Baigent, Leigh und Lincoln ein weiteres Buch eines englischen Autors, etwa zur gleichen Zeit entstanden, welches ähnliche Thesen wie Boudet vertritt, das Thema scheint also in der Luft gelegen zu haben.

Boudet, ansonsten laut zeitgenössischer Quellen ein durchaus nüchterner Priester und anerkannter Forscher, versucht in diesem Buch zu belegen, daß die moderne englische Sprache der Ursprung aller anderen Sprachen ist. Zu diesem Zweck vergleicht er die Ortsnamen aus der Gegend von Rennes-les-Bains mit englischen Vokabeln. Seine Beweisführung erinnert eher an humoristische Einlagen als an eine ernsthafte Dissertation.[57] Und wenn er das Werk wirklich sechs Jahre lang rezensiert[58] hat, dann ist es erstaunlich, daß er auf den Seiten 41 und 43 zwei völlig unterschiedliche Interpretationen des Namens „Abel" liefert. Nicht verwundern darf uns allerdings, daß Pierre Plantard in seinem Vorwort genau auf eine dieser beiden Stellen hinweist.

Gleichgültig, wer dieses Werk verfaßt hat: die wichtigste Aussage ist, daß sich die „punische" Sprache vom englischen Wort „pun" ableitet, zu deutsch Wortspiel, und sich auch hervorragend für Wortspiele eignet. Die Prieuré beweist zwar, daß dies auch für andere Sprachen gilt, dennoch legt Chérisey den Begriff „langage-trompette" ausgerechnet einem Engländer in den Mond: wörtlich „Trompetensprache", im übertragenen Sinn jedoch „trügerische Sprache"[59]. Die „punische" Interpretation der Prieuré spielt sich auf mehreren Ebenen ab.

- Ein Text muß nach folgenden Anhaltspunkten untersucht werden:
- auffällige Wiederholung von Worten, eventuell in Form von Synonymen (Worten mit gleicher Bedeutung, also Pferd, Gaul, Roß), Anspielungen (in diesem Fall reiten, Sattel, Richard III.), Übersetzungen (Reiter, Ritter, Chevalier), eines Wortstamms (fangen, auffangen, abfangen, anfangen, gefangen)

---

57 So leitet er den Ausdruck „Occitani" für die Bewohner des Languedoc nicht von diesem Wort „Langue d'Oc" ab, der Sprache Okzitaniens, (im Gegensatz zur Langue d'Oeil, der Sprache des Landes oberhalb der Loire), sondern von den Worten „hog-sea-hit-hand" ab: die Hand, die den Tümmler erschlägt. Der Tümmler heißt auf französisch „marsouin" oder „porc de mer", was wörtlich übersetzt Meerschwein bedeutet. Im Englischen hingegen wird nur der Ausdruck „bottle-nosed dolphin", wörtlich der flaschennasige Delphin, verwendet. Man kann nicht einfach den Ausdruck „hog" (Eber) mit „sea" (Meer) verbinden.

58 Rezension bedeutet neben „kritischer Besprechung eines Buches" auch „Durchsicht eines alten Textes".

59 tromper: betrügen, täuschen

- Verstecken eines Wortes in einem anderen über Buchstabenfolgen (Blumento-PFERDE, Mis-SION)
- oder durch Umstellen der Buchstaben (POuSsIN = P SION)
- Homophone (gleichlautende Wörter mit unterschiedlicher Bedeutung: seht - sät, währt - wehrt)
- Wörter mit mehreren unterschiedlichen Bedeutungen (Palette, Schimmel, der gefangene Floh - der Gefangene floh), eventuell auch in unterschiedlichen Sprachen (siehe die Anmerkungen zu dem Wort „catin“ auf dem Grabstein der Marquise von Hautpoul)
- Verwendung eines fremdsprachlichen, unidiomatischen oder unpassenden Ausdrukkes, der in Wirklichkeit eine völlig andere Bedeutung hat oder, je nachdem, durch sein Homophon oder Synonym ersetzt werden muß.
- „gewaltsames“ Umschreiben eines Begriffs
- der offensichtliche Irrtum

Damit wird Aufmerksamkeit des Lesers auf eine bestimmte Stelle gelenkt, die er sonst als irrelevant übersehen hätte. Wenn man das falsche Wort durch das richtige ersetzt, ergibt die Aussage einen neuen Sinn. Ein Beispiel: Man nennt namentlich sieben Personen, die für eine achte eine Bürgschaft übernehmen und spricht dann von vier Bürgen. Der Leser erinnert sich, daß es mehr waren, zählt nach und kommt auf das Schlüsselwort „Siebenbürgen“.

Bluff: die scheinbar zugunsten einer These vorgebrachten Argumente sind so haltlos, daß sie in Wirklichkeit das Gegenteil beweisen.

Ein hervorragendes Beispiel für diese Argumentationsmethode ist die Rede des Marc Anton nach der Ermordung Julius Cäsars in Shakespeares gleichnamigem Drama. Er wiederholt immer wieder, daß Brutus ein ehrenwerter Mann sei und also zweifelsohne Gründe für seine Tat hatte. Um diese zu erläutern, wiederholt er sie - und widerlegt unmerklich einen um den anderen. Zum Schluß schreit das Volk, das zuerst Brutus unterstützt hatte, nach Rache für Cäsar.

Aussagen, die sich durch andere Betonung oder Umstellung der Satzzeichen in ihr Gegenteil verkehren

Bisweilen ändert ein Komma die Bedeutung eines Satzes. Der Schlußsatz von „La vraie langue celtique“ beginnt wie folgt: „La croix, victorieuse du paganisme, n'a pas discontinué de régner dans le cromleck de Rennes-les-Bains ...“ In dieser Schreibweise lautet die Übersetzung wie folgt: *„Das Kreuz, siegreich über das Heidentum*, hat nie aufgehört, im Steinkreis von Rennes-les-Bains zu herrschen.“ Läßt man die beiden Kommata weg, ändert sich der Sinn: *„Das siegreiche Kreuz des Heidentums* hat nie aufgehört, im Steinkreis von Rennes-les-Bains zu herrschen.“ Das Kreuz ist ein Symbol, das wesentlich älter ist als das Christentum, was einem Gelehrten wie Boudet mit Sicherheit bekannt war, ebenso die Tatsache, daß sich der Ausdruck „cromleck“ selbst vom keltischen Sonnengott Crom ableitet. Wer diesen Satz formulierte, nahm bewußt Fehlinterpretationen in Kauf.

Schon Cyrano de Bergerac liebte Wortspielereien. Jedoch die punische Sprache als solche beschrieb als erster Jonathan Swift (1667-1745), der Autor von „Gullivers Reisen“. Swift wiederum könnte sie von John Dee (1527-1608) übernommen haben, dem Hofastrologen der Königin Elisabeth I. von England. Dee war 1563 in Antwerpen auf ein Manuskript des Abtes von Tritheim (1462-1516) gestoßen, in dem dieser seine Geheimschrift der Steganographie erläuterte. Er beschreibt im Detail, wie man in einen ganz normalen Text, der völlig unverbindlich gehalten ist und keinerlei Verdacht erregt, eine Mitteilung hineinpacken kann, die nur der eigentliche Empfänger der Nachricht interpretieren kann. Jeder andere liest lediglich den Text, wie er auf dem Papier steht. Er scheint von seiner Entdeckung hingerissen zu sein: „Ich kann Ihnen versichern, daß dieses Werk, in dem ich eine Anzahl wenig bekannter Geheimnisse und Mysterien lehre, allen, speziell den Ungebildeten, übermenschliche, bewundernswerte und unglaubliche Dinge zu enthalten scheint. Ich gehe davon aus, daß sie vor mir noch nie jemand niedergeschrieben oder ausgesprochen hat.“[60]

Nicolas Poussin, der Maler der „Schäfer von Arkadien“, hielt sich lange Jahre in Rom auf. Dort traf er mit Louis Fouquet zusammen, dem Bruder des später in Ungnade gefallenen Finanzministers von Ludwig XIV. Wenn man vergleicht, auf welche Art Louis Fouquet 1656 seinem Bruder in Paris über die Unterredungen berichtete, kann man sich des Eindrucks nicht erwehren, daß er von der gleichen Entdeckung wie Tritheim spricht: „Er (Poussin) und ich haben gewisse Dinge entworfen, die ich Euch in Kürze im Detail schildern kann; über diese verschafft Euch Monsieur Poussin Vorteile, welche ihm die Könige nur mit Mühe entreißen könnten, und die vielleicht nach ihm kein Mensch auf der Welt jemals wiederentdecken wird. Hinzu kommt, daß es nicht mit großen Kosten verbunden ist und sogar Gewinn abwerfen könnte. Es geht um Dinge, die so auserwählt sind, daß nichts auf der Welt jetzt einen größeren Schatz darstellt oder ihnen auch nur gleichkommt.“

Auch Gérard de Sède scheint in „La race fabuleuse“ auf diese Geheimsprache anzuspielen. Er schildert, wie man ein Thema abhandeln kann und in Wirklichkeit von einem ganz anderen spricht, das mit dem ersten lediglich in Analogie steht.

Chérisey nützt in „Circuit“ nicht nur sämtliche Möglichkeiten dieser Sprache aus, er läßt sogar die Familie seiner Protagonistin Roseline aus Karthago stammen. Und dort wurde Punisch[61] gesprochen - la langue punique, wie sie Boudet nennt - the language of puns - die Sprache der Wortspielereien. Die Wortspielereien und Bonmots stellen jedoch nur einen Aspekt von Chériseys Arbeitsweise dar. Der zweite ist seine Methode, die wirklich relevanten Aussagen entweder überhaupt nicht zu artikulieren und nur zu umschreiben oder aber in einem völlig unpassenden Moment wie mit einem Spot anzustrahlen und

[60] Obwohl er Kleriker war, haftete Johannes von Tritheim ein gewisser Schwefelgeruch an, da er sich allzu sehr mit dem beschäftigte, was zusammenfassend „Magie“ genannt wurde. Seine Bücher, auch die „Steganographie“, standen auf dem Index, zahlreiche sind verloren oder nur mehr in Bruchstücken erhalten.

[61] „Punier“ war die römische Bezeichnung für die „Karthager“. Zur Erläuterung: Schon im 3. Jh. v. Chr. kamen die Kathager mit den Römern in feindliche Berührung. Im ersten und zweiten Punischen Krieg wurden die Kathager (trotz der Siege Hamikars und Hannibals) besiegt, im dritten wurde ihre Stadt vollständig erobert. 146 v. Chr. zerstörten die Römer sie gänzlich und verleibten ihr Gebiet der römischen Provinz Afrika ein. Erst Cäsar gründete 44 v. Chr. eine zweite Kolonie, die „Colonia Iulia Carthago“, also mit demselben Namen, die neben Alexandria zu einer der Hauptstädte Afrikas wurde. Dieses neue Karthago eroberte 439 n. Chr. der Wandalenkönig Geisrich, 533 Belisar, der die Stadt dann mit dem Oströmischen Reich vereinigte. Um 697 zerstörten die Araber die Stadt endgültig.

sofort wieder das Thema zu wechseln.[62] Im Gegenzug hierzu können alle eindeutigen Aussagen, die in einem passenden Kontext auftauchen, angezweifelt werden.

Aber hat diese „punische" Sprache auch heute noch eine praktische Bedeutung? Anscheinend schon. Denn Pierre Plantard brachte während des Krieges eine Zeitschrift namens „Vaincre" heraus. Die unverbindlichen Formulierungen, welche die deutsche Zensur passierten, hätten codierte Anweisungen für die Résistance[63] enthalten. Die Tatsache, daß „Vaincre" von einem Ritter der Ehrenlegion und Offizier in der Résistance verlegt worden sein soll, verleiht dieser Angabe Gewicht. Wie dem auch sei: die Auszüge, welche Gérard de Sède in seinem Buch „Rennes-le-Château" zitiert beziehungsweise abbildet, lassen tatsächlich eine doppelte Interpretation zu.[64]

Die Rote Schlange

Wir haben bereits erwähnt, daß unter den Dokumenten, welche der Prieuré zugeschrieben werden, das Prosagedicht „Le Serpent Rouge" herausragt, weil es nicht übersetzbar ist. Das heißt, es kommt bei der Auslegung in erster Linie nicht auf die konkrete Aussage, sondern auf die sprachlichen Feinheiten an. Die existierenden Übersetzungen ignorieren nicht nur die bedeutungsvollen Stellen des französischen Originals, sondern weisen gleichzeitig grobe Fehler auf. Es ist nicht schwer, aus diesem sehr poetischen, aber ungeheuer überladenen Text ohne eigentliche Handlung einzelne Passagen wie Rosinen herauszupicken und diese so zu interpretieren, daß sie sich in den eigenen - bereits fertig gebackenen - Teig fügen, sprich: die eigene Theorie stützen. Denn die frappanten Hinweise auf Templer und Freimaurer, St.-Sulpice und Rennes-le-Château stechen ins Auge. Wer sich jedoch darauf einläßt, schlägt den falschen Weg ein, vor dem bereits in der ersten Strophe gewarnt wird.[65]

Als ich mich an die Interpretation des Gedichtes machte, lag mir lediglich der Text selbst vor, nicht die zugehörigen Erläuterungen. So ging ich, eigentlich ganz selbstver-

---

62 Diese Methode schildert er sogar im Roman selbst: Die Ureinwohner der Kanaren hätten beschlossen, ihr Heiligtum, einen Lindenbaum namens Garoe, nie bei diesem Namen zu nennen, sondern immer zu umschreiben.

63 Résistance, wörtlich Widerstand: französische Widerstandsbewegung im Zweiten Weltkrieg gegen die deutsche Besatzungsmacht.

64 Die Vereinigung der Kräfte, zu der Plantard wiederholt aufruft, kann sich sehr gut auf eine Einheitsfront gegen Hitler beziehen. Schon das Pseudonym, das er wählte, Pierre de France, erinnert an den Namen Charles de Gaulle beziehungsweise das Homophon „Gaule", Gallien. Nachstehend ein Satz von Louis Le Fur, den de Sède aus „Vaincre" zitiert: „Pour la guerre d'Espagne, notre mot d'ordre fut dès le premier jour de soutenir le nationalisme et de nous porter vers Franco." Die erste Lesart dieses Satzes lautet wie folgt: „Was den Krieg in Spanien angeht, so war es vom ersten Tag an unsere Parole, den Nationalismus zu unterstützen und Franco zu Hilfe zu eilen." Zweite Version: „Was den Krieg in Spanien angeht, so war es vom ersten Tag an unsere Parole, den Nationalismus zu unterstützen und den Angriff gegen Franco zu führen." Der spanische Nationalismus läßt nämlich zwei Interpretationen zu. Der Widerstand der einzelnen Länder gegen die Zentralisierung ist ebenfalls eine Art Nationalismus, wie er heute noch von baskischen Separatisten vehement vertreten wird. Schon das Titelblatt von „Vaincre" weist darauf hin, daß Pierre Plantard eine föderalistische Union einer Zentralregierung vorzog: eine Brücke zwischen den Worten „Bretagne" und „Bavière", also Bayern.

65 Den Text des Gedichtes können Sie unter anderem nachlesen in dem Buch „Genisis" von David Wood. (Verlag: The Baton Press, 44 Holden Park Road, Southborough, Tunbridge Wells, Kent TN4 0ER, England)

ständlich, davon aus, daß es wie ein normaler Tierkreis aufgebaut ist, also mit dem Zeichen des Widders beginnt und mit den Fischen endet. Eingeschoben wurde das Zeichen des Schlangenträgers zwischen Skorpion und Schütze. Erst später, als ich mit der Interpretation schon recht weit fortgeschritten war, fiel mir auf, daß ich anscheinend einem Irrtum unterlag. Laut den Erläuterungen stehe die erste Strophe unter dem Zeichen des Wassermanns, gefolgt von den Fischen, etc. Also das Ganze nochmals, von vorn. Aber während bei der ersten Interpretation alles schlüssig und einleuchtend schien, ergab die neue Zuordnung einfach keinen Sinn. Was blieb, war eine oberflächliche Aneinanderreihung von esoterischen Symbolen und kryptischen Hinweisen auf St.-Sulpice und Rennes-le-Château. Die eigentliche Nachricht, die in diesem Text verborgen war, mußte tiefer liegen. Speziell fehlte jeder Bezug zum Tierkreis. Die von manchen Autoren gelieferten Erläuterungen scheinen, mit Verlaub, an den Haaren herbeigezogen.

Mit einem Mal ging mir auf, daß ich in eine Falle getappt war, vor der die Prieuré selbst bereits Baigent, Leigh und Lincoln oft genug gewarnt hatte: ich hatte etwas für bare Münze genommen, weil es mir so gesagt worden war. Was wäre, wenn „Le Serpent Rouge“ nun nicht mit dem Zeichen des Wassermanns begänne? Wer garantiert, daß, selbst wenn man mit dem richtigen Zeichen beginnt, die spätere Reihenfolge stimmt? Wies nicht schon Philippe de Chérisey im Vorwort von „Circuit“ darauf hin, daß man sein Buch völlig umstellen kann und damit einen ganz neuen Roman erschafft?

Zum Glück beweist die Anordnung der Tierkreiszeichen auf dem Deckblatt der Statuten der Prieuré, daß der Schlangenträger tatsächlich an der angegebenen Stelle steht und daß auch ansonsten die übliche Reihenfolge eingehalten wurde.

Es war in diesem kritischen Moment, daß mir die Neuauflage von Boudets „La vraie langue celtique“ in die Hände kam. Als ich den Text der „Roten Schlange“ nochmals unbeeinflußt untersuchte, bemerkte ich, daß sich in jeder einzelnen Strophe des Gedichtes selbst unbestreitbare Hinweise auf das Tierkreiszeichen befinden, dem sie zugeordnet ist, manchmal im Klartext, bisweilen auch versteckt.

„Le Serpent Rouge“ beginnt eindeutig mit dem Zeichen des Widders. Gérard de Sède weist in „Rennes-le-Château“ im Zusammenhang mit dem Geburtstag Bérenger Saunières beiläufig darauf hin, daß der Widder, „le signe initial“, das erste Zeichen des Tierkreises und damit gleichzeitig das Zeichen der Initiation ist. Die erste Strophe von „Le Serpent Rouge“ spricht von den merkwürdigen Manuskripten „de cet Ami“, dieses Freundes. In „Circuit“ verbirgt sich hinter dieser Bezeichnung ein Mann namens Valérien Aries. Und Aries ist nichts weiter als die lateinische Bezeichnung für Widder, wie sie im englischen Sprachraum auch für das Sternzeichen verwendet wird. Speziell den britischen Autoren hätte dies auffallen müssen. Genauso wie die Tatsache, daß sich der irreführende Wassermann, auf Englisch „Aquarius“, aufspalten läßt in „Aqu-Arius“, ein Homophon zu „A-ries“.

Der zweite Vers der Roten Schlange handelt von einem berühmten Siegel, im Zusammenhang mit den Farben Schwarz und Weiß. Nicht nur die Kriegsfahne des Templerordens, auch der Mosaikteppich der Freimaurer ist in diesen Farben gehalten. Die gesamte freimaurerische Symbolik bezieht sich auf den Salomonischen Tempel, den Ort, dem die Templer ihren Namen verdanken. Und das Siegel Salomons ist der aus zwei gleichseitigen Dreiecken gebildete sechszackige Stern. Im Inneren der beiden Dreiecke entsteht ein regelmäßiges Sechseck, die typische Form einer Bienenwabe. Biene heißt auf Lateinisch „Apis“. Genau diesen Namen, Apis, trägt jedoch auch der Stier der ägyptischen Mythologie. Und damit sind wir bereits beim zweiten Zeichen des Zodiakus angelangt, dem Stier.

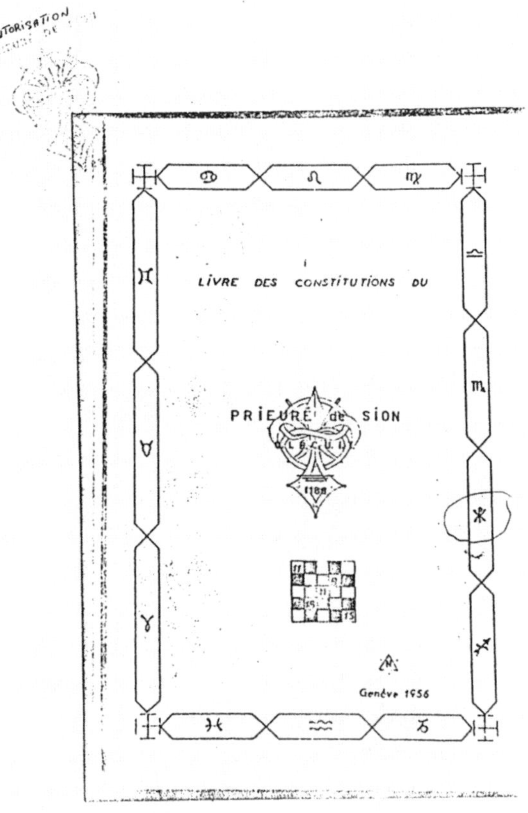

Diese beiden markanten Beispiele sollen illustrieren, warum das Gedicht mit dem Widder beginnt und daß jede Strophe von „Le Serpent Rouge“ einen Hinweis auf das entsprechende Zeichen des Tierkreises enthält. Leider ist diese Abhandlung nicht der Rahmen, um es im Detail zu besprechen. In „Le Serpent Rouge“ bleibt kein Kunstgriff unversucht: Punisch in Vollendung. Wer ausgezeichnete Französischkenntnisse und ein feines Gefühl für den Wohlklang der Sprache besitzt, wird an diesem Gedicht viel Freude haben. Alle anderen würden sich nur langweilen, wenn wir uns in diesem Zusammenhang weiter damit beschäftigten.

Zweck der bisherigen Erörterung ist lediglich, die Methode der Prieuré anhand dieses markanten Beispiels zu demonstrieren. Es wird eine klare Aussage gemacht - in diesem Fall: das Gedicht beginne mit dem Zeichen des Wassermannes -, die unlogisch ist - jeder andere Tierkreis beginnt mit dem Zeichen des Widders - und zudem anhand der dem Leser vorliegenden Informationen widerlegt werden könnte - wenn der besagte Leser sich die Mühe macht, tiefer einzusteigen.

Kapitel 3: - Der „verwunschene Hügel"

Die große Ernüchterung

Wenn man einen Ort nur aus Büchern und von Bildern kennt, macht man sich oft eine falsche Vorstellung. Das muß nicht unbedingt an einer nicht zutreffenden Beschreibung liegen. Ein gotischer Dom im Stadtzentrum sieht naturgemäß auf einem Stich des 18. Jahrhunderts besser aus als das Original zweihundert Jahre später inmitten von Feierabendverkehr, Leuchtreklamen und hastenden Passanten. Dennoch haftet solchen Orten ein gewisser Zauber an. Oder sollte ihnen zumindest anhaften.

Vielleicht waren durch das lange Hinauszögern des Besuches meine Erwartungen an Rennes-le-Château ins Unerfüllbare gestiegen. Ich kannte das Dorf aus den verschiedenen Beschreibungen, wußte um die von den kanonischen Evangelien abweichenden oder willkürlich hinzugefügten Einzelheiten der Kreuzwegstationen.

Was mich nicht enttäuschte, war die Umgebung. Von Rennes-le-Château aus genießt man eine wunderbare Aussicht über das Land. Am Rande des Abgrunds gelegen, vermittelt dieser Ort einen Eindruck von Weite und Freiheit.

Ein weiterer interessanter Punkt sind die zahlreichen Ungereimtheiten, welche mit der Geschichte des Ortes und seiner Umgebung präsentiert werden. Das beginnt bereits mit dem Namen der Orte Rennes-le-Château und Rennes-les-Bains. Von was sie sich ableiten, weiß anscheinend niemand: von einem vorkeltischen Schlangengott namens Aer Red? Dem westgotischen Wort „reda" für einen vierrädrigen Karren? Vom lateinischen „regnum" für Herrschaft? Von „règnes", einem alten Ausdruck für die Farbe Rot? Nur in einem Punkt sind sich die Autoren seltsamerweise einig: die beiden Ortsnamen leiten sich trotz ihrer Nachbarschaft keinesfalls vom gleichen Ausdruck ab.

Genauso ist unbegreiflich, wie Leute, die den Ort bereits gesehen haben, behaupten können, Rennes-le-Château sei einst eine blühende Stadt mit dreißigtausend Einwohnern gewesen. Die Abhänge sind viel zu steil.

Aber das eigentliche Highlight des Besuches hätte die Kirche sein sollen. Als ich jedoch Ste.-Marie-Madeleine verließ, empfand ich lediglich einen gewissen Katzenjammer. Im Prinzip entsprachen Dorf und Kirche den Schilderungen. Aber hatte man mir oder ich mir zuviel versprochen? Der erste Eindruck war der einer drittklassigen Raritätenschau in Kleinstformat, die dringend einer Renovierung bedarf. Die Reliefs und Figuren im Inneren der alten Kathedrale haben im Laufe der Jahrhunderte eine Patina erhalten, welche die weihevolle Stimmung des Ortes noch verstärkt. Man spürt einen Hauch von Ewigkeit. Nicht so in Rennes-le-Château. Die grellen Marzipanfarben betonen jedes abgebröselte Gipsstück. Hinzu kam, daß ausgerechnet an diesem Tag ein deutsches Fernsehteam dort Aufnahmen machte, die Beleuchtung also hervorragend war.

Vielleicht wäre für einen ersten Besuch geheimnisvolles Halbdunkel stimmungsvoller gewesen. Obwohl: viel hätte es nicht ausgemacht. Die Dekorationen der Kirche kann man auch mit dem besten Willen nur als kitschig bezeichnen. Nicht umsonst ließ schon Saunières Bischof nach dem Besuch in Rennes-le-Château ein Rundschreiben an die Pfarrer seiner Diözese senden, sie mögen sich bei der Gestaltung ihrer Kirche bitte an die Heilige

Schrift halten und keine eigenmächtigen Ausschmückungen einbringen. Was wurde nicht alles in diese sonderbaren Ergänzungen hineininterpretiert! Ein Beispiel zur Illustrierung: Über dem Weihwasserbecken befindet sich die Aufschrift „Par ce signe tu le vaincras." - „In diesem Zeichen wirst Du ihn besiegen." Von den vier Engeln, die sich bekreuzigen, verharrt jeder in einer anderen Geste des Kreuzeszeichens. Und darunter kauert derjenige, dem diese Aufschrift gilt: der Teufel. Pierre Plantard geht in seinem Vorwort zur Neuauflage von „La vraie langue celtique" auf diesen Satz ein. Denn das Versprechen, das Gott Kaiser Konstantin[66] 312 vor der Schlacht bei der Milvischen Brücke gegeben haben soll, lautet anders: „In diesem Zeichen wirst Du siegen". Aus der neuen Gesamtzahl der Buchstaben, zweiundzwanzig, und der Position der eingefügten Buchstaben, 13 und 14, konstruiert Plantard einen Hinweis auf das Jahr 1314, in dem der zweiundzwanzigste und letzte Großmeister der Templer, Jacques de Molay, in Paris verbrannt wurde.

Diese bewußt an den Haaren herbeigezogene Erklärung soll den Leser veranlassen, zu hinterfragen, was diese Ergänzung „LE", ihn, für die Prieuré wirklich bedeutet. Diesen „LE" nennt sie nämlich nicht ohne Grund Asmodäus: Asmodäus ist der einzige Dämon, der aus den Lehren des Zoroaster stammt. Sprich: aus dem persischen Dualismus[67]. Nun müssen wir noch untersuchen, was diese Teufelsgestalt für den Abbé Saunière bedeutete. Die Erklärung hierfür hat zwar keinerlei esoterischen Nimbus, liefert jedoch wertvolle Rückschlüsse auf die Geisteshaltung Saunières. 1885 hatte er Schwierigkeiten mit den staatlichen Autoritäten, weil er sich in die Wahlen eingemischt hatte. Mittels einer Predigt, in welcher er die Republikaner mit dem Teufel verglich, den es zu besiegen gilt, der gezwungen werden muß, sein Knie unter dem Gewicht der Religion zu beugen. Und das ist genau die Haltung, welche Asmodäus einnimmt: mit gebeugtem Knie unter der Last des Weihwasserkessels. Der nächste Satz von Saunières Predigt bestätigt diese Interpretation des Asmodäus: „Das Zeichen des Kreuzes ist siegreich und mit uns."

Die Idee, ein Feindbild zu kreieren und dieses auf den Gegner zu projizieren, ist nicht neu. Aber eine politische Partei nicht nur mit dem Leibhaftigen zu vergleichen, sondern plastisch als solchen darzustellen, und zwar in einer Kirche, zeugt von einem Hang zum Makaberen. Zudem bezog Saunière von eben dieser Republik jahrelang sein Salär.

Der Vergleich von Saunières Predigt mit der Asmodäus-Gestalt beweist, daß die Dekorationen von Ste.-Marie-Madeleine tatsächlich nach seinen Anweisungen gefertigt wurden. Bei seinen Besuchen in Paris sei er mit okkultistischen und esoterischen Kreisen in Kontakt gekommen. Er mußte daher den Symbolgehalt der von ihm verwendeten Ornamente kennen: die Rose und das Kreuz als Symbol der Rosenkreuzer, das Dreieck und das schachbrettartige Pflaster als Hinweis auf die Freimaurer im allgemeinen, das schottische Plaid auf einer Kreuzwegstation in Anspielung auf die sogenannten Schottengrade im besonderen, um nur einige zu nennen.

Aber gerade die Vielfalt der Symbole und ihre scheinbar willkürliche Anordnung bringt keine Erleuchtung, sondern schafft lediglich Verwirrung. Die ganze Anordnung ist

---

66 Konstantin der Große (ca. 285 - 337), zählt zu den Heiligen, obwohl er sich, wenn überhaupt, bestenfalls auf dem Totenbett taufen ließ - von einem arianischen und somit ketzerischen Priester.

67 Asmodäus (auch: Asmodi, im persischen: Aeschma Daeva) ist im Talmud ein Fürst der Dämonen, nach Tobias 3,8 ein böser Geist, der die sieben Männer Sahras tötet. Durch Gebet hielt der junge Tobias ihn von sich ab und sein Schutzgeist Raphael verbannte ihn in die Wüste.

ein einziger Mißklang. Der Betrachter versucht verzweifelt, Kombinationen aus diesem Kaleidoskop zu ziehen, was zu den abstrusesten Theorien geführt hat.

Angesichts der Fülle von möglichen Schlußfolgerungen vergißt man leicht die eigentlich naheliegendste Frage: Wie sah die Kirche denn aus, bevor sich Saunière ihrer annahm? Einige Autoren berichten lapidar, daß 1897 Meter für Meter der alten Kirchenmauern unter einer dicken Gipsschicht verschwand. Die These, damit solle die Stabilität des Bauwerks erhöht werden, klingt unglaubwürdig.

Was befindet sich hinter der Gipsschicht beziehungsweise unter dem Bodenbelag? Aufschriften oder bedeutungsvolle Ornamente? Weist eine Öffnung auf das Wandgrab Sigeberts IV. hin? Oder eine Spalte im Fußboden auf ein unterirdisches Gewölbe? Hatte der Abbé Bigou, der Beichtvater der Marquise, Ende des 18. Jahrhunderts neben den beiden Grabsteinen auch im Inneren der Kirche gewisse Indizien hinterlassen? Oder einer seiner Vorgänger?

Chérisey geht in „Circuit" auch auf den Schatz Saunières ein. Es gebe eine Spur, die zu ihm führe. Aber der glückliche Finder gehe die Verpflichtung ein, den Schatz weiterzugeben, indem er ihn wieder verstecke und dann eine neue Spur lege. Die Spur an sich sei immer allen zugänglich. Allerdings werde sie am ehesten von denen aufgenommen, die eine ähnliche Geisteshaltung hätten wie derjenige, der die Spur gelegt hat. Was wiederum dazu führe, daß jede neue Spur der alten ähnle. Deshalb könne die genaue Kenntnis einer veralteten Spur dem Eingeweihten durchaus Hinweise auf die neue Lage des Schatzes geben: die Methode sei die gleiche geblieben.

Im Klartext: Wenn wir wissen, wie Saunière auf den Schatz stieß, finden wir auch das von ihm angelegte Versteck.

In Frankreich ist derzeit (1995) von neuem das Schatzfieber ausgebrochen. Ein Mann, der seine Identität nicht preisgeben will, verkündete, er habe eine goldene Eule vergraben und gab gewisse Anhaltspunkte, wo diese zu finden sei. Reporter befragten diverse Schatzsucher über ihre Methoden und Absichten. Einer der Interviewten gab ohne zu überlegen an, er würde die Eule umgehend an einem neuen Ort wieder verstecken, das Spiel sei zu phantastisch, um unterbrochen zu werden. Hinter diesem Sportsgeist steckt der von Chérisey geschilderte Gedanke.

Bérenger Saunière stieß - sei es zufällig oder aufgrund einer gezielten Suche - auf Informationen, deren richtige Interpretation ihn reich machte. Aber es sieht so aus, als sei er ein Spielverderber gewesen: er legte keine neue Spur. Ganz im Gegenteil: er verwischte die alte, die ihm selbst die nötigen Hinweise gegeben hatte. Bestätigt dies Chériseys These? Ließ die alte Spur Rückschlüsse auf die neue Lage des Schatzes zu?

Aber es gibt noch einen stichhaltigeren Grund für das Verhalten Saunières: Er konnte die alte Spur nicht preisgeben, weil er den Schatz gar nicht an einen anderen Ort brachte. Besser gesagt: ihn nicht an einen anderen Ort bringen konnte. Er ruht nach wie vor dort, wo ihn Saunière ursprünglich fand. Solange niemand um den Schatz wußte, war er sicher. Nachdem Saunière aus ihm geschöpft hatte und sich von seiner Umgebung mißtrauisch beobachtet glaubte, sah er sich gezwungen, ein Ablenkungsmanöver zu starten.

Der Gemeinderat beschwerte sich mehrmals beim Präfekten, daß Saunière sich an den Gräbern von noch in Rennes-le-Château ansässigen Familien, die also neueren Datums waren, zu schaffen machte. Dort konnte kein Schatz aus vorrevolutionärer Zeit verborgen sein. Und trug er wirklich in dem großen Rucksackkorb, mit dem er Steine für seine Lourdesgrotte sammelte, in aller Öffentlichkeit den Schatz spazieren? Saunière vernichtete alte Grabsteine, die ihm Hinweise gegeben hatten - ob es nun die der Marquise von Hautpoul waren oder andere.

Auf jeden Fall erregte er Aufsehen. Um von diesen Arbeiten abzulenken, benützte er zwei Systeme. Auf der einen Seite dehnt er seine Tätigkeit auf unbedarfte Gräber aus. Auf der anderen hatte er gelernt, daß eine abgemeißelte Inschrift neugierig macht: Was stand dort? Die Spuren in der Kirche verwischte er auf eine Art und Weise, die niemanden mißtrauisch machte. Jeder wundert sich: Was bedeuten die merkwürdigen Dekorationen? Kaum einer fragt nach: Warum wurden sie angebracht? Was verbirgt sich dahinter?

Saunière war boshaft veranlagt. Für denjenigen, der sein Spiel durchschaute, hinterließ er einige wenige Hinweise. Zum Beispiel hinter der Kirchentür, in Gestalt des Dämons Asmodäus. Dieser ist nämlich zahnlos. Das hat nichts mit seinem Status als Besiegter zu tun: Klauen und Hörner sind vorhanden. „Keine Zähne" heißt auf Französisch jedoch „pas de dents", ein perfektes Homophon zu „pas dedans". Auf Deutsch: drinnen nicht. Saunière benützt also den Asmodäus, der Legende nach Hüter von Salomons Schatz, zur Übermittlung seiner Botschaft: es ist sinnlos, im Inneren der Kirche nach irgendwelchen Hinweisen zu suchen.

Diese Interpretation findet sich prompt außerhalb der Kirche bestätigt. Links des Eingangs ist die Zahl 1891 eingemeißelt - man beachte die Ziffern -, obwohl die Weihung des Umbaus durch den Bischof erst 1897 stattfand. In diesem Jahr 1891 fand Saunière, wenn nicht den Schatz, so doch die wichtigsten Hinweise. Dies ersehen wir an einer von ihm persönlich zusammengeklebten Collage, deren unterer Teil die Heiligen Drei Könige zeigt, wie sie dem neugeborenen Jesus huldigen, der obere hingegen ein kleines Kind, das von Engeln auf einer Decke davongetragen wird. Der Text zu dem Bild lautet: „L'année 1891 portée dans l'éternité, avec le fruit dont on parle ci-dessous." - „Das Jahr 1891 wird in die Ewigkeit getragen, mit der Frucht, von der man hier unten spricht."

Ein Vergleich mit „Circuit" beweist, daß Chérisey dieses Wortspiel begriffen hat.[68] Wenn man nämlich das Wort „dessous", unten, auf Saunières Collage in „des sous" trennt, verschiebt sich die Bedeutung des Satzes: „Das Jahr 1891 wird in die Ewigkeit getragen, mit der Frucht, von der man hier spricht: GELD."

---

[68] Er plazierte den Ausdruck „des sous", umgangssprachlich Geld, an sehr auffälliger Stelle.

Kapitel 4: Der Morgenstern

Notre-Dame von Avioth

Im Zusammenhang mit Stenay geht Gérard de Sède auch auf einen Marienwallfahrtsort ganz in der Nähe ein: Avioth. Notre-Dame[69] von Avioth ist eine der legendären Schwarzen Madonnen. Diese Bezeichnung rührt daher, weil die originalen Statuen oder Bilder eine dunkle Hautfarbe aufweisen. Bekannte Beispiele im deutschsprachigen Raum sind die Muttergottes von Altötting in Bayern und von Einsiedeln in der Schweiz.

Für die dunkle Hautfarbe wird gerne der Rauch unzähliger Kerzen verantwortlich gemacht. Erstaunlich nur, daß dieser nicht Kleidung und Votivgaben gleichermaßen färbte.

Den Schwarzen Madonnen wird allgemein ein hohes Alter nachgesagt; manche habe der heilige Lukas sogar nach dem Vorbild der lebenden Maria gestaltet. Um die meisten rankt sich eine Geschichte, wie sie auf wundersame Weise aufgefunden wurden, häufig in einem Baum oder einer Erdhöhle. Andere seien vom Meer angespült worden. Die Verbindung zwischen dem Meer als dem ursprünglichen lebenschaffenden Element und der nährenden Urmutter gab es schon immer. Im Französischen werden die beiden Begriffe - la mer, das Meer, und la mère, die Mutter - sogar gleich ausgesprochen. Und der Name der Gottesmutter, Maria, ist im Lateinischen gleichzeitig der Plural von Meer.

Auf welche Art die Schwarzen Madonnen auch auftauchten: sobald sie einmal ihr Ziel erreicht hatten, fühlten sie sich dem Ort ihrer Auffindung sehr verbunden. Wenn die lokalen Kleriker versuchten, die Statue an einen würdigen Ort zu bringen, etwa in die nächstgelegene Kirche oder Kathedrale, weigerte sic sich: sie wurde so schwer, daß sie trotz aller Anstrengungen nicht vom Fleck bewegt werden konnte. Andere kehrten bei Nacht wieder an ihren Fundort zurück - so lange, bis ihnen genau dort die gewünschte Kapelle errichtet wurde. Letzteres erklärt, warum ein Dorf wie Avioth eine gotische Kathedrale aufweist.

Wäre Avioth der einzige Marienwallfahrtsort im Gedankengebäude der Prieuré, könnten wir ihn als Kuriosum abtun. Nur ist dieses Thema allgegenwärtig - auch in „Le Serpent Rouge" taucht Notre-Dame auf. Und schon Boudet erwähnt die Marienstatue von Marceille bei Limoux, die alle Merkmale einer klassischen Schwarzen Madonna aufweist. Nicht nur, daß sie aus schwarzem Holz ist und der Legende nach aus dem Orient stammen soll, vor der Kirche befindet sich sogar eine heilkräftige Quelle. Chérisey nützt die klangliche Ähnlichkeit mit Marseille zu einem Wortspiel - ein Zeichen für die Bedeutung, die auch er solchen Wallfahrtsorten zumißt.

Die Marienfigur von Avioth wurde inzwischen durch eine konventionelle Statue mit weißer Haut ersetzt, wie zahlreiche ihrer Kolleginnen. Nur tut dies üblicherweise weder der Frömmigkeit der Gläubigen noch eventuellen Wundern Abbruch. Die Schwarze Madonna von Le Puy ist eine Nachbildung des 19. Jahrhunderts: das Original, aus der Zeit der Kreuzzüge stammend, wurde während der Französischen Revolution zerstört. Aller-

[69] Notre-Dame entspricht der italienischen „Madonna", dem englischen „Our Lady" und dem deutschen „Unsere Liebe Frau". Die Bezeichnung „Notre-Dame" impliziert eine Ehrung der „Madonna" um ihrer selbst willen, nicht als Gottesgebärerin (d.h. als Mutter Gottes). Genau dieser Aspekt war das Neue an der Marienverehrung des heiligen Bernhard.

dings berichtet die Überlieferung seit dem 5. Jahrhundert von Erscheinungen der Madonna in Le Puy - die Statue sanktionierte also lediglich einen bereits bestehenden Kult.

An vielen Orten ist nachweisbar, daß ein solcher Kult wesentlich älter als das Christentum ist. Boudet gibt zu, daß dies auch auf Marceille zutrifft. Vermutlich ist auch den meisten andächtigen Besuchern von Lourdes nicht bekannt, daß sich dort im Altertum ein Tempel der Venus erhob, daß es sogar Hinweise auf eine eiszeitliche Kultstätte gibt.

Allerdings war es nicht die Errichtung eines Dolmens[70] oder Tempels, welche einen solchen Ort zu einem Ort der Kraft machte. Manche unserer Vorfahren hatten vielmehr einen siebten Sinn für tellurische Strömungen, so wie ein Wünschelrutengänger Wasser aufspüren kann, und errichteten ihre Tempel genau dort. Und da die Erde traditionell als weiblich galt, verehrten sie die Erdströme spätestens nach der Personifizierung der Naturerscheinung in Gestalt einer Göttin.

Beziehungsweise der Schlange. Sie ist das einzige Wirbeltier, das mit dem gesamten Körper die Erde berührt. Nicht umsonst weist Gérard de Sède darauf hin, daß Stenay und Avioth am Rande der Woëvre-Ebene liegen: Die Woëvre ist nichts anderes als die heraldische Bezeichnung für die Schlange. Mancher fühlt sich vielleicht unwillkürlich an die Schlange zu Füßen zahlreicher Madonnenfiguren erinnert. Im christlichen Sinne weist dieses Attribut auf die Rolle der Jungfrau Maria als „neue Eva" hin, die den Einflüsterungen der Schlange nicht folgt, sondern diese besiegt - durch ihren Gehorsam (Gen 3/15).

Wäre die Schlange das einzige Attribut der alten Göttinnen, welches die Marienverehrung übernahm, könnte man diese Erklärung gelten lassen. Nur ist die Mondsichel zu Füßen der Madonna genauso archaisch.[71]

Nicht einmal die Darstellung des Jesusknaben auf dem Schoße der Madonna ist original. Wenn sie die näheren Umstände eines Fundes nicht kennen, haben auch Archäologen Schwierigkeiten, die christliche Muttergottes von der Göttin Isis mit ihrem Sohn Horus beziehungsweise galloromanischen Muttergöttinnen zu unterscheiden. Und auf der Insel Sardinien hat man kleine metallene Statuetten aus der Nuraghenzeit gefunden, die beinahe dreitausend Jahre alt sind. Einige dieser sogenannten „Bronzetti" stellen weibliche Figuren dar. Eine, die diskret „die Mutter des Getöteten" genannt wird, würde man als Pietà bezeichnen, wenn sie zufällig in einer christlichen Kirche stände: eine sitzende weibliche Gestalt mit Schleier, auf deren Schoß eine zweite Figur gebettet scheint.

Die Verwandtschaft mit den alten Erd- und Muttergöttinnen erklärt auch, daß zahlreiche Schwarze Madonnen mit verschiedenen Aspekten der Fruchtbarkeit zu tun haben. Nur kann sich diese Funktion auf mannigfaltige Weise äußern. Während die Schwarze Madonna von Pézenas (Languedoc) bei Trockenheit um Regen angerufen wird, soll ihre wesentlich bekanntere Kollegin in Toulouse, die Madonna von Daurade, bei Überflutungen Hilfe bringen. Beide Statuen gelangten einer Überlieferung nach gemeinsam von Rhodos nach Frankreich.

---

70 Die Bezeichnung „Dolmen" steht für ein vorgeschichtliches Bauwerk, das für Kultzwecke oder Begräbnisse benutzt wurde. Es besteht aus mehreren senkrechten Steinen, auf die eine waagrechte Steinplatte gelegt wurde.

71 Wenn auch ein krampfhafter Versuch stattfand, dieses Attribut zu einem spezifisch christlichen zu machen: es handle sich um das Sinnbild des Islam, den die Gottesmutter letztendlich besiege.

Wer ist der Morgenstern?

Experten weisen bei einer Unzahl von christlichen Heiligen darauf hin, daß es sich um heidnische Gottheiten handelt, welche die Missionare in christliche Gewänder hüllen mußten, weil das Volk sie nicht missen mochte. Die Madonna ist also kein Einzelfall für die Weiterführung eines alten Kultes unter neuer Flagge. Auch nahm sie nicht sämtliche Aspekte der alten Göttinnen auf.

Als eigentliche Nachfolgerin der Liebesgöttin Venus gilt die ehemalige Sünderin Maria Magdalena. Und gerade ihr ist die Kirche von Rennes-le-Château geweiht. Die Prieuré macht also einen der Venus geweihten Ort zum Zufluchtsort Sigeberts IV. und damit zur neuen Wiege des Geschlechts der Merowinger. Damit greift sie direkt den legendären Ursprung der Merowinger auf. Sie sollen nämlich von dem Trojaner Äneas abstammen. Ströme von Druckerschwärze flossen inzwischen für die Diskussion, ob Dagobert II. sein Landgut im elsässischen Kirchheim Troia Nova nannte oder nicht. Für die Prieuré hat diese Frage allerdings einen ganz anderen Aspekt. Denn ein Volk, das sich auf Äneas als Ahnherrn beruft, ernennt gleichzeitig die Göttin Venus zu seiner Vorfahrin: sie war die Mutter des Äneas.

Maria Magdalena genießt generell in Südfrankreich große Verehrung. Die Legende besagt, sie sei nach dem Tod Jesu mit einigen Gefährten in einem steuerlosen Boot ausgesetzt worden, das schließlich bei Marseille angetrieben wurde. Dort habe sie die letzten dreißig Jahre ihres Lebens büßend in einer Grotte verbracht. Einer anderen Überlieferung nach landete sie im heutigen Port Vendres an der französisch-spanischen Grenze, dem Hafen der Venus. Ganz in der Nähe, bei Béziers, gibt es noch einen weiteren Ort namens Vendres, wo früher ebenfalls ein Venustempel stand, und in Béziers selbst eine der Maria Magdalena geweihte Kirche. Mehr noch: der eigentliche Schutzheilige von Béziers heißt ausgerechnet St.-Aphrodise - ein Name, der verdächtig an Aphrodite, den griechischen Namen der Venus, erinnert.

Alle Autoren sind sich darüber einig, daß die Dekorationen im Inneren der Kirche von Rennes-le-Château teilweise sehr unorthodox sind. Jean Markale fiel ein noch merkwürdigerer Aspekt über dem Kirchenportal auf: Maria Magdalena mit einer Schlange zu ihren Füßen, wie sonst nur die Gottesmutter. Ihr eigentliches Attribut ist ein Totenschädel. Es gibt jedoch auch den umgekehrten Fall, eine Darstellung der Jungfrau mit einem Totenschädel. Zu Füßen der Schwarzen Madonna von Einsiedeln befindet sich ein Behältnis mit dem Haupt ihres treuen Dieners Meinrad. Dieser wurde ausgerechnet 861 zum Märtyrer, sein Todesjahr weist also die gleichen Ziffern auf wie das berühmte Jahr 681 der Prieuré.

Sind die Jungfrau Maria und Maria Magdalena eventuell austauschbar? Auf den ersten Blick mag dieser Gedanke schockieren. Die Unbefleckte Empfängnis und die Sünderin sollen identisch sein? Bei genauer Betrachtung liegt dieser Gedanke jedoch gar nicht so fern. In den ersten Jahrhunderten des Christentums genoß die Jungfrau Maria keine besondere Verehrung, verblaßte sogar neben den Märtyrern. Ihre Jungfräulichkeit schlug sich nicht in den Evangelien nieder. Erst zur Zeit der Kreuzzüge blühte ihr Kult auf. Maria Magdalena war über das Meer gekommen, wie zahlreiche Schwarze Madonnen. Sie ist mit der Venus identisch, die auch ihr Leitstern über das Meer war. Ähnlich, nämlich als Meerstern, rufen die alten Litaneien die Madonna an, auch wenn damit nicht die Venus, sondern der Polarstern gemeint sein sollte; auch dieser hat mit unserem Thema zu tun, wie wir gleich sehen werden.

Schon Baigent, Leigh und Lincoln konstatierten, daß Maria Magdalena in den Prieuré-Unterlagen eine wichtige Rolle einnimmt, sogar die Jungfrau Maria in den Hintergrund drängt. Sie erklären dies mit ihrer Rolle als Gemahlin Jesu und Stammutter der Merowinger. Henry Lincoln machte im Alleingang einen Schritt in die richtige Richtung, als er Maria Magdalena mit der Venus verband. Besser gesagt, mit den beiden Ideen, welche wir unter dem Begriff „Venus“ zusammenfassen: einerseits die antike Liebesgöttin, andererseits den zweiten Planeten unseres Sonnensystems, den Nachbarn der Erde.

Und der Planet Venus ist für unser Thema genauso interessant wie die Göttin der Liebe und Schönheit. Die Bewegungen der Venus am Himmel ziehen ein Pentagramm nach, zu dessen Konstruktion kurioserweise das Verhältnis von 1,618 benützt wird: die sogenannte Goldene Zahl, die sich wiederum aus den Ziffern 6, 8 und 1 zusammensetzt. Das Giebelfeld von Rennes-le-Château liefert uns noch einen weiteren Hinweis auf die Venus: ein einzelner strahlender Stern, das Wappen des damaligen Papstes, Leos XIII[72]. Der erste Stern, der für das bloße Auge am Abendhimmel sichtbar wird, ist die Venus. Wissen wir mit Sicherheit, ob Saunière tatsächlich auf die Venus anspielte? Nein. Aber diejenigen, die überall in der Kirche esoterische Hinweise suchen, dürfen auch diesen Aspekt nicht übersehen.

Der Planet Venus ist nicht nur der erste, der abends als Stern im Westen aufgeht, sondern gleichzeitig der letzte, der am Morgenhimmel verschwindet. Aus diesem Grund wird zwischen der Venus als Morgenstern und der Venus als Abendstern unterschieden. Für die Venus als Morgenstern gibt es jedoch noch eine weitere Bezeichnung. Im Griechischen lautet sie Phosphoros, im Lateinischen hingegen - Luzifer!

Wen diese Gedankenverbindung entsetzt, der sei darauf hingewiesen, daß der Ausdruck Luzifer, Lichtträger, ursprünglich überhaupt nichts mit dem Prinzip des Bösen zu tun hatte. Erst ab dem 16. Jahrhundert wurde Luzifer in die Hölle versetzt. Jedoch nur halbherzig. Wie könnten sonst die alten Litaneien die Jungfrau Maria als Morgenstern preisen? Warum gibt es noch heute Kirchenlieder, die mit der Zeile „Wie schön leuchtet der Morgenstern“ oder „Morgenstern der finstern Nacht“ beginnen? Warum darf sich sogar Jesus in der Apokalypse des Johannes als Morgenstern bezeichnen (Offb 22/16)?[73]

Die wichtigste alttestamentliche Grundlage für die Geschichte der abgefallenen Engel sind zwei magere Zeilen bei Isaias (Is 14/12): „Wie bist Du vom Himmel gefallen, oh Luzifer, Morgenstern?“ Nur beziehen sich diese Worte nicht auf einen fiktiven Höllenfürsten, sondern auf den König von Babylon. Der Prophet Ezechiel wählt ähnliche Vergleiche, als er über den König von Tyrus[74] spricht (Ez 28/11 ff.).

---

72 Wie wir noch sehen werden, hat sogar die Zahl Dreizehn eine große Bedeutung für unser Thema.

73 Den Verfassern des Neuen Testaments war die Identität Luzifers mit dem Morgenstern sehr wohl bekannt. Sie geht zum Beispiel aus dem Buch Hiob (11/17) und dem zweiten Petrusbrief (2 Petr 1/19) hervor. Die lateinische Version bezeichnet den Morgenstern beziehungsweise die Morgenröte als Luzifer.

74 Tyrus, auch:Tyros, in der Antike der bedeutendste phönizische Handelsplatz an der Ostküste des Mittelmeers, gegründet um 1400 v. Chr., unter moslemischer Herrschaft im Mittelalter verfallen. Die seefahrenden Einwohner von Tyrus gründeten u.a. Karthago.

Wir werden in einem späteren Zusammenhang noch erkennen, daß die Prieuré auch der Rebellion der Engel einen wichtigen Platz in ihrem Gedankengebäude einräumt: indem sie den Schriftsteller Victor Hugo[75] zu ihrem Großmeister macht. Auf dessen Werk „La Fin de Satan" werden wir noch mehrmals zurückkommen. Nur ist dieses „Ende Satans" anders als erwartet.

Den endgültigen Beweis dafür, daß die Prieuré diese Querverbindungen zwischen den Schwarzen Madonnen, der Venus und Luzifer erkannt hat, liefert, wie schon so oft, ihr Großmeister Philippe de Chérisey. Denn er hat sich ausgerechnet die Kanarischen Inseln zum Schauplatz seines Romans „Circuit" erwählt. Diese werden nämlich immer wieder mit den Inseln der Hesperiden identifiziert, einer Überlieferung nach die Töchter des Atlas und der Hesperus. Hesperus wurde in einen Stern verwandelt: die Venus.

Die Prieuré sorgt noch durch einen weiteren Hinweis dafür, daß die Verbindung zu den Hesperiden hergestellt wird: sie spielt immer wieder auf Arkadien an, nicht nur über das Poussin-Gemälde. Denn in Arkadien, auch darauf verweist sie diskret, versickert der Fluß Alpheus in der Erde, um in Sizilien als Quelle Arethusa wieder aufzutauchen. Und genau diesen Namen, Arethusa, trug eine der Hesperiden.

Aber warum greift die Prieuré dieses Thema überhaupt auf? Will sie mit der Identifizierung der Maria Magdalena beziehungsweise der Madonna und der Venus auf der einen sowie der von Venus und Luzifer auf der anderen schockieren? Vermutlich nicht: höchstens aufrütteln. Der eigentliche Sinn dieser Gleichsetzung liegt jedoch tiefer. Letztendlich geht es der Prieuré auch hier um das Aufzeigen des Dualismus sowie seiner Überwindung. Ideen, die auf den ersten Blick nichts miteinander zu tun haben, gehören untrennbar zusammen.

Venus und Maurice Leblanc

Wir haben besprochen, daß die Prieuré dem Werk von Maurice Leblanc große Bedeutung zumißt. Die Bibliographie des Vorworts, welches Pierre Plantard zu „La vraie langue celtique" verfaßte, führt kommentarlos ein Werk auf, das eigentlich mit Bérenger Saunière nichts zu tun haben sollte, weil es im fernen Nordwesten Frankreichs spielt: „La comtesse de Cagliostro", die Gräfin Cagliostro, einer der frühen Arsène-Lupin-Romane. Allerdings handelt dieses Buch ebenfalls von der Suche nach einem Schatz. Der wichtigste Anhaltspunkt für die Schatzsucher ist der lateinische Satz AD LAPIDEM CURREBAT OLIM REGINA - „Zum Stein lief einst die Königin." Und diesen Satz stellt Gérard de Sède kommentarlos, ohne Hinweis auf den Kontext, einem Kapitel seines Buches „Les Templiers sont parmi nous" voran.

Wer sich auf die Arbeitsweise der Prieuré eingestimmt hat, dem wird als erstes auffallen, daß dieser Satz einen Widerspruch in sich birgt. Denn die Königin, um die es geht, ist gar keine: es handelt sich um eine Mätresse, also bestenfalls eine heimliche Königin. Oder sollte diese Königin für die Prieuré die echte sein? Dient ein König, der seine Geliebte einer angetrauten Ehefrau vorzieht, nicht der Venus selbst?

---

[75] Victor Hugo (1802 - 1885), französischer Schriftsteller, berühmt geworden durch den „Glöckner von Notre-Dame".

Die konkrete Lage des Schatzes ist in der Zusammensetzung der Anfangsbuchstaben dieses Satzes codiert: ALCOR. Alcor ist der siebte Stern im Großen Bären. Maurice Leblanc scheint dieses Wort Alcor für wichtig zu halten: im Vornamen der Protagonistin von „Le triangle d'or", das goldene Dreieck, ist es ebenfalls verborgen: sie heißt Coralie. Dieser Name enthält nicht nur die Buchstaben ALCOR, sondern auch die von „corail", dem französische Wort für Koralle. Und die Korallen gelten als Embleme der Venus. Andererseits erinnert jedoch die Bezeichnung, unter der Coralie einmal vorgestellt wird, „la reine de ces lieux", die Königin dieses Ortes, sehr an „la reine des cieux", die Himmelskönigin. Diesen Ausdruck prägte der heilige Bernhard von Clairvaux, der geistige Vater der Templerregel. Allerdings meinte er nicht die Venus, sondern Notre-Dame. Ein weiterer Hinweis, daß für die Prieuré Notre-Dame und Venus identisch sind.

Immer, wenn die Prieuré auf die Bedeutung eines Buches hinweist, dann spielt sie in Wirklichkeit auf das gesamte Werk des jeweiligen Autors an. Bei den Abenteuergeschichten Maurice Leblancs ist dies eher ein Vergnügen als eine Arbeit. Auffallend ist, daß Leblanc sich auf Stichworte zu beschränken scheint; seine Namen, Zahlen und Ortsangaben erscheinen in einem völlig anderen Kontext als das Original. So trägt zwar eine Frau in „L'éclat d'obus"[76] den gleichen Namen wie Dagoberts Tochter, nur handelt es sich bei dieser Gräfin Hermine um eine völlig skrupellose Anhängerin des deutschen Kaisers, die im Ersten Weltkrieg vor keiner Untat zurückschreckt, um ihrem angebeteten Herrscher zum Sieg zu verhelfen. Der geographische Bereich, in dem die beiden Personen agieren, stimmt jedoch überein: das nördliche Grenzgebiet zwischen Deutschland und Frankreich.

Leblanc muß eine Vorliebe für den Namen Hermine beziehungsweise Hermann gehabt haben: er taucht unverhältnismäßig oft in seinen Büchern auf. Chérisey bestätigt die Bedeutung dieses Namens durch einen „punischen" Hinweis in „Circuit".[77]

Aber warum ist dieser Name so wichtig für die Prieuré? Nur wegen Dagoberts Tochter Irmine? Unwahrscheinlich. Oder wegen der Freimaurer, weil die sogenannten Alten Pflichten aus der Zeit des operativen Maurertums den Namen Hermes Trismegistos[78] als Herminerus wiedergeben? Könnte sein. Aber vermutlich hauptsächlich wegen der „Irminsul", dem heidnischen Heiligtum in Westfalen, das im Jahre 772 auf Befehl Karls des Großen zerstört wurde. Den Hintermännern der Prieuré sind diese Irminsul durchaus ein Begriff; unter anderem aufgrund der Schriften Otto Rahns[79] (1904-1939): sein Name taucht in diversen Büchern über Rennes-le-Château auf. Und diese Irminsäulen galten als

---

76 dt.: Der Granatsplitter

77 Im Zusammenhang mit der Geburt Roselines. Diese sei sehr leicht gewesen; Chérisey wählt den ungewöhnlichen Vergleich, Roseline sei aus dem Körper ihrer Mutter geglitten „wie ein Wiesel aus seinem Bau". Für Wiesel benützt Chérisey den Ausdruck „belette", der mit Hermelin übersetzt werden kann. Nur handelt es sich hierbei lediglich um eine Umschreibung des eigentlichen französischen Wortes für Hermelin: „hermine".

78 Dem Hermes Trismegistos, wörtlich dem Dreifach-Großen, wurden die sogenannten hermetischen Schriften zugeschrieben. Diese entstanden jedoch nicht in Altägypten, wie manche noch im 17. Jahrhundert glaubten, sondern in frühchristlicher Zeit. Bekannter als die hermetischen Schriften sind jedoch die „Smaragdenen Tafeln" des Hermes Trismegistos, die in der berühmten Maxime „Wie oben, so unten" gipfeln.

79 Autor von „Der Kreuzzug gegen den Gral" und „Luzifers Hofgesind". Sein Leben und sein Tod sind äußerst kontrovers. War er ein Mitglied der SS? Wenn ja, aus Überzeugung? Beging er Selbstmord? Oder wurde er umgebracht - von den Nationalsozialisten?

Abbild der Himmelssäulen. Bei den alten Griechen trug einer der Titanen das Himmelsgewölbe auf seinen Schultern: Atlas, der Gatte der Hesperus alias Luzifer. Letztendlich stellt der Name Irmine also einen weiteren Hinweis auf die Venus beziehungsweise Luzifer dar.

Und auf die Inversion. Denn der Begriff „hermine“ existiert auch in der Heraldik, einem für die Prieuré sehr wichtigen Thema, dem Louis Vazart ein ganzes Kapitel widmet. Im Französischen versteht man unter der „hermine“ ein weißes Schild mit schwarzen Hermelinschwänzen. Hierzu existiert auch eine Umkehrung: schwarzes Schild mit weißen Schwänzen, „contre-hermine“ genannt.

Von Bedeutung ist auch der Roman „Dorothée, danseuse de corde“[80]. Diese Dorothée, die mit einem kleinen Zirkus durch die Lande zieht, ist die Tochter einer Tänzerin und eines Adeligen. Leblanc betont, daß ihre Eltern einander innig liebten, allerdings nicht miteinander verheiratet waren, gibt jedoch keine Gründe an, die einer Legalisierung ihres Verhältnisses entgegengestanden hätten. Wir haben also auch hier eine eindeutige Huldigung der Venus.

Ein weiterer interessanter Hinweis auf die Venus erfolgt indirekt: ein Buch mit dem Titel „813“. Wenn dies tatsächlich ein Hinweis auf die Gründung der Abtei von Alet im Jahre 813 ist, wie Ferté meint, dann sollten wir auch berücksichtigen, daß diese Abtei einen Tempel der Cybele - eine ältere Version der Venus - ablöste. Und nicht nur, daß Alet einst der Bischofssitz von Nicolas Pavillon war und dieser *vielleicht* in der Compagnie du Saint Sacrement mitspielte.

In jenem Jahr 813 sollen sich jedoch noch weitere bedeutungsvolle Ereignisse abgespielt haben. Die Legende berichtet von einem Eremiten namens Pelagius, der in mehreren aufeinanderfolgenden Nächten Visionen von einem Sternenregen hattc, der in seiner Nähe niederging. Worauf dieses Feld prompt Sternenfeld genannt wurde, auf Spanisch Campo de las Estrellas. Und nachdem man dort Gebeine aufgefunden hatte, die dem Apostel Jakobus zugeschrieben wurden, war der neue christliche Wallfahrtsort geboren: Santiago de Compostela.

Eine andere Version der Legende spricht jedoch von einem einzelnen Stern, der überhell gestrahlt habe. Der spanische Autor Ramón Hervás zieht sogar die konkrete Verbindung zum Morgenstern. Die Thesen Immanuel Velikovskys und eine weitere etymologische Erklärung des Wortes „Compostela“ lassen dies als durchaus möglich erscheinen. Velikovsky geht davon aus, daß die Venus früher ein Komet war und als solcher einen Schweif besaß. Compostela würde sich in diesem Fall von „estela“ ableiten: der Leucht- oder Kielspur. Chérisey spielt sogar auf die Thesen Velikovskys an.[81]

Ein weiteres Indiz stützt diese Interpretation. Als Sinnbild einer Pilgerfahrt nach Santiago gilt seit altersher die Muschel. Die Erklärung hierfür klingt etwas weit hergeholt: Als

---

80 dt.: Die Seiltänzerin Dorothée

81 Er beginnt plötzlich, völlig zusammenhangslos, vom Absinth (Wermut) zu faseln - anders kann man es nicht nennen. Ein Blick in ein Lexikon, und es wird klar, warum: dieser wird aus einer Beifußart mit dem Namen Artemisia Absinthium hergestellt. Ein versteckter Hinweis auf die Göttin Artemis. Und in der Apokalypse (Offb 8/10-11) fällt ein Stern mit dem Namen Absinthius (Wermut) vom Himmel und richtet große Verwüstung an. Dieser Stern kann nur die Venus sein, denn die Verehrung von Venus und Artemis überschnitten sich.

sich das Schiff mit dem Leichnam des heiligen Jakobus der Küste von Galizien näherte, sei ein Reiter samt Pferd ins Wasser gestürzt, jedoch neben dem Boot unversehrt wieder aufgetaucht. Sein Körper sowie der des Pferdes seien mit Muscheln bedeckt gewesen. Und zur Erinnerung an dieses Wunder trügen die Pilger Muscheln auf ihrer Kleidung.

Wahrscheinlicher ist, daß hier auf das Symbol zurückgegriffen wurde, mit dem Venus-Aphrodite künstlerisch gerne dargestellt wird: als die in einer Muschel dem Meer entsteigende Schaumgeborene. Schließlich gibt es sogar eine Muschelart, welche den Namen der Liebesgöttin trägt: die Venusmuschel. Ist es verwunderlich, daß die Prieuré immer wieder betont, Rennes-le-Château mit seiner der Magdalena geweihten Kirche liege auf einem der Pilgerwege nach Santiago de Compostela? Warum hat der Weihwasserkessel, den der Asmodäus dem Eintretenden darbietet, ausgerechnet die Form einer riesigen Muschel aus Gips? Die Riesenmuscheln, welche in St.-Sulpice als Weihwasserbecken fungieren, sind sogar echt. Nun wird auch klar, warum die Prieuré ausgerechnet den Maler Botticelli[82] zu einem ihrer Großmeister macht: sein bekannteste Gemälde ist die schaumgeborene Göttin Venus in einer Muschel.

Diese Beispiele stellen zwar den Bezug zur Venus her, aber nur aufgrund von Indizien. Es ist dem Leser daher nicht zu verdenken, wenn er sich weigert, die Verbindung Coralie / Dorothée - 813 - Santiago di Compostela - Venus nachzuvollziehen. Konkretisieren wir also den Sachverhalt: Gibt es einen Roman aus der Feder Maurice Leblancs, der auf irgendeine Art direkt mit der Venus zu tun hat? Ein solcher Roman würde die Hypothese über sekundäre Verbindungen untermauern.

Die Antwort auf diese Frage lautet tatsächlich „ja“. Die Geschichte „Les trois yeux“, die drei Augen, erzählt, wie die Bewohner der Venus versuchen, mit der Erde Kontakt aufzunehmen. Es ist eindeutig, daß Leblanc „Les trois yeux“ und „Le triangle d'or“ verbindet. Die drei Augen, das Erkennungszeichen der Venusbewohner auf ihren Manifestationen, sind in einem Dreieck angeordnet. Und der Titel „Le triangle d'or“ spielt in Wirklichkeit auf ein Dreieck an, das gar keines ist: einen Sandhaufen. Das eigentliche Dreieck besteht also aus den drei Augen.

Die Schäferin

„Les trois yeux“ sagt uns auch, wer sich hinter der geheimnisvollen Schäferin des „Bergère“-Textes verbirgt. Auf diese Frage wurden schon die merkwürdigsten Antworten geliefert. In Ste.-Marie-Madeleine steht eine Statue der heiligen Germana, auf Französisch Germaine, in Begleitung eines Schafes. Die Prieuré behauptet zudem, diese Patronin der Stadt Paris werde am 17. Januar gefeiert. Oder ist Jeanne d'Arc gemeint, die Schäferin von Domrémy, die eine Botin der Prieuré gewesen sein soll? Oft begegnet man der Aussage, die Schäferin des „Bergère“-Textes sei die weibliche Gestalt auf dem Poussin-Gemälde der „Schäfer von Arkadien“[83]. Einfach deshalb, weil sie mit diesem Maler im gleichen Atemzug genannt wird. Die meisten bleiben leider an diesem Punkt stehen. Obwohl Louis

82 Sandro Botticelli (1445 - 1510), italienischer Maler der Renaissance, spezialisiert auf Allegorien sowie religiöse und mythologische Themen.

83 Das Bild hängt im Louvre.

Vazart den nächsten Schritt vorgibt: diese Frau stelle die Isis dar - die ägyptische Version der Venus.

Und genau diese Erklärung bestätigt der Roman „Les trois yeux“. Dort wird am Schauplatz eines Mordes die bruchstückhafte Aufschrift BERGE gefunden. Jeder bezieht dies auf die Protagonistin, die im Familienkreis „Bergeronnette“ gerufen wird, was mit Bachstelze übersetzt werden kann, aber auch das Wort „berger“ enthält. Erst zum Schluß stellt sich heraus, daß „l'étoile du berger“ damit gemeint ist: wörtlich der Stern des Schäfers. Ein Blick in ein französisches Lexikon zeigt, daß der „Stern des Schäfers“ in Wirklichkeit eine Schäferin ist: der Planet Venus trägt diesen Beinamen.

Was es mit Poussin und Teniers genau auf sich hat, besprechen wir in einem späteren Kapitel. Soviel vorab: Poussins lateinisches Motto „Tenet confidentiam“ findet man selten richtig übersetzt. Es bedeutet nicht „Er besitzt ein Geheimnis“, sondern schlicht „Er hat Selbstvertrauen“.

Gleichfalls fehlübersetzt wird der Satz „Que Poussin Teniers gardent la clef“, vielleicht aus dem falschen Verständnis von Poussins Motto heraus. Es handelt sich nicht um den Indikativ, „Poussin und Teniers hüten den Schlüssel“, sondern um einen Satz im Subjunktiv, eine besondere grammatikalische Konstruktion der französischen Sprache. Der kleine Unterschied liegt in drei Buchstaben: QUE. Dieses „que“ kehrt die Bedeutung um und verwandelt den obigen „Schlüsselsatz“ in die trotzige Herausforderung: „Mögen Poussin und Teniers den Schlüssel behalten!“ Philippe de Chérisey bestätigt diese Auslegung wörtlich und nennt auch den Grund: „Wenn sie ihren Schlüssel behalten können, dann deswegen, weil es kein Schloß mehr für ihn gibt.“

Diese Interpretation verleiht auch dem Worten „pas de tentation“, keine Versuchung, zwischen „Bergère“ und „que Poussin Teniers gardent la clef“ einen Sinn. Versucht wird nicht die Schäferin, sondern der Leser. Die sinngemäße Übersetzung des „Bergère“-Textes lautet also wie folgt: „Es geht um den Stern des Schäfers, der in Wirklichkeit eine Schäferin ist. Laß Dich nicht vom Weg abbringen! Poussin und Teniers haben den Schlüssel nicht!“

Genauso liest man gerne, Saunière habe bei seinem ersten Besuch in Paris eine Reproduktion der „Schäfer von Arkadien“ gekauft, weil es in der Gegend von Arques entstanden sei und mit dem Geheimnis von Rennes-le-Château zu tun habe. Manche Autoren weisen anhand von Poussins Biographie nach, daß er für eine seiner Romreisen durchaus diesen Weg genommen haben könnte. Mehr noch: die Besitzerin von Arques, Henriette-Cathérine de Joyeuse, lebte wie Poussin selbst in Italien. Sie war ihrem Gatten 1631 in die Verbannung gefolgt. Dieser Gemahl war ein Herzog von Guise und ein ehemaliger Schüler des englischen Gelehrten Robert Fludd, zwischen 1595 und 1637 Großmeister der Prieuré. Gleichzeitig war Henriette-Cathérine die Mutter der ersten Gattin Gastons, des Bruders von Ludwig XIII. Es würde alles wunderbar zusammenpassen.

Kapitel 5 - Stenay

Et in Arcadia ego

All diese Theorien gehen von der gleichen Voraussetzung aus: daß es sich bei der elegischen Schäferszene tatsächlich um ein im Razès[84] nach der Natur gemaltes Bild handelt. Warum? Weil Gérard de Sède 1972 dort ein Grab fand - oder auf ein solches hingewiesen wurde -, das dem des Poussin-Bildes gleicht. Der Besitzer des Terrains, ein Amerikaner, habe es um 1920 öffnen lassen und später seine Gattin und seine Schwiegermutter darin bestattet. Niemand vermag zu sagen, wer es erbauen ließ und wann dies geschah. Baigent, Leigh und Lincoln konnten in das Dokument, das seine Existenz schon zu Beginn des 18. Jahrhunderts beweisen soll, nie Einblick nehmen. Selbst wenn die Bauern der Umgebung behaupten, es stehe dort seit Menschengedenken, hat dies nichts zu bedeuten. Solche schwammige Altersangaben kaschieren lediglich Unwissenheit, so wie auf der Iberischen Halbinsel die volkstümliche Angabe, etwas stamme aus der Zeit der Mauren.

Gehen wir davon aus, daß dieses Grab erst in jüngster Zeit errichtet wurde. Genauer gesagt: zu Beginn dieses Jahrhunderts. Und schreiben wir es getrost dem Amerikaner zu. Bérenger Saunière starb 1917 und erfreute sich bis zu dem Schlaganfall fünf Tage vor seinem Ableben relativ guter Gesundheit. Und er unterhielt zahlreiche Gäste. Warum sollte er nicht auch den Amerikaner eingeladen und ihm seine Kopie des Gemäldes gezeigt haben? Ein Hinweis auf die Ähnlichkeit mit der Landschaft bei Arques könnte den Amerikaner zu dieser Konstruktion veranlaßt haben. Die Begeisterung der Amerikaner für europäische Altertümer ist bekannt. Ganze Brücken und Burgen fanden inzwischen ihren Weg über den Atlantik. Ein Grab aus einem klassischen Gemälde in eine reale Landschaft zu kopieren ist wahrhaft eine Idee, die eines exzentrischen Amerikaners würdig ist.

Für diese Theorie, daß der Abbé Saunière letztendlich hinter der Anregung für die Erbauung des Grabes stand, existieren keinerlei Beweise. Nur Indizien: die Epoche stimmt, und die Handschrift, wenn man so will, ist die gleiche wie die in Saunières Kirche.

Frappierend ist diese Übereinstimmung des Hintergrunds von Poussins Schäferszene mit der Gegend um Arques übrigens nicht. Die Berge und Hügel weisen keine markanten Merkmale auf, die sie unverwechselbar machen. Ohne das charakterisierende Grab wäre vermutlich niemand auf die Idee gekommen, ausgerechnet diesen verlassenen Winkel der Erde mit dem Modell für Poussins Gemälde zu identifizieren.

Chérisey bringt die Angelegenheit kurz und bündig auf einen Nenner. Er wußte, das sogenannte Grab von Arques gehört eigentlich zum Gebiet von Peyrolles; die Bezeichnung Arques wurde gewählt, weil sie lautlich an „Arkadien" erinnert. Und in „Circuit" erwähnt Chérisey mehrmals einen Mann namens Payroll-Aser, als Besitzer eines Ladens in Las Palmas, der Schwerter und Degen verkauft. Die Wahl von Chériseys Eigennamen ist nicht vom Zufall bestimmt. Die Bedeutung ist hier lautgleich mit Payroll-Aser und lautet schlicht: „Peyrolles: assez!" - genug mit Peyrolles, Schluß mit dem Grab von Arques.

---

84 So hieß die Gegend um Rennes-le-Château, als es sich noch um eine eigene Grafschaft mit der Hauptstadt Limoux handelte.

Das Bild hat durchaus mit dem Gedankengebäude der Prieuré zu tun. Nur muß die Interpretation anders aufgezäumt werden.

Was stellt dieses Bild dar? Drei Männer und eine Frau betrachten versonnen einen Sarkophag mit der Aufschrift „Et in Arcadia ego“ - auch ich war einst in Arkadien. Poussin nannte das Bild jedoch nicht „Einst in Arkadien“ oder „Das Grab des Arkadiers“ sondern „Die Schäfer von Arkadien“. Daraus folgt, daß sowohl der Tote als auch die Lebenden aus Arkadien stammen, die Szene sich hingegen nicht in Arkadien abspielt: im mythologischen Land der ewigen Jugend hat ein Grab nichts verloren. Nur existiert Arkadien nicht mehr: es ging mit dem Goldenen Zeitalter unter.

Genau auf dieses Thema geht auch Chérisey ein. Speziell auf den Herrscher des Goldenen Zeitalters: Saturn. Saturn, ursprünglich von den Römern als Gott des Ackerbaus verehrt, entwickelte sich nach und zum Gott des Todes. Vermutlich hat er dies seinem griechischen Pendant Kronos und dessen Gleichklang mit „chronos“, die Zeit, zu verdanken. Bis zur Entdeckung des Uranus im Jahre 1781 galt der gleichnamige Planet Saturn als der sonnenfernste, stellte also die äußerste Grenze dar. In der Astrologie weist er daher auf schwierige Aspekte, Karma und Tod hin.

Das Sternzeichen, mit dem er assoziiert wird, der Steinbock, beginnt am 21. Dezember und endet am 21. Januar. Saturn beherrscht also die kälteste und dunkelste Zeit des Jahres. Aber gleichzeitig den Wendepunkt. Denn wenn die Sonne einmal ihren tiefsten Stand erreicht hat, werden die Tage wieder länger. Nicht umsonst siedelte die Kirche das Weihnachtsfest in diesem Zeitraum an.

Die Astrologie sieht auch eine Wechselwirkung zwischen bestimmten Metallen und den Planeten: so zwischen der Sonne und Gold, dem Mond und Silber - und dem schwermütige Saturn und Blei. Allerdings bildet genau dieses für die Alchimisten den Grundstoff für die Silber- und Goldherstellung.

Die volkstümliche Darstellung des Todes als Sensenmann ist zurückzuführen auf die Rolle des Saturn als Gott der Landwirtschaft. Und ganz hat er diese Rolle nicht aufgegeben. Der Montag nach dem 6. Januar, an dem der Saturneinfluß am stärksten ist, gilt in Großbritannien traditionell als „Plough Monday“, Pflugmontag. Im englischen Sprachraum ist auch nach wie vor erkennbar, daß der Samstag, „Satur-day“, dem Saturn geweiht ist. Unter Konstantin dem Großen ersetzte die Kirche die Heiligung des jüdischen Sabbat durch den „Sonn-tag“. Ein Zugeständnis an den Sonnenkult der Mithras-Anhänger - aber auch eine Gelegenheit, den ungeliebten Saturn in den Hintergrund zu drängen. Worauf dieser zum „Baron Samedi“[85] der Voodoo-Zeremonien und Herrn des Hexensabbats degenerierte.

Als weiterer Schutzherr Arkadiens galt Pan, der Gott der Hirten. Auch ihn identifizierte die Antike mit dem Zeichen des Steinbocks: aufgrund seines Ziegenbartes und der Bocksbeine. Diese Attribute bescherten ihm später jedoch prompt ebenfalls eine Assoziation mit dem christlichen Teufel. Inzwischen ist er nur mehr durch den „panischen“ Schrecken ein Begriff. Die Antike stellte ihn gerne mit einer Muschel in der Hand dar, dem Sinnbild des heiligen Jakobus. Und der Venus.

---

[85] Samedi: französisch für Samstag.

Irgendwann hatten alle drei Repräsentanten des Goldenen Zeitalters, Saturn, Pan, der Steinbock, eine Metamorphose durchgemacht und waren zu den finsteren Mächten geworden, als die sie heute noch gelten.

Der Teufel von Stenay

Wir haben gesehen, daß die Verbannung Luzifers in die Hölle eine etwas willkürliche Maßnahme ist. Und daß auch Saturn und Pan nur deshalb dort landeten, weil sie typische Vertreter einer unterlegenen Religion waren.

Warum aber weist die Prieuré dann auf sie hin? Es böte sich an, diese Teufelsgestalten als Anspielung auf die Dämonenfigur in der Kirche von Rennes-le-Château zu betrachten. Wer jedoch die Methode der Prieuré begriffen hat, widersteht dieser Versuchung.

Denn es gibt eine Stadt in der Ideologie der Prieuré, welche sowohl mit dem Saturn als auch dem Steinbock und zu guter letzt sogar noch mit dem Teufel in Verbindung steht: Stenay. Der ursprüngliche Name der Stadt, Sadorn Than, soll sich von einem Heiligtum des Saturn ableiten. Die Verbindung zum Steinbock ergibt sich aus dem Wappen der Stadt: einem dachförmigen Winkel. Dieser, in der deutschen Heraldik Sparren genannt, heißt in der französischen „chevron“, was etymologisch mit „chèvre“, der Ziege, zu tun hat, wie Gérard de Sède eigens hervorhebt. Obwohl sich in der englischen Sprache die wissenschaftlichen Bezeichnungen für die Tierkreiszeichen durchgesetzt haben, existieren auch noch die alten Benennungen aus der Volkssprache. Und dort heißt „Capricorn“, der Steinbock, schlicht „goat“, die Ziege - das französische „chèvre“.

Um das Maß vollzumachen, wird das Stadtwappen über dem Rathaus von einem Teufelshaupt gekrönt. Es heißt, der Name der Stadt habe sich von Sadorn Than über Sathanaci Villa Regia und Sathenay zu Stenay entwickelt. Allerdings weisen manche darauf hin, daß der Teufel von Stenay nicht auf allen Darstellungen des Wappens auftaucht. Sie meinen, bei der Darstellung über dem Rathaus handle es sich um den Scherz eines antiklerikalen Bürgermeisters. Wenn das stimmt, dann allerdings um einen sehr symbolträchtigen. Gérard de Sède vergleicht Stenay wörtlich mit dem Teufel im Herzen der Hölle: den Ardennen, dem riesigen Waldgebiet um Stenay. Diese hätten einerseits mit der Göttin Arduenna zu tun, dem keltischen Äquivalent der Diana. Das Wort habe jedoch noch eine zweite Bedeutung: das Brennende. Yves Lierre bestätigt diese Interpretation. Denn in den Pyrenäen werde Diana Belissena genannt: die Flammengleiche.

In einem Interview, das Louis Vazart zum Nachwort seines Buches „Dagobert II“ machte, schlägt Chérisey ihm vor, den Teufel von Rennes-le-Château mit dem von Stenay in Verbindung zu bringen. Ein Hinweis auf ein weiteres Buch Vazarts, wo er genau das gemacht hat. Und noch mehr.

Die Rückseite von Vazarts „Abrégé de l'histoire des Francs“ ziert das Bild eines kleinen Jungen, der auf einem Felsen am Rande eines Abgrundes sitzt. Die Aufnahme entstand in der Regend von Rennes-les-Bains. Der Untertitel lautet „L'enfant domine la pierre.“ - „Das Kind beherrscht den Stein.“

Diese Unterschrift ist seltsam genug, um eine „punische“ Interpretation zu rechtfertigen. Daß es sich bei diesem Stein um Stenay handelt, erläutert Gérard de Sède. Denn er liefert neben der oben genannten Etymologie zum Namen der Stadt noch eine weitere:

Stenay leite sich vom deutschen Wort Stein ab. Der Stein, den das Kind beherrscht, ist also nicht Rennes-les-Bains, sondern Stenay. Im Text des „Abrégé“ bestätigt Vazart diese Interpretation. Denn es sei einst üblich gewesen, am 27. Dezember ein Kind auf einen Stein zu setzen, auf daß es diesen beherrsche. Allerdings nicht in Rennes-les-Bains, sondern in Stenay.

Dieser Tag untersteht dem Zeichen des Steinbocks. Chérisey wandelt daher diese Szene leicht ab. Bei ihm sitzt das Kind zwischen den Hörnern eines Steinbocks. Damit wissen wir auch, warum die Prieuré wiederholt den jüdischen Stamm Benjamin erwähnt. Denn Benjamin ist nicht nur das sprichwörtlich gewordene jüngste Kind: die moderne Astrologie assoziiert den Stamm Benjamin gleichzeitig mit dem Zeichen des Steinbocks.

Aber wer ist dieses geheimnisvolle Kind, das den Stein, den Steinbock und Stenay beherrscht? Die Antwort auf diese Frage ist „punisch“ und hat mit der Identität des kleinen Jungen auf dem Foto zu tun. Es handelt sich nämlich um den Sohn von Pierre Plantard. Die Prieuré erklärt, „Plantard“ leite sich von „rejeton ardent“ ab, dem glühenden Schößling oder Sproß. Eine etwas unlogische Behauptung. „Rejeton“ hat vom Laut her keinerlei Ähnlichkeit mit „plante“, der Pflanze, und liegt von der Bedeutung her lediglich im gleichen Wortfeld. Sollte es durch einen anderen Ausdruck ersetzbar sein? Mehrere Ausdrükke kämen in Frage. Einer sticht hervor: „scion“. Weil er ein perfektes Homophon zu „Sion“ darstellt. Machen wir den letzten Schritt. Ein „scion“, Schößling oder Abkömmling, ist im übertragenen Sinne ein Kind. Und dieses Kind - und damit Sion - beherrscht Stenay.

Der Goldkäfer

Aber warum verleiht die Prieuré ausgerechnet Stenay eine Sonderstellung? Dieser schläfrigen Kleinstadt dicht vor der belgischen Grenze, die bis vor kurzem als einzige Sehenswürdigkeit ausgerechnet ein Biermuseum vorzuweisen hatte?

Angesichts des astrologischen Zusammenhangs zwischen dem Blei und dem Zeichen des Steinbocks ist es nicht verwunderlich, daß gerade in dem Vers von „Le Serpent Rouge“, welcher dem Steinbock gewidmet ist, auch der Ausdruck „le vil plomb“ fällt, das verachtete Blei. Wenn man den Ausdruck jedoch auf punische Weise zu „fil à plomb“ umstellt, wird daraus ein Senkblei. Unmittelbar nach dem Blei taucht der Ausdruck „l'or le plus pur“ auf, reinstes Gold. Das erinnert nicht nur an die alchimistische Umwandlung von Blei in Gold, sondern auch an eine Geschichte des amerikanischen Schriftstellers Edgar Allan Poe. Ein Name, auf den Chérisey phonetisch anspielt[86], während Arsène Lupin sogar konkret diese Geschichte erwähnt: „Der Goldkäfer“.

Sie handelt von der erfolgreichen Suche nach einem Piratenschatz, mit Hilfe eines Senkbleis. Vergraben hat diesen Piratenschatz Kapitän Kidd. Der englische Ausdruck „kid“ wird inzwischen umgangssprachlich für Kind verwendet, ursprünglich bezeichnete er jedoch lediglich einen jungen Ziegenbock.

Wäre dies die einzige Verbindung zu den Leitmotiven der Prieuré und Stenay, könnte man sie ignorieren. Nur ist sie es nicht. Die Schatzsucher müssen eine Linie ziehen, die so gerade wie der Meridian ist. Sie wird als „bee-line“, wörtlich Bienenlinie, bezeichnet. Den

---

[86] Er läßt einen Mann namens Edgar Poquinet auftreten. In Frankreich ist dieser Schriftsteller (1809 - 1849) eher unter dem Namen Edgar Poe ein Begriff.

Bienen sind wir bereits in der zweiten Strophe von „Le Serpent Rouge“ begegnet. Und wir werden in einem wichtigen Zusammenhang auf sie zurückkommen. Der goldene Käfer, welcher der Geschichte ihren Namen gab, trägt auf seinen Flügeln ein Muster, das einem Totenkopf ähnelt. Ein solcher hat auch eine wichtige Funktion beim Lokalisieren des Schatzes. Den Totenkopf an sich haben wir als Symbol der Maria Magdalena bereits kennengelernt und werden ihn an bedeutender Stelle wiedersehen.

Die Vertreter der Theorie des Schatzes von Rennes-le-Château weisen gerne darauf hin, daß sich südlich von Rennes-les-Bains ein Felsen befindet, der im Volksmund „le fauteuil du diable“ genannt wird: Teufelssessel. Sie konnten zwar nie hinreichend erklären, was dieser mit dem Teufel in Ste.-Marie-Madeleine zu tun hat, demonstrierten jedoch ihren guten Willen. Aber dieser Sitz des Teufels, auf englisch „devil's seat“, kommt auch im „Goldkäfer“ vor, mit drei Angaben von Himmelsrichtungen: Nordost, Nord, Ost. Und das weist eindeutig auf Stenay hin.

Wir stehen hier dem ersten Glied einer Kette von Indizien gegenüber, die darauf hinweisen, wo sich der vermeintliche Schatz von Rennes-le-Château in Wirklichkeit befindet: in Stenay.

Leser, die bereits vor der Lektüre dieses Buches mit der Geschichte des vermeintlichen Schatzes von Rennes-le-Château vertraut waren, könnten nun die Frage stellen, warum dann die Prieuré immer von Rennes-le-Château spricht. Nur: tut sie das wirklich? Drei Städte spielen in der Ideologie der Prieuré eine große Rolle: Stenay, die Stadt Dagoberts II., später das Hauptquartier der Frondeure, Rennes-le-Château, wo sein Erbe Zuflucht gefunden haben soll, Gisors, das Gérard de Sède mit den Templern in Verbindung brachte. Baigent, Leigh und Lincoln ignorierten diese Hinweise und konzentrierten sich auf Rennes-le-Château. Die beiden anderen Städte erwähnen sie lediglich als Kulisse für die Geschichte der Prieuré de Sion. Da ihre Bücher durch die aufsehenerregenden Thesen über den familiären Hintergrund des Jesus von Nazareth weitaus mehr Verbreitung fanden als die diskreten Originalhinweise der Prieuré, ist deren ursprüngliche Aussage immer mehr verzerrt worden.

Denn bis zum massiven Eingreifen des englischen Autorenteams wird in den diversen Unterlagen aus dem Dunstkreis der Prieuré immer die Hypothese von drei verschiedenen Schätzen vertreten. Philippe de Chérisey spricht konkret von einem Schatz von Stenay und gibt Hinweise, wie man ihn finden kann. Unter anderem sei die Lektüre von drei Werken hilfreich: die Romane „L'éclat d'obus“ von Maurice Leblanc und „La tentation de St.-Antoine“ von Gustave Flaubert sowie das Libretto der Oper „Pelléas und Mélisande“ von Maeterlinck[87] und Débussy[88]. In einem Interview fragt ihn Jean-Luc Chaumeil, ob er an den Schatz von Rennes glaube. Die Antwort ist reichlich kryptisch, wenn man sie mit der unzweideutigen Aussage zum Schatz von Stenay vergleicht: es käme darauf an, was man darunter verstehe. Louis Vazart gegenüber sagte Chérisey, über den Schatz von Rennes sei schon viel zuviel gesprochen worden.

---

[87] Maurice Maeterlinck (1862 - 1949): belgischer (französischsprachiger) Schriftsteller, habe mit Georgette Leblanc, der Schwester des uns inzwischen bekannten Schriftstellers Maurice Leblanc, zusammengelebt. Verfaßte das Libretto von „Pelléas und Mélisande“.

[88] Claude Débussy (1862 - 1918), französischer Komponist.

Pierre Plantard hat sich einen Spaß erlaubt und ein kleines Ablenkungsmanöver gestartet - ohne von der Wahrheit abzuweichen. Im Vorwort von „La vraie langue celtique“ gibt er kund, es gebe keinen Schatz im Ortsbereich von Rennes-*le-Château.* Gleichzeitig läßt er verlauten, daß er unlängst einige Hektar Grund in der Gemeinde Rennes-*les-Bains* gekauft habe und weist ausdrücklich darauf hin, daß dieses Land früher seiner Familie gehörte. Verbunden mit dem kollektiven Verbot, dort Grabungen anzustellen, wirkt dies auf alle potentiellen Schatzsucher wie eine Lichtquelle auf die Motten.

Jean-Luc Chaumeil erwähnt daneben noch einen Schatz, der einst von den Templern in Valcroz im Verdon-Tal in der Provence versteckt worden sein soll. Nur zitiert er unmittelbar darauf Pierre Plantard, der dieses Valcroz oder Valcruz, Tal der Kreuze, mit Rennes-les-Bains identifiziert. Wer hingegen Louis Vazarts Biographie von Dagobert II. liest, wird mit Erstaunen feststellen, daß sich in der Nähe von Stenay anscheinend ebenfalls ein Ort namens Valcruz befindet. Und vierzig Kilometer südlich von Stenay liegt Verdun, wo die größte Materialschlacht des Ersten Weltkriegs tobte. Fazit: „Verdon“ weist in Wirklichkeit auf „Verdun“ hin - und damit auf Stenay.

Die einzelnen Strophen des Liedes vom „guten König Dagobert“, mit denen Chérisey jedes Kapitel von „Circuit“ einläutet, stellen genauso einen Hinweis auf Stenay dar. Denn der heilige Eligius, der in jeder vorkommt, ist als ehemaliger Schmied heute noch der Patron der Eisenhüttenindustrie. Welche sich in Frankreich nun einmal in Lothringen konzentriert, wo er heute noch ausgiebig gefeiert wird.

Gérard de Sède wird noch deutlicher: in seinem Buch „L'or de Rennes“. Das Buch trägt zwar den irreführenden Titel „Das Gold von Rennes“, nur leitet de Sède den Namen Rennes-le-Château von einem vorkeltischen Gott in Schlangenform ab und übersetzt Rennes-les-Bains mit „königlicher Stein“. In „La race fabuleuse“ sagt er, wo beide zu finden sind: die Schlange ist die Woëvre-Ebene, Stenay der Stein.

Henry Lincoln macht einen kleinen Schritt in die richtige Richtung, als er die Bedeutung des Satzes A DAGOBERT II ROI ET A SION EST CE TRESOR ET IL EST LA MORT diskutiert. Er stößt sich an der Übersetzung „Dieser Schatz gehört König Dagobert II. und Sion *underliegtdorttot* .“ Denn Dagobert könne nicht in der Nähe des Schatzes ruhen: schließlich wisse man, daß sich sein Grab in Stenay und nicht in Rennes-le-Château befinde: was nicht sein darf, das kann auch nicht sein.

Louis Vazart, der letzte Aktive aus dem Dunstkreis der Prieuré, gründete 1983 den „Cercle St. Dagobert II“. Der „Cercle“ ist nur in einer der drei Prieuré-Hochburgen vertreten: in Stenay. Geographisch nicht allzu weit entfernt, im belgischen Mons, befindet sich heute noch der Reliquienschädel Dagoberts II. Und irgendwo in dieser Gegend müssen auch die restlichen Reliquien ruhen. Samt dem Schatz.

Darauf weist auch der sogenannte REDDIS-REGIS-CELLIS-ARCIS-Grabstein hin. Wir wissen, daß sich ARCIS theoretisch von „arca“, dem Tresor, ableiten könnte. Und wenn wir dieses lateinische Wort auf punische Weise als französisches betrachten (trésor) und dann ins Deutsche übersetzen, kommen wir auf „Schatz“. Vielleicht hält mancher es für übertrieben, auch noch die deutsche Sprache zu „verpunisieren“. Aber den Anstoß hierzu gibt bereits Chérisey in „Circuit“[89]. Abgesehen davon lag Stenay zur Zeit Saunières dicht an der deutschen Grenze.

Das Wort CELLIS wird auf das lateinische „cella“ zurückgeführt. Eine seiner möglichen Übersetzungen lautet „Speicher“. So, genauer mit „Getreidespeicher“, wird auch der alte Name des Klosters Oerren, Horreum, übersetzt, wo die heilige Irmine residierte, die Tochter Dagoberts II. Oerren liegt nicht allzu weit von Stenay entfernt. Sigebert IV. suchte dort bei seiner Schwester Zuflucht, bevor er sich nach Süden wandte. Und wer den Weg zu seinem Vater Dagobert beziehungsweise dessen Schatz nachvollziehen will, muß Sigeberts Spuren rückwärts verfolgen.

Wenn er dabei ebenfalls bei der heiligen Irmine Station machen möchte, passiert er sogar eine „punische“ Version von Blanchefort. Die Prieuré ließ nämlich verlautbaren, diese Ortsbezeichnung auf dem Grabstein der Marquise von Hautpoul habe nichts mit der gleichnamigen Burgruine in der Nähe von Rennes-le-Château zu tun. Worauf die verschiedenen Exegeten Blanchefort prompt auf einem Hügel namens Bézu oder Albedunum ansiedelten oder sogar an die französische Königin Blanche von Kastilien dachten. Weil „blanche“ Weiß und „castillo“ Burg bedeute, ebenso wie „fort“. Das stimmt. Aber in Wirklichkeit ist Blanchefort nichts anderes als das elsässische Wissembourg alias Weißenburg, wo die Reliquien der heiligen Irmine ruhen.

Und was hat es mit dem Schatz von Gisors auf sich? Siebzig Kilometer westlich von Gisors befindet sich die Abtei Jumièges. Auf den ersten Blick sieht es so aus, als wolle Gérard de Sède über den Satz „Zum Stein lief einst die Königin.“ auf Jumièges hinweisen. Denn dort befindet sich der Stein, unter dem Maurice Leblancs Gräfin Cagliostro und Arsène Lupin einen Schatz suchen. Nur dürfen wir nicht vergessen, daß sich der Schatz der Prieuré in der Nähe der Reliquien Dagoberts befinden muß. Und in Jumièges ist ausgerechnet sein Gegenspieler Grimoald begraben.

Patrick Ferté hat in der Nähe des inzwischen zerstörten Grabes von Arques und damit auf dem Null-Meridian von Paris einen Menhir[90] lokalisiert, den er als Pendant zu Leblancs Stein sieht. Für ihn ist dies eine Bestätigung, daß Leblanc sich in Wirklichkeit nicht auf den Norden Frankreichs, sondern auf die Gegend von Rennes-le-Château bezog. Aber es existiert noch ein dritter „Stein“: Stenay. Und wem dieser Stein zu abstrakt ist, wer Wert auf einen konkreten legt: auch diesen gibt es. In Milly-sur-Bradon, etwa zehn Kilometer südlich von Stenay, steht tatsächlich ein Menhir, wie von Louis Vazart fotografisch festgehalten. Und dieser Menhir liegt auf dem gleichen Breitengrad wie Jumièges.

Unter Berücksichtigung dieser zusätzlichen Informationen wird klar, wohin die Königin lief: weder nach Jumièges beziehungsweise Gisors noch nach Rennes-le-Château, sondern an einen dritten Ort: Stenay.

---

89 Er macht aus „Goûte, Morgane!“ (probier doch, Morgane) das deutsche „Guten Morgen“.

90 Menhir (kelt. men = Stein, hir = lang), aus der Jungsteinzeit (bretonischen Ursprungs) stammende kultische Steinsetzungen oder Steinsäulen aus bis zu 20 m hohen, unbehauenen oder roh behauenen Steinblöcken, die einzeln, reihen- oder kreisförmig aufgestellt wurden und besonders in Frankreich verbreitet sind.

Der schwarze Engel des Nordens

In den Büchern, die sich mit der Angelegenheit Rennes-le-Château beschäftigen, findet man häufig den Namen Labouisse-Rochefort erwähnt. Er soll zwischen 1778 und 1852 gelebt haben und in der Beschreibung einer Reise nach Rennes-les-Bains zwei Anekdoten über einen Schatz überliefert haben, der in dieser Gegend liegen soll. Ihm wird jedoch noch ein weiteres Werk zugeschrieben: „Les Amants - A Eléonore", die Liebenden - für Eléonore. Das Deckblatt ziere die Devise „Et in Arcadia ego". Hundertvierzig Jahre später greift Chérisey diese Namen - Labouisse-Rochefort und Eléonore - wieder auf. Er nennt einen Boten der Prieuré Rochefort. Dieser ist gleichzeitig der Eigner eines Schiffes, dessen Kapitän Labouisse heißt. Labouisse ist Witwer, und in Erinnerung an seine verstorbene Gemahlin Eléonore, eine Kreolin, hat er auf dem Schiffskompaß den Norden durch einen schwarzen Engel bezeichnet: weil „ailé au nord"[91] gleich ausgesprochen werde wie „Eléonore". Nur benützt die Prieuré den Autor eines Buches über Rennes-les-Bains, um auf Stenay hinzuweisen. Wenn man nämlich den Ausdruck „ailé au nord" unbedarft hört, würde man darunter eher ein anderes Quasi-Homophon vermuten: „Allez au nord!" - Geht nach Norden!

Die gleiche Aufforderung versteckt sich hinter der beständigen Erwähnung des Sternbilds Großer Bär, das im übrigen schon bei Bergerac immer wieder auftaucht. Denn wenn man die Hinterachse des Großen Bären fünfmal verlängert, kommt man zum Polarstern, einen Doppelstern im Kleinen Bären: dem *nördlichen* Himmelspol.

Den eventuellen Einwand, daß Stenay, im Gegensatz zu Rennes-le-Château, nichts mit dem Null-Meridan von Paris zu tun hat, widerlegt Philippe de Chérisey: es sei gleichgültig, ob der Null-Meridan durch das englische Greenwich, Vauvert in Paris, Valverde auf der Kanareninsel Hierro oder das belgische Valvert führe. Bei letzterem meint er dem Vernehmen nach einen Ort bei Brüssel, „punisch" weist er jedoch auf Stenay hin. Denn ein belgisches Mineralwasser dieses Namens wird bei Etalle abgefüllt: etwa vierzig Kilometer von Stenay entfernt.

In den Abhandlungen über einen Schatz des Abbé Saunière in der Umgebung von Rennes-le-Château werden zwei wichtige Punkte häufig ignoriert. Der erste ist seine Reiselust, man ist fast schon versucht zu sagen Reisewut. Der zweite besteht darin, daß er zu bestimmten Zeiten Liquiditätsprobleme hatte. Anhand von Briefen hat Gérard de Sède nachvollzogen, daß Saunière nicht nur Frankreich bereiste, sondern auch die Grenzgebiete Belgiens, der Schweiz, Italiens und Spaniens. Spanien braucht uns nicht weiter zu verwundern: die Grenze verläuft nur etwas über fünfzig Kilometer Luftlinie von Rennes-le-Château entfernt. Was jedoch hatte unser Abbé im fernen Belgien verloren?

Die übliche Erklärung lautet, er habe seinen Schatz abgesetzt und sein Geld angelegt. Das dann nach dem Ausbruch des Ersten Weltkrieges auf Eis lag. Einerseits jedoch besaß er nicht nur Konten im Ausland, man weiß von einem solchen in Budapest, sondern auch in Paris, Toulouse und Perpignan, und andererseits hatte er schon vor 1914 bisweilen Zahlungsschwierigkeiten.

---

91 „Ailé au nord" bedeutet „der Geflügelte im Norden".

Sieht es nicht eher so aus, als habe er in Rennes-le-Château keinen direkten Zugriff auf den Schatz gehabt, als habe er immer wieder Nachschub holen müssen? Und seine Pflichten erlaubten ihm nicht, sich beliebig oft und beliebig lange zu entfernen. Aber warum nahm er dann den Streit mit seinem Bischof nicht zum willkommenen Anlaß, den Staub der kleinen Dorfgemeinde von seinen Füßen zu schütteln und sich ganz in den Norden zurückzuziehen? Er wußte jedoch nicht, wohin ihn der Wille seiner Kirchenoberen verschlagen würde. Gleichzeitig mußte er sich darüber im klaren sein, daß er hinfort unter Beobachtung stand. Irgendwann wäre herausgekommen, woher sein Reichtum stammte.

Abgesehen davon: Geld scheint für ihn kein Selbstzweck gewesen zu sein; er gab es aus, setzte sich damit ein Denkmal. Zu diesem Zeitpunkt hatte er bereits beinahe zwanzig Jahres seines Lebens und ein Vermögen in Rennes-le-Château investiert. Es war zu spät, an einem anderen Ort neu zu beginnen.

Diese These, daß sich der Schatz Saunières in der Gegend von Stenay befindet, erklärt neben seinen Reisen und dem periodischen Geldmangel auch die merkwürdigen Vorgänge, die sich dort kurz vor dem Ersten Weltkrieg beziehungsweise nach Kriegsausbruch abspielten. Bis 1918 war Stenay in doppelter Hinsicht Grenzland. Die belgische Grenze verläuft heute noch dort. Damals jedoch lag Stenay gleichzeitig an der Grenze des Deutschen Reiches, das sich nach dem Krieg von 1870/71 neben dem Elsaß große Teile Lothringens angegliedert hatte. Diesen mächtigen Nachbarn und seine Verbündeten beobachtete Frankreich mit großem Mißtrauen. Es heißt, die Besuche des österreichischen Erzherzogs im abgelegenen Rennes-le-Château hätten die zuständigen Polizeiposten von Couiza sehr beunruhigt. Wie mußten dann allzu häufige Besuche eines Unbekannten aus dem Languedoc die Grenzbehörden von Stenay alarmieren?

Um nicht aufzufallen, blieb Saunière nur eine Wahl: er mußte sich dem örtlichen Kleriker anvertrauen. Monsignore Mangin war bereits Pfarrer von Stenay, als Saunière seine Dokumente fand und blieb es bis zu seinem Tod 1914. Und laut der noch erhaltenen Korrespondenz mit seinem Bischof unternahm er mehrere Versuche, in den Besitz der wichtigsten Reliquie Dagoberts II. zu gelangen, wobei es ihm nicht nur um den Totenschädel, sondern in erster Linie um den Kelch ging, in dem er ruht. Laut den Quellen von Philippe de Chérisey und Louis Vazart enthielt der Fuß dieses Kelches ein kostbares Manuskript der heiligen Irmine: ein Bericht über die Ermordung Dagoberts II. und die geglückte Flucht seines Sohnes nach Rennes-le-Château. Nach Kriegsausbruch hatte Saunière keinerlei Möglichkeit mehr, nach Stenay zu gelangen. Die Stadt war nicht nur in Feindeshand - zeitweise residierte dort der deutsche Kronprinz persönlich -, sondern befand sich am unmittelbaren Rand des Kampfgebiets.

Chérisey und Vazart gehen davon aus, daß auch die deutschen Besatzer etwas über das Geheimnis Saunières in Erfahrung gebracht hatten: Mangin sei an den Folgen der Mißhandlungen gestorben, denen er von seiten der Deutschen ausgesetzt war, weil er sich geweigert hatte, dem Kronprinzen bestimmte Informationen zu geben.

Es ist wesentlich plausibler, das Geheimnis Saunières mit dem seines Kollegen Mangin in Verbindung zu bringen, als davon auszugehen, daß zwei Pfarrer, einer in Stenay, der andere in Rennes-le-Château, unabhängig voneinander aber gleichzeitig auf etwas stießen, das mit den Merowingern zu tun hatte.

Saunière hinterließ neben den irreführenden Stuck- und Spukgestalten in seiner Kirche einige wenige echte Angaben auf die Lage seines Schatzes. Nur reichen sie nicht aus, ihn zu lokalisieren. Und ohne die weitergehenden Andeutungen der Prieuré würden sie untergehen. Der zahnlose Asmodäus sagt aus, daß sich im Inneren der Kirche keine Hinweise befinden - „pas dedans“. Wohl jedoch außerhalb.

Das erste Indiz befindet sich über dem Kirchenportal: der Satz TERRIBILIS EST LOCUS ISTE - „Dieser Ort ist schrecklich.“ So sagte der Patriarch Jakob am Morgen nach seinem Traum über die Himmelsleiter. Danach nahm er den *Stein*, auf dem er geschlafen hatte, und improvisierte einen Altar. Der Legende nach landete dieser Stein Jakobs schließlich in *Schottland*. Das zweite Indiz besteht aus der Aufschrift PENITENCE! PENITENCE! (Buße!), die Saunière anläßlich der Missionstage des Jahres 1891 auf dem sogenannten westgotischen Pfeiler anbringen ließ. Philippe de Chérisey gibt in „Circuit“ einem Haus den Namen „Les Indes Noires“, das Schwarze Indien und läßt einen Mann namens Silfax auftreten. Diese beiden gehören zusammen. Silfax ist der Bösewicht des Romans „Les Indes Noires“ von Jules Verne. Er war „*pénitent*“, was zwar in der Übersetzung Büßer oder bußfertig bedeutet, jedoch in diesem Fall eine Berufsbezeichnung ist. Seine Aufgabe bestand darin, in einem mönchskuttenähnlichen Schutzgewand die gefährlichen Gase in einer *Kohlenmine* relativ kontrolliert zur Explosion zu bringen. Diese Mine nahm durch die Entdeckung neuer riesiger Kohlenlager einen ungeahnten Aufschwung, daher ihr Name „Schwarzes Indien“, in Anspielung auf die *Reichtümer* dieses Landes. Der Roman selbst spielt in *Schottland*.

Saunière verfügte über eine wohlsortierte Bibliothek, man kann davon ausgehen, daß ihm die Werke seines Zeitgenossen Jules Verne ein Begriff waren. Aus diesem Grund ist es nicht vermessen von Chérisey, seiner Aufforderung PENITENCE! einen anderen Hintergrund zu geben. Fassen wir zusammen: Stein - Schottland - Kohlenmine - Reichtum.

Daß sich der Schatz in Schottland befindet, können wir ausschließen. Bei der damaligen Infrastruktur hätten Saunières Reisen wesentlich länger gedauert. Saunière spricht von Schottland und meint Nordfrankreich: aufgrund der Minen, welche diese Gegend zum Zentrum der Hüttenindustrie machen. Angesichts seiner Verbindungen mit den Pariser Okkultistenzirkeln mußte er auch die Überlieferungen einer Geheimgesellschaft kennen, welche Schottland und Frankreich zu unmittelbaren Nachbarn mit einer gemeinsamen Grenze machen. Diese Geheimgesellschaft nennt sich ausgerechnet „Carbonari“ - die Köhler. Den Ort konkretisiert Saunière, indem er auf das Wort „Stein“ und damit eine der Etymologien von Stenay anspielt.

Der Schatz des Abbé Saunière befindet sich also irgendwo in der Gegend von Stenay. Aber wird er je wiedergefunden werden? Oder lag er an einem Ort, der von den Materialschlachten des Ersten Weltkriegs um- und umgepflügt wurde? Oder könnte er jeden Moment durch Zufall entdeckt werden?

Für diese Eventualität hat die Prieuré vorgesorgt. Mit dem Satz A DAGOBERT II ET A SION EST CE TRESOR ET IL EST LA MORT macht sie es jeder nichtstaatlichen Stelle unmöglich, Anspruch auf den Schatz Dagoberts in Stenay zu erheben. Pierre Plantard weist in seinem Interview mit Jean-Luc Chaumeil ausdrücklich auf eine Besonderheit der französischen Gesetzgebung hin. Um Anspruch auf einen Teil des Schatzes erheben zu können, muß der glückliche Finder durch Zufall darauf gestoßen sein. Wenn jemand jedoch wirklich in der Gegend von Stenay fündig werden sollte: wie könnte er die Behauptung entkräften, er habe dies lediglich dem Hinweis auf Dagoberts Grab zu verdanken?

Nur sieht es so aus, als habe die Prieuré diese Methode, einen Anspruch auf einen Schatz zu erheben, von Bergerac übernommen. Denn dieser beschreibt in „Le pédant joué“ eine Szene, in der ein Mann seine Schatztruhe vor Dämonen schützen möchte. Da diese sich gerne eines Schatzes bemächtigen, der verloren oder aufgegeben wurde, läßt der Besitzer der Truhe eine Aufschrift anbringen, der zufolge es sich nicht um einen herrenlosen Schatz handelt: „Il n'est égaré, ni perdu, car je sais bien *qu'ilestlà* .“ Selbst der Wortlaut ist identisch.

Das Kreuz und das Pferd Gottes

Untersuchen wir nun den „Bergère“-Text auf weitere Hinweise: SCHÄFERIN KEINE VERSUCHUNG DASS POUSSIN TENIERS DEN SCHLÜSSEL HÜTEN FRIEDEN 681 DURCH DAS KREUZ UND DIESES PFERD GOTTES ERLEDIGE ICH DIESEN DÄMON VON WÄCHTER IM SÜDEN BLAUE ÄPFEL. Angesichts des „Pferdes Gottes“ und des Ausdrucks „durch das Kreuz“ ist man versucht, an zwei Gemälde von Delacroix in St.-Sulpice zu denken. Auf dem Bild „Heliodor stürmt den Tempel“ ist ein riesiges Pferd abgebildet, während das andere den Kampf zwischen dem Erzengel Michael, also dem Vertreter Gottes respektive des Kreuzes, und dem Drachen zeigt. Schon der Name des Malers, Delacroix, bedeutet „des Kreuzes“. Im Anhang von „Circuit“ behauptet Chérisey, das Pferd des Heliodor-Gemäldes stelle eine Landkarte der Umgebung von Rennes-les-Bains dar, aus der die Lage des Schatzes hervorgehe. Und zur Entzifferung der Dokumente sei der Rösselsprung[92] notwendig. Dann kommt er auf den Schimmel eines Getreuen namens Mérovée Levi zu sprechen, mit dem Sigebert IV. in den Languedoc geflüchtet war. Ebenso zitiert er den Spruch „Mein Königreich für ein Pferd!“ aus Shakespeares Drama „Richard III“.

Umso auffallender, daß ausgerechnet das strategisch wichtigste Pferd fehlt. Chérisey ließ nämlich bei der Niederschrift des „Bergère“-Textes genau die Zeile „durch das Kreuz und dieses Pferd Gottes“ aus. Das beweist, daß wir diese ganze Herde von Pferden nebst dem Schatz von Rennes-les-Bains getrost ignorieren können. Wer ist also das geheimnisvolle Pferd Gottes?

In der Nähe von Rennes-le-Château, bei Cardou, gebe es einen Menhir, der so genannt wird. Oder handelt es sich um den Esel, auf dem Jesus in Jerusalem einzog? Einen der vier apokalyptischen Reiter? Oder ist gar nicht der christliche Gott gemeint? Aber die Prieuré liefert keine Anhaltspunkte für die These, daß sich dieser Ausdruck zum Beispiel auf das achtbeinige Roß des germanischen Gottes Wotan beziehen könnte. Oder den geflügelten Pegasus. Oder die Pferde des Helios, die den Sonnenwagen ziehen.

Der Gott dieses Pferdes ist in Wirklichkeit eine Göttin, die wir bereits kennengelernt haben: Diana. Die alten Römer pflegten ihr beim Erntedankfest im August ein Pferd zu opfern. Mehr noch: nach den Ardennen, als deren Schutzherrin Diana alias Arduenna gilt, ist eine Pferderasse benannt, das „cheval ardennais“.

---

92 Ein Ausdruck aus dem Schachspiel, auf den wir noch zurückkommen.

Der Sage nach lebte dort sogar einst ein Pferd, das überirdische Kräfte besessen haben soll: Bayard. Der Hengst war so riesig, daß er die vier Söhne des Grafen Haimon gleichzeitig tragen konnte. Interessant ist auch der Hintergrund der Geschichte über die Haimonssöhne: Sie wagten es, dem mächtigen Kaiser Karl dem Großen Widerstand zu leisten. Sollte es sich um verkappte Anhänger der alten Merowinger gehandelt haben?

Auf jeden Fall läßt die Prieuré auf dieses Pferd hinweisen. Mit Nachdruck. Louis Vazart schildert seine Geschichte. Jean-Luc Chaumeil erwähnt nicht nur seinen Namen, sondern zieht auch einen Vergleich zu dem templerischen Siegel, das zwei Reiter auf einem Pferd zeigt. Das Gedicht „Le Serpent Rouge" spricht in der achten Strophe von vier Reitern, aber den Hufabdrücken nur eines Pferdes. Und Pierre Plantard, Großmeister der Prieuré, überreichte Baigent, Leigh und Lincoln eine Buchbesprechung, die mit „Bayard" unterzeichnet war. Sie zitieren in „Das Vermächtnis des Messias" zwar Auszüge aus dieser Besprechung, haben jedoch die Tragweite des Namens „Bayard" übersehen.

Und was ist mit dem Kreuz? Im Zusammenhang mit dem Pferd wäre die verführerischste Lösung, an einen Kreuzzug zu denken. Nur scheidet diese Möglichkeit aus: durch das Wort „Friede", das zudem in der französischen Originalversion in Lateinisch, der Kirchensprache, gehalten ist. In der Geschichte „Der entwendete Brief" beschreibt der uns bereits bekannte Schriftsteller Edgar Allan Poe ein Spiel, bei dem es darauf ankommt, auf einer Landkarte möglichst rasch einen geographischen Namen zu finden, den ein anderer Mitspieler vorher ausgesucht hat. Anfänger würden immer einen möglichst kleinen Ort wählen, in der Hoffnung, daß dieser nicht so leicht gefunden wird, Kenner hingegen einen Begriff, der sich in Großbuchstaben über ganze Landstriche hinzieht. Solange man die Augen dicht über der Karte schweben läßt, sieht man von diesem Wort nur die einzelnen Buchstaben. Anfänger suchen in unserem Fall also im begrenzten Raum von Rennes-le-Château oder Stenay. Der Kenner hingegen tritt einen Schritt zurück und liest: LORRAINE, Lothringen, die Region, in der Stenay liegt.

Nach dieser Region ist ein Kreuz benannt, das bekannte Kreuz mit dem Doppelbalken, das seit der Zeit Jeanne d'Arcs als Symbol für die Freiheit Frankreichs gilt.[93]

Gérard de Sède erwähnt Poes Geschichte des „Entwendeten Briefes" wörtlich. Chérisey, der auf der einen Seite auf Poe anspielt, umschreibt auf der anderen die Tatsache, daß man etwas aus einiger Entfernung betrachten muß, um die Sachlage zu überblicken: in „Circuit" wundern sich Charlot und Anne, daß sie auf die Kanarischen Inseln reisen müssen, um eine Rede über den französischen Null-Meridian anzuhören, auf dem Anne in Paris praktisch wohnt.

Das Kreuz und das Pferd Gottes stellen also einen weiteren Hinweis auf Nordfrankreich dar.

Wen diese Indizien unbefriedigt lassen, der sei hiermit auf den letzten Satz des rätselhaften „Bergère"-Spruches verwiesen: „à midi pommes bleues" - „im Süden blaue Äpfel". Laut „Circuit" handelt es sich hierbei um einen Trinkspruch. Unter anderem stoßen die Protagonisten auf die Chériseys an, welche schwanken würden: getreu ihrem Motto „toujours tout droit" - immer geradeaus. Ein Widerspruch in sich, wie die blauen Äpfel selbst.

---

93 Die Biographie Bergeracs ist bei der Entdeckung dieses Begriffes hilfreich: „La Croix de Lorraine", das Kreuz von Lothringen, war die bevorzugte Taverne Bergeracs und seiner Studienkollegen.

Denn jedes Kind weiß, daß es keine blauen Äpfel gibt! Im Klartext: Wer im Midi, im Süden Frankreichs, etwas sucht, dessen Mühen sind vergebens, weil er dort nur das Äquivalent zu blauen Äpfeln finden wird - nichts.

Der Schatz des Bérenger Saunière

Die Autoren, welche die Quelle für den plötzlichen Reichtum Bérenger Saunières im Languedoc suchen, ergehen sich in Spekulationen, aus was er bestand und wer seine ursprünglichen Besitzer waren. Handelte es sich um den Tempelschatz Jerusalems, den die Römer nach Rom und die Westgoten[94] aus Rom in den Languedoc transportiert hatten? Den Schatz der Tempelritter? Oder der Katharer[95]? Es soll nicht in Abrede gestellt werden, daß sich solche Schätze im Languedoc befinden könnten. Lediglich, daß sie von Bérenger Saunière gefunden wurden.

In den vorangegangenen Kapiteln haben wir die Indizien vorgestellt, welche darauf schließen lassen, daß Saunière in Rennes-le-Château zwar Hinweise auf den Schatz fand, dieser jedoch in der Gegend von Stenay liegt. Damit stellt sich die Frage, aus was er bestand.

Einige der Theorien, die im Zusammenhang mit Rennes-le-Château aufgestellt wurden, lassen sich direkt auf Stenay übertragen. So die These, der Schatz habe in Dokumenten über ein Geheimnis bestanden, dessen Veröffentlichung die Kirche oder eine europäische Großmacht in Bedrängnis bringen konnte - oder noch kann. Nur: wer von wem erpreßt wurde und aus was das Geheimnis bestand, darüber gehen die Meinungen auseinander.

Baigent, Leigh und Lincoln meinen, es handle sich eventuell um den Beweis, daß Jesus Christus ein normaler Sterblicher und mit Maria Magdalena verheiratet war - oder sogar die Kreuzigung überlebte. Ein solcher Beweis wäre am ehesten in Südfrankreich zu finden, wo Maria Magdalena den Rest ihres Lebens verbracht haben soll. Das würde der katholischen Kirche die Basis entziehen - und sie erpreßbar machen.

Die offizielle Lesart der Prieuré lautet, Saunière habe Beweise für das Überleben der Merowinger bis in die Neuzeit gefunden. Gérard de Sède schließt in seinem Buch „Rennes-le-Château" nicht aus, daß die Geschichte der Merowinger für die Hintermänner der Prieuré nur ein Rauchvorhang ist und es in Wirklichkeit um die Identität Ludwigs XVII. geht. Offiziell kam dieser Sohn Ludwigs XVI. und Marie-Antoinettes als Kind während der Französischen Revolution im Temple von Paris um. Wie häufig in solchen Fällen tauchten schon einige Jahre nach der Revolution Anwärter auf, die behaupteten, der Dau-

---

94 Der westgotische König Alarich zog 410 n. Chr. mit seinen Truppen in Rom ein und plünderte die Stadt.

95 Als Katharer, wörtlich „die Reinen", bezeichnet man die Mitglieder einer religiösen Bewegung, die sich im 12. Jahrhundert in ganz Südfrankreich verbreitet hatte. Sie stützten sich zwar auf das Evangelium, glaubten jedoch nicht an die Notwendigkeit eines Opfertodes Jesu am Kreuz. Außerdem war ihre Lehre sehr von gnostischem, also dualistischem Gedankengut durchdrungen. Die materielle Schöpfung betrachteten sie als negativ, weil sie unvollkommen ist. Aus diesem Grund könne sie auch nicht von Gott geschaffen sein, sondern sei teuflisch, wie auch die Fortpflanzung, welche das materielle Elend verewige. Ihr Todesurteil unterzeichneten die Katharer jedoch mit der These, die gesamte Kirchenhierarchie sei nutzlos. In den sogenannten Katharerkreuzzügen zu Beginn des 13. Jahrhunderts wurde nicht nur die Kirche der Katharer, sondern die gesamte blühende Kultur des Languedoc dem Erdboden gleichgemacht.

phin zu sein. Als wahrscheinlichster Kandidat auf seinen Namen und Titel gilt inzwischen ein Uhrmacher namens Naundorff.

Erstaunlich ist, daß einige scheinbar belanglose Details in den Prieuré-Unterlagen ohne weiteres als Hinweis auf die Geschichte des Dauphins interpretiert werden können. Die Dokumente über die Abstammung der Plantards seien in einem *roten* Buch in der Kirche Ste.-Clotilde verborgen gewesen, die Beweise für die Identität des Dauphins hätten sich in einer *roten* Akte des Quai d'Orsay befunden. Die Impfmale des Dauphin seien in einem Dreieck angeordnet gewesen: dem „Goldenen Dreieck"? Als er dem Schuster Simon übergeben wurde, schnitt dessen Frau ihm als erstes sein langes Haar: eine rituelle Scherung? Verschiedene Versionen der Geschichte um seine Befreiung spinnen sich um ein hohles Schaukelpferd. Sollte das vielzitierte Buch „Le Cercle d'Ulysse", der Kreis des Odysseus, nicht auf „le cercle du lys", den Lilienkreis, anspielen, sondern auf das hölzerne Pferd, die Kriegslist des Odysseus vor Troja? In „L'or de Rennes" weist de Sède zudem darauf hin, daß manche ausgerechnet den *17. Januar* 1794 als das wahrscheinlichste Datum der geglückten Flucht nennen. Besaß Saunière einen Beweis, daß der Dauphin überlebt hatte?

Die These de Sèdes, die Prieuré spiele über den Sohn Dagoberts auf den Dauphin an, ist im übrigen nicht unvereinbar mit dem offiziellen Anliegen der Prieuré. Denn, wie aus den Lobineau-Unterlagen hervorgeht, floß das Blut der Merowinger unter anderem in den Adern der Herzöge von Lothringen. Und genau von diesen stammte der Prinz mütterlicherseits[96] ab. Das würde erklären, warum die Prieuré am Schicksal dieses Thronfolgers Interesse zeigen könnte.

Frankreich war zu dem Zeitpunkt, als Saunière seine Dokumente fand, eine Republik. Es heißt, er sei mit monarchistischen Kreisen in Verbindung gestanden. Nur waren spätestens nach dem Tod des Grafen von Chambord die französischen Monarchisten sehr uneinig.

Offiziell gelten zwar die Orléans, vertreten durch die Grafen von Paris, als königliche Familie Frankreichs. Aber dieser Anspruch ist nicht unbestritten. Es gibt Legitimisten, die sagen, das Haus Orléans habe seinen Thronanspruch verwirkt, da eines seiner Mitglieder, genannt Philippe Egalité[97], der Gleichheitsphilipp, während der Revolution für die Hinrichtung des Königs gestimmt hatte. Der jetzige Thronfolger wäre damit ein Vetter des Kronprinzen von Spanien.

Neben den Parteigängern der Bourbon-Orléans und der spanischen Bourbonen gibt es laut Serge Hutin monarchistische Kreise, welche ihre Hoffnungen auf einen Nebenzweig der Valois setzen, die Nachkommen eines natürlichen Sohnes von Karl IX. mit Madeleine-Charlotte de Montmorency: ausgerechnet die Schwester des Mannes, unter dem sich der Languedoc gegen Ludwig XIII. erhoben hatte.

Der eindeutige Beweis dafür, daß die Naundorffs die wahren Nachfahren von Ludwig XVI. und Marie-Antoinette sind, hätte die französischen Monarchisten aus einem schweren Dilemma erlöst und gleichzeitig geeint. Die europäischen Mächte hätte es jedoch in

---

[96] Seine Mutter, Marie-Antoinette von Habsburg, war die Tochter von Herzog Franz von Lothringen und Kaiserin Maria Theresia. Da die Habsburger sich auf eine Abstammung von den Merowingern beriefen, müßte Marie-Antoinette für die Prieuré eine „Vollblut-Merowingerin" gewesen sein.

[97] Philippe Egalité (1747 - 1793), endete im gleichen Jahr, in dem er für die Hinrichtung Ludwigs XVI. gestimmt hatte, selbst auf dem Schafott.

arge Bedrängnis gebracht. Denn es würde bedeuten, daß Ludwig XVIII., ein Bruder Ludwigs XVI. und damit ein Onkel des verschollenen Dauphin, den sie 1815 nach dem Wiener Kongreß eingesetzt hatten, gar nicht der Erbe von Gottes Gnaden war. Das mußte die Legitimität aller untergraben.

Man kann noch eine weitere Theorie über ein belastendes Dokument aufstellen, das jedoch eindeutig auf Nordfrankreich hinweist. Marie-Antoinette hatte als Königin von Frankreich nie ihr Land bereist und sich immer auf die nächste Umgebung von Paris beschränkt. Nur einmal, als die Revolution bereits ausgebrochen war, verließ sie die Hauptstadt: auf der in die Geschichte eingegangenen Flucht nach Varennes, die Gérard de Sède im übrigen ausführlich schildert. Die königliche Familie versuchte, die nördliche Grenze Frankreichs zu erreichen. Kurz vorher wurden sie jedoch erkannt und von den Revolutionären im Triumph zurückgebracht.

Wenn Marie-Antoinette auf einer Station einen eigenhändigen Brief hinterlassen hätte, mit einer bitteren Anklage an ihren kaiserlichen Bruder in Wien, nicht genügend zu ihrer Rettung unternommen zu haben? Keine zwanzig Jahre nach der Hinrichtung Marie-Antoinettes verheirateten die Habsburger deren Großnichte Marie-Louise mit Napoleon Bonaparte, der nur infolge der Revolution Kaiser geworden war, welche die Tochter Maria-Theresias den Kopf gekostet hatte. Die Veröffentlichung eines solchen Briefes wäre für das Haus Habsburg höchst peinlich gewesen.

Leider lassen diese Theorien einige Punkte offen. Denn die Identität des Österreichers, der Saunière in Rennes-le-Château besucht hat, wurde nie einwandfrei festgestellt. Manche sagen, es habe sich um einen Habsburger gehandelt, der nicht oder nicht mehr dem Erzhause angehörte und deshalb nicht im Sinne der Habsburger verhandelt hätte.

Egal, welche Art von Dokument Saunière fand: wenn es auch nur im entferntesten mit den Merowingern zu tun hatte, ist wesentlich wahrscheinlicher, daß es in Lothringen hinterlegt war. Wie das - allerdings umstrittene - Manuskript der heiligen Irmine über die Flucht ihres Bruders im Reliquienkelch Dagoberts von Mons, also in der Nähe von Stenay.

Diese Theorien werden in erster Linie zur Instruierung des Lesers vorgestellt. Das gilt speziell für die von Baigent, Leigh und Lincoln vertretenen. Sie erscheinen zu bombastisch, um wahrscheinlich zu sein. In „Das Vermächtnis des Messias" haben Baigent, Leigh und Lincoln recht weit ausgeholt. War es tatsächlich nötig, in einem Rundumschlag alles abzudecken, vom hochadeligen und streng katholischen Ritterorden der Malteser über den amerikanischen Geheimdienst CIA bis zum Vatikan? Sicher existieren zahlreiche Hinweise auf personelle und finanzielle Verbindungen in diesen Kreisen.

Aber es ist fraglich, ob diese noch etwas mit dem eigentlichen Thema, der Prieuré de Sion und dem Geheimnis des Bérenger Saunière, zu tun haben.

Auch müssen wir uns fragen, ob die Vermarktung eines solchen Geheimnisses zum Charakter von Bérenger Saunière paßte. Seine Biographie zeigt, daß er alles andere als ein geborener Diplomat war, der mit verschiedenen Kräften jonglierte und paktierte.

Am wahrscheinlichsten ist, daß es bei dem von Saunière gefundenen Schatz um Juwelen und Edelmetall in Form von Schmuckstücken oder Münzen ging. Könnte es sich schlicht um die wertvollen Grabbeigaben König Dagoberts II. gehandelt haben, vermehrt durch zahlreiche Geschenke frommer Pilger?

Gérard de Sède schreibt in „La race fabuleuse“, daß der Reliquienschrein König Dagoberts im Jahre 1591 von den hugenottischen Soldaten Turennes[98] geplündert wurde. Einem Priester sei es aber gelungen, einige Stücke zu retten, darunter auch den Schädel.

In der alten Hagiographie Dagoberts II. aus dem Jahre 1702, welche de Sède einige Seiten später selbst zitiert, wird die Geschichte jedoch anders berichtet. Die Soldaten hätten sich zwar der Reliquien bemächtigt, wurden aber durch ein Wunder so erschreckt, daß sie diese in einen Schacht warfen und flüchteten.

Nach der Rückeroberung der Stadt durch Herzog Karl[99] seien die Reliquien Dagoberts erneut in der ihm geweihten Kirche beigesetzt worden. Als die Kirche der zu erbauenden Zitadelle weichen mußte, bettete man sie um.

Manche glauben, sie wurden während der Französischen Revolution zerstreut. Louis Vazart hingegen meint, sie seien 1793 vom damaligen Pfarrer von Stenay, dem Abbé Jean-Baptiste Maquet, an einem geheimen Ort versteckt worden, zusammen mit antiken Schmuckstücken von unermeßlichem Wert. Maquet selbst wurde kurz darauf deportiert und starb. Dann scheint sich die Spur der Reliquien und des Schatzes zu verlieren.

Hatte Maquet sein Geheimnis weitergegeben? Gelangte es durch irgendwelche Umstände nach Rennes-le-Château? Der Abbé Bigou, Beichtiger der Marquise von Hautpoul, war nicht der einzige französische Priester, der während der Revolution in Spanien Zuflucht suchte. Und nicht alle starben im Exil.

Eine weitere logische Erklärung für den Reichtum Saunières wäre die Kriegskasse der Frondeure. Auch das Wissen um diesen Schatz könnte in den Languedoc gelangt sein. Es soll hier keine definitive Theorie aufgestellt werden, was Saunière fand. Wir wollen lediglich nachweisen, daß es in Stenay durchaus etwas zu finden gab.

---

[98] Hugenotten nannten die französischen Katholiken die protestantischen Kalvinisten. Bis zu seiner endgültigen Verleugnung des protestantischen Glaubens 1593 war Heinrich IV. von Frankreich der Anführer der protestantischen Partei. Einer seiner besten Heerführer war Turenne (1555 - 1623) - nicht zu verwechseln mit dem gleichnamigen Marschall Ludwigs XIV. (1611 - 1675).

[99] Karl III. von Lothringen

Kapitel 6 - Analogie und Inversion (II)

Dornröschen und der Prinz

Getreu dem hermetischen Lehrsatz „Wie oben, so unten“ findet sich das Pendant der roten Schlange des Tierkreises in Gestalt der roten Linie auf der Erde wieder. So heißt es zumindest. Der Name Rose-Line, auf den die Prieuré immer wieder hinweist, bezeichne die rote Linie, die sich als Null-Meridian von Paris durch Carcassonne und Peyrolles ziehe. Auch der Roussillon[100], lautgleich mit „roux sillon“, der roten Furche, wurde schon mit der roten Linie in Verbindung gebracht, da sich aus diesem Ausdruck dankbarerweise „roue sion“, das Rad von Sion, bilden läßt.

Baigent, Leigh und Lincoln interpretieren die rote Linie als die Linie des Blutes, die sich von Jesus über die merowingischen Könige bis ins zwanzigste Jahrhundert ziehe, in der Obhut der Prieuré.

Patrick Ferté weist darauf hin, daß es zu dem französischen Wort „arcane“ in der Bedeutung von „Geheimnis“ ein Homophon namens „arcanne“ gibt. Die „arcanne“ besteht aus einer mit roter Kreide dick eingestaubten Schnur, die zwei Befestigungspunkte hat, einer fix, der andere verstellbar. Wenn man den fixen Punkt an der Wand befestigt und den zweiten Befestigungspunkt auf der gewünschten Höhe und bei gestraffter Schnur mit der Hand an die Wand drückt, braucht man nur noch mit der anderen Hand die Schnur kurz anzuziehen und wieder zurückschnellen zu lassen. Ihre Spannung sorgt dafür, daß sich nun auf der Wand eine im wahrsten Sinne des Wortes schnurgerade rote Linie hinzieht.

Man kann seine Ausführungen noch ergänzen. Denn dieses Instrument, auf englisch „skirrit“, spielt in der Symbolik der Freimaurer eine Rolle. Es gehört zu den Werkzeugen des Meisters. Im übertragenen Sinn bedeutet es die Linie der biblischen Vorschriften, an denen sich das Verhalten des Meisters im täglichen Leben zu orientieren hat und von der er nicht abweichen soll.

Würde nicht alles wunderbar zusammenpassen? Der Gedanke, es dabei bewenden zu lassen, ist verführerisch. Nur bildet eine Schlange keine gerade Linie. Um sich fortzubewegen, ist sie darauf angewiesen, sich zu winden. Der Meridian hingegen ist gekrümmt: er folgt der Oberfläche der Erde. Wenn man ihn auf der anderen Seite der Erdkugel weiterverfolgt, bildet er sogar einen Kreis.

Aber das sind Nebenumstände. Daß „line“, Linie, lediglich eine englische Version des französischen „ligne“ ist, kann akzeptiert werden, speziell unter Berücksichtigung der Thesen von Boudet. Aber zwischen „rose“ (rosa) und „rouge“ beziehungsweise „roux“ (rot) besteht ein gewaltiger Unterschied.

Sollte der Name Roseline aufs Geratewohl gewählt worden sein? Sehr unwahrscheinlich. Die Prieuré-Autoren überlassen kaum etwas dem Zufall. Andererseits gäbe es Heilige, deren Name tatsächlich etwas mit der Farbe Rot zu tun hat, Renaud oder Rufus zum Beispiel. Warum also gerade Roseline?

---

[100] Landschaft in Südfrankreich, dem Languedoc, wo Rennes-le-Château liegt, unmittelbar benachbart.

Die Betonung der Roten Schlange läßt gerne vergessen, daß der Ausdruck „rose" neben „rosa" noch eine weitere Bedeutung hat, sowohl im Englischen als auch im Französischen. Beide Sprachen differenzieren, im Gegensatz zum Deutschen, nicht zwischen der Farbe „Rosa" und der Blume „Rose".

Und diese Blume spielte im Leben der heiligen Roseline eine wichtige Rolle. Ihre Familie hatte ihr strengstens untersagt, weiterhin Nahrungsmittel unter den Armen zu verteilen, bei denen sich ihre Mildtätigkeit herumgesprochen hatte und welche die Burg schon beinahe belagerten. Und als sie wieder einmal erwischt wurde und eine strenge Strafe zu vergegenwärtigen hatte, verwandelten sich die Brote in ihrer Schürze in Rosen.

Sie wäre nicht die einzige Heilige, deren Name Rückschlüsse auf Wunder zuläßt, die mit ihr in Verbindung gebracht werden. Aber es gibt noch weitere Heilige, denen konkret ein Rosenwunder zugeschrieben wird. Da auch Gérard de Sède diese Tatsache hervorhebt, stehen zumindest manche unter ihnen mit unserer Geschichte in Verbindung.

Angesichts der Bedeutung, welche die Prieuré dem 17. Januar einräumt, muß hier als erste die heilige Germana genannt werden. Auch sie soll eine wundersame Verwandlung von Nahrungsmitteln in Rosen bewirkt haben. Ihr Name wird von Philippe de Chérisey in Form eines Wortspiels erwähnt - ein Zeichen dafür, daß er von Wichtigkeit ist.[101]

Wir haben bereits besprochen, daß die Prieuré mit den Schriften Otto Rahns vertraut ist. Bei den meisten Autoren fällt sein Name allerdings im Zusammenhang mit dem Interesse der nationalsozialistischen Machthaber an der Katharerfestung Montségur. Aber neben dem „Kreuzzug gegen den Gral" veröffentlichte er noch ein weiteres Buch, „Luzifers Hofgesind". In diesem Buch geht er auf die bekannteste Heilige ein, der ein solches Rosenwunder zugeschrieben wird: Elisabeth von Thüringen.

Über die heilige Roseline liest man, sie habe - abgesehen von dem Rosen-Zwischenfall, als der Himmel eingreifen mußte, um sie zu schützen - ein sehr glückliches Leben geführt. Das Schicksal der heiligen Elisabeth hingegen hat einen düsteren Hintergrund: ihr Beichtvater war Konrad von Marburg, Inquisitor von Deutschland und als solcher Befürwörter des Katharerkreuzzuges, der sich gerade zu dieser Zeit in Südfrankreich abspielte. Er hielt Elisabeth permanent zu strengsten Bußübungen an; ein Zusammenhang mit ihrem frühen Tod - sie starb im Alter von vierundzwanzig Jahren - kann nicht ausgeschlossen werden.

Aber das Rosenwunder bildet nicht den einzigen Zusammenhang zwischen Roseline und Elisabeth. Wenn man eine französische Hagiographie konsultiert, stellt man fest, daß Elisabeth dort, anders als in Deutschland, nicht am 19. November, sondern zwei Tage früher gefeiert wird: am 17.11., die gleiche fatale Zahlenkombination wie der Namenstag der heiligen Roseline, der 17.1.

Alles deutet darauf hin, daß Roseline nicht eine rote Linie, sondern eine Linie der Rosen darstellen soll.

Der nämliche Otto Rahn überliefert auch eine Legende um den Zwergenkönig Laurin und seinen wunderbaren Rosengarten. Ein Ritter Dietrichs von Bern sucht verzweifelt den Eingang und gelangt schließlich zu einer alten Mühle, die von einer undurchdringlichen

---

[101] Chérisey spricht von einem „Cousin Germain", was drei Bedeutungen haben kann: ein Vetter namens Germain, ein Vetter ersten Grades, ein deutscher Vetter. Hier jedoch handelt es sich um eine Anspielung auf die heilige Germana, deren voller Name Germaine Cousin lautete.

Rosenhecke umgeben ist. In alten Zeiten hatten die Zwerge dort an die Armen Mehl verteilt, so lange, bis ein junger Rüpel einen Zwerg in den Mühlbach warf, weil er der Meinung war, zu kurz gekommen zu sein. Die beleidigten Zwerge stellten umgehend den Betrieb ein. Das Land bleibt daraufhin lange Jahre steril, wie das Reich des Anfortas in der Gralsgeschichte. Ausgerechnet eine Schäferin erzählt dem Ritter, daß neuerdings die Vögel in der Hecke wieder zu singen begonnen hätten. Vielleicht sei nun die Zeit reif, daß die Mühle zum Wohle aller wieder Mehl produzieren könne. Dem Ritter gelingt es schließlich, bis zur Mühle vorzudringen, wo sieben Zwerge schlafen. Bedingung für seinen Einlaß ist, daß er singen kann, also ein Troubadour oder Minnesänger ist. Als er das Gebäude betritt, wachen die Zwerge auf und beginnen zu mahlen. Der junge Ritter selbst erreicht über einen unterirdischen Gang schließlich das Königreich Laurins. Das Paradies der Rosen hatte sich ihm auf ewig geöffnet. Die Parallelen zum Märchen von „Dornröschen" sind unübersehbar. Eine Rosenhecke, die sich erst nach Ablauf einer bestimmten Zeit öffnet und ein junger Ritter oder Königssohn, der es wagt, einzudringen. Die Geschichte Otto Rahns enthält ein Detail, dessen Tragweite erst in einem späteren Zusammenhang klar wird: hinter der Hecke befindet sich kein Königsschloß, sondern ausgerechnet eine Mühle.

Merkwürdig ist auch der Spruch, mit dem der junge Ritter Einlaß in die Mühle begehrt: „Ich möchte ins Rosental König Laurins gelangen, weil ich die Maibraut suche!"

Um dieses merkwürdige Ansinnen zu verstehen, muß man die alten Volksbräuche zum ersten Mai untersuchen. Dazu gehörten nicht nur die immer noch beliebten Maibäume. Überall in Europa wurde ein Maikönig oder eine Maikönigin gewählt. Je weiter man in der Zeit zurückgeht, desto ausschweifender seien die Festlichkeiten gewesen. Die Kirche sah solche Gebräuche nur ungern. Es handelte sich schließlich um kaum verhüllte Allegorien der alten Erd- und Vegetationsgötter, denen hier gehuldigt wurde. Nicht umsonst hieß es, in der Nacht vor dem ersten Mai, der Walpurgisnacht, würden sich die Hexen auf dem Blocksberg mit dem Teufel zu wilden Orgien einfinden. Und sind die drei Ähren, mit denen die heilige Walburga abgebildet wird, nicht auch bereits ein Symbol der Fruchtbarkeit?

Zur Maikönigin oder Maibraut, wie Rahn sie nennt, wurde meist das schönste Mädchen des Dorfes gewählt. Rahns Ritter sucht diese Maibraut im Rosental König Laurins. Der Eingang hierzu befindet sich in einem Keller.

Diese Szene erinnert an „Die chymische Hochzeit des Christian Rosencreutz", das Standardwerk der Rosenkreuzer. Der Held oder Anti-Held, wenn man so will, ist ein bejahrter Mann namens Christian Rosencreutz, der eines Tages eine Einladung zu einer königlichen Hochzeit erhält. Die Hochzeitsfeierlichkeiten selbst bestehen aus der rituellen Hinrichtung der alten Könige und der alchimistischen Erschaffung eines neuen Königs und einer neuen Königin. Dabei werden die einzelnen Phasen des Werkes geschildert.

In der besagten Szene begeben sich Rosencreutz und der ihm zugewiesene Page in ein unterirdisches Gewölbe, in dem die Göttin Venus nackt in voller Schönheit liegt - und schläft! Die Symbolik wiederholt sich: die unerweckte Göttin der Liebe und Schönheit, ob sie sich nun in der Gestalt der Maibraut, Dornröschens oder der Venus selbst manifestiert, wird durch einen wagemutigen Ritter aufgefunden.

Das Wort Rosencreutz muß in diesem Zusammenhang völlig neu interpretiert werden. Die englische Sprache, von Boudet so gelobt, liefert den Schlüssel hierzu. Das Wort

„cross“, Kreuz, hat gleichzeitig als Verb die Bedeutung „überqueren“. Am nächsten kommt dem im Deutschen der nautische Ausdruck „kreuzen“: bei ungünstigen Windverhältnissen durch einen Zickzackkurs die eingeschlagene Route verfolgen.

Ein wahrer Rosenkreuzer ist also nicht ein Mann, dessen Heilssymbol ein mit Rosen umschlungenes Kreuz ist, sondern jemand, der eine schwierige Hürde erfolgreich genommen hat. Dieses Hindernis, das es zu überwinden gilt, wird dargestellt durch eine Rosenhecke mit ihren zahlreichen Dornen. Die Prieuré spricht treffend von einer „Roseline“.

Sie betont jedoch immer wieder, daß alle Dokumente und Theorien sich gegenseitig ergänzen müssen und nur gemeinsam einen Sinn ergeben. Der Hinweis auf Otto Rahn allein darf noch keine Bestätigung dieser neuartigen Interpretation von „Roseline“ darstellen.

Daß die heilige Roseline den Familiennamen Villeneuve trug und einem Alchimisten namens Arnaud de Villeneuve[102] der anonym verfaßte „Philosophische Rosenkranz“, ein bedeutendes alchimistisches Werk des Mittelalters, zugeschrieben wird, wollen wir lediglich als eine merkwürdige Koinzidenz auffassen.

Wir benötigen den Beweis, daß der Prieuré diese Analogien auffielen. Jede ihrer Theorien fand in „Circuit“ und „Le Serpent Rouge“ ihren Niederschlag. Wie steht es mit dieser?

Im Französischen gibt es zwei Ausdrücke für den Rosenkranz: „chapelet“ und „rosaire“. In „Circuit“ kommen beide mehrmals vor. Chérisey erwähnt - unter anderem - eine Krone aus Rosen, ein Marienheiligtum zum Rosenkranz, den heiligen Dominik als Erfinder des Rosenkranzes, einen Rosenkranz aus Felsen sowie einen Turm, der so genannt wird. Ganz zum Schluß, nachdem er mehrfach auf Shakespeares Hamlet angespielt hat, erfolgt sogar noch die namentliche Nennung eines seiner Höflinge: Rosencrantz. Und in der dritten Strophe von „Le Serpent Rouge“ bahnt sich der Autor mühsam einen Weg durch undurchdringliches Gestrüpp, um zum Gemach einer schlafenden Schönheit zu gelangen. Die schlafende Schönheit im Wald ist im französischen Sprachgebrauch nichts anderes als Dornröschen: „la belle au bois dormant“.

Wenn man die „Roseline“ mit der roten Schlange identifiziert und ihr lediglich folgt, gelangt man irgendwann an das Kopf- oder Schwanzende. Sieht man die „Roseline“ als Null-Meridian, läuft man im Kreis. Ebenso, wenn die Schlange sich selbst in den Schwanz beißt und damit das hermetische Symbol der Ewigkeit bildet. Ein Sonderfall ist es, wenn sie sich spiralförmig zusammenkauert und somit ein Labyrinth bildet. Hier könnte man ihr theoretisch folgen und dennoch den Mittelpunkt erreichen. Bedingung ist, daß man den Faden der Ariadne besitzt, wie schon die Autoren der Roten Schlange erwähnten. Und auch hier ist es unumgänglich, einen Schritt nach vorn zu machen, um in das Innere vorzudringen.

Die chymische Hochzeit

Man beachte auch das Ergebnis, das man erhält, wenn man das Kreuzen oder Überkreuzen des Rosenkreuzers noch wörtlicher nimmt und die Ausdrücke ROSE-LINE und

---

[102] Arnaud de Villeneuve (1240-1313), französischer Arzt und Alchemist, zeitweise im Dienst von Königen und Päpsten stehend, soll der Legende nach unedle Metalle in Gold verwandelt haben.

SERPENT ROUGE neu verbindet. Das Ergebnis führt zu ROSE ROUGE, rote Rose, und SERPENT LINE, Schlangenlinie.

Schon Gérard de Sède setzt in „La race fabuleuse“ die Schlange mit den tellurischen Strömungen gleich, die Farbe Rot ist unwesentlich. Die rote Rose hingegen ist eindeutig ein Symbol der Venus. Ihre Farbe stamme von einem Blutstropfen der Göttin selbst, ihr Duft von einem Kuß ihres Sohnes. Die heraldische Rose erinnert mit ihren fünf Blütenblättern an das Pentagramm der Venus.

Rote Rosen trug auch Christian Rosencreutz auf seinem Hut, nur leider bot er sie nicht der Göttin der Liebe an, als er vor ihr stand - er hatte sie schon vorher an eine Frau verschenkt, welche er als „die Jungfrau“ bezeichnet und die sich darin gefiel, Männer aufzureizen, ohne je zu befriedigen. Der Ritter Rahns geht den Weg zu Ende und gelangt schließlich ans Ziel. Der junge Königssohn küßt Dornröschen wach und lebt mit ihr glücklich bis an sein seliges Ende.

Christian Rosencreutz hingegen hütet sich, die schlafende Venus zu wecken. Später erfährt er, daß der König den Zutritt zu ihrem unterirdischen Gemach verboten hat. Zur Strafe, weil er dieses - ihm unbekannte - Gebot mißachtet hat, wird er gezwungen, den Rest seines Lebens als Pförtner des königlichen Schlosses zu verbringen.

Die übliche Erklärung für die Anwesenheit der Venus in der „Chymischen Hochzeit“ lautet, sie stelle die leidenschaftliche Seite der menschlichen Seele dar. Die Venus, die in einer Art Koma in einem unterirdischen Gewölbe schläft, symbolisiere die verdrängte Sexualität. Es gibt eine umfangreiche Sekundärliteratur zur „Chymischen Hochzeit“. Die Exegeten gehen ausführlich auf die Farbsymbolik der Alchimie ein oder heben hervor, daß Rosencreutz die Farben der Templer, Weiß und Rot, trägt.

Aber all diese Interpretationen konzentrieren sich auf dic Fülle von nebensächlichen Details, die von der eigentlichen Handlung ablenken. Das Buch ist nicht sehr umfangreich und besteht aus weniger als hundert Seiten reinen Textes. Es ist in sieben Kapitel gegliedert, von denen jedes einen Tag der Reise beziehungsweise der Hochzeit umfaßt.

Nur ist außer Philippe de Chérisey noch kaum jemandem aufgefallen, daß keinerlei Einweihung stattfindet. Rosencreutz nimmt zwar teil am alchimistischen Prozeß, führt jedoch mit seinen Gefährten lediglich Anordnungen aus. Bei der letzten Stufe des Werkes wird die Mannschaft in zwei Gruppen getrennt; jeder wird gesagt, nur sie sei dazu auserkoren, es zu vollenden. Keine der beiden Gruppen hat Kenntnis über die Aufgabe der anderen.

Das, was Rosencreutz tatsächlich über die Hintergründe des Prozesses weiß, hat er nicht durch geheime Einweihung, sondern durch Zufall erfahren: weil er nachts nicht schlafen konnte und von seinem Fenster aus gesehen hatte, wie die Särge der toten Könige und Königinnen in ein Schiff verladen wurden. Ohne diesen glücklichen Umstand wäre er ebenfalls davon ausgegangen, daß es sich bei dem Begräbnis, dessen Zeugen alle geworden waren, um eine richtige Bestattung handelte. So wußte er, daß die toten Leiber bei der alchimistischen Transmutation eine wichtige Rolle spielten.

Da Rosencreutz aus Erfahrung weiß, daß die Bewohner des Alchimisten-Schlosses wie billige Jahrmarktszauberer mit Tricks[103] arbeiten, läßt er sich weniger ablenken als seine

---

[103] Der Ausdruck „tricks“ fällt in der englischen Übersetzung wörtlich.

Gefährten. So sieht er, wie den Homunkuli, dem künftigen Königspaar, durch eine Art Trompete[104] die Seele in Form eines feurigen Stroms von oben eingeflößt wird. Alle anderen glauben, sie gelange durch das Verbrennen der Blätter, mit denen die Trompete umwickelt ist, in den Körper.

Weil der ihm zugewiesene Page seine genauen Kompetenzen nicht kennt, gelangt Rosencreutz unter anderem in das Grab der Könige, wo er mehr lernt als in allen Büchern der Welt. In der Bibliothek selbst erfährt er, daß zahlreiche Bücher zum Verbrennen bestimmt sind. Schließlich stellt sich heraus, daß auf königliche Anordnung weder das Grab noch die Bibliothek besichtigt werden dürfen.

Der König verleiht zwar einen Orden des Goldenen Vlieses, bestraft jedoch Männer, die sich mit der Herstellung eines Steines beschäftigen, der als Allheilmittel wirken soll. Ein Widerspruch in sich: die altgriechische Sage über die Argonauten und das Goldene Vlies, das Fell eines dem Zeus geweihten Widders, war für die Alchimisten ein Synonym für die Suche nach dem Stein der Weisen, mit dem man nicht nur Gold herstellen, sondern auch alle Krankheiten heilen kann.

Ein weiterer königlicher Orden nennt sich sogar Bruderschaft des Goldenen Steins, nur müssen sich seine Mitglieder verpflichten, nicht danach zu trachten, länger zu leben, als es Gottes Wille ist. Der Stein der Weisen sollte jedoch auch unsterblich machen - ebenso wie der Heilige Gral.

Es ist also offensichtlich, daß der König die Suche nach dem Goldenen Vlies und dem Stein der Weisen und damit dem Gral unterbinden will. Vielleicht hält er letzteren sogar versteckt. Denn im unterirdischen Gefängnis der Venus hält ein Engel einen Baum, dessen Früchte ununterbrochen in ein kupfernes Gefäß fallen. Beim Auftreffen verwandeln sie sich in eine Flüssigkeit, die in drei kleinere goldene Behältnisse fließt. Diese Stufen scheinen auf eine der möglichen etymologischen Erklärungen des Begriffes „Gral“ hinzuweisen: gradalis oder gradatim, stufenweise. Die permanente Erneuerung erinnert ebenfalls an den Gral. Noch mehr jedoch das Material des Gefäßes: es ist aus Kupfer. Kupfer wird in der Astrologie mit der Venus und in der Alchimie mit der Farbe Grün assoziiert.[105] Und der Gral soll ein Smaragd sein: ein grüner Edelstein.

Am Königshof herrscht eine wahrhaft kafkaeske Situation. Der Rosencreutz zugeteilte Page lügt und verleitet Rosencreutz zu Lügen. Keiner weiß genau, was erlaubt und was verboten ist, und schon gar nicht, warum dem so ist. Es gibt Dinge, die man zwar tun kann, bei denen man sich aber nicht erwischen lassen darf: solange die königlichen Hoheiten schlafen, hat man nichts zu befürchten. Schließlich gereicht eine solche Übertretung Rosencreutz zum Verderben. Seine einzige Chance, von seinem ungeliebten Posten als Pförtner befreit zu werden, ist eine weitere königliche Hochzeit, bei der ein anderer in die gleiche Fall tappt. Da Rosencreutz schon sehr alt ist, rechnet er nicht damit, dieses Ereignis zu erleben.

---

[104] Vergessen wir nicht, daß auch Chérisey dieses Thema der Trompete aufgegriffen hat: weil das französische Wort „tromper“ betrügen oder täuschen bedeutet.

[105] In der Alchimie entsprechen die Farben der Metalle der Farbe ihrer Oxydation. Aus diesem Grund ist Mars, der Planet des Eisens und des Krieges, auch der rote Planet: oxydiertes Eisen, Rost, hat eine rötliche Farbe. Oxydiertes Kupfer hingegen wird grün und bildet Grünspan.

Wobei nicht ganz eindeutig ist, um welchen Königssohn es sich bei dieser Hochzeit handelt. Der König spricht vermutlich von seinem eigenen Sohn. Aber eine Prophezeiung besagt, daß die Venus, wenn alle Früchte des Kupfergefäßes geschmolzen sind, aufwache und Mutter eines Königs werde. Diese Prophezeiung stamme von Atlas, dem königlichen Astrologen. Unter allen Namen wählte der Autor der „Chymischen Hochzeit" also ausgerechnet den des Mannes, der in der Mythologie als der Gatte der Hesperus alias Venus alias Luzifer als Morgenstern, gilt! Daß er sich über die Tragweite seiner Aussage im klaren ist, ersieht man daraus, daß er tatsächlich in einem anderen Zusammenhang Atlas als Himmelsträger erwähnt.

Rosencreutz wird bestraft für die Übertretung eines Gebots, das er nicht kannte, gar nicht kennen konnte. Er hatte zwar Angst, war aber letztendlich dem Pagen, dem ihm zugewiesenen Führer, gefolgt. Er war nicht einen Finger breit von der ihm vorgeschriebenen Spur, dem Meridian, abgewichen. Er bewundert Leute, welche die Geheimnisse der Natur als zu hoch und sich selbst als zu niedrig erachten. Er traut sich nicht zu, die Prüfungen zu bestehen und besteigt die Schicksalswaage erst, als ihm zugesichert wird, daß er im Falle eines Versagens keine negativen Konsequenzen zu befürchten hat. Er stellt Überlegungen an, daß der Mensch sich nicht in das einmischen soll, was ihm seit dem Sündenfall versiegelt ist. Er wählt als Motto „Summa scientia nihil scire" - die höchste Weisheit ist es, nichts zu wissen. Dieses Nichtwissen wurde sein Verhängnis. Oder besser gesagt: das Nichtwissenwollen.[106]

Der junge König und seine Braut sind Objekte, die ihre Existenz beziehungsweise Wiedergeburt den Bemühungen des Christian Rosencreutz und seiner Gefährten verdanken. Dieses Abhängigkeitsverhältnis versuchen sie zu vertuschen. Von Dank keine Spur.

Die „Chymische Hochzeit" ist nicht die Geschichte einer Initiation, im Gegenteil. Rosencreutz gelangt zu gewissen Ehren, weil von ihm keine Gefahr auszugehen scheint. Als sich dies als Irrtum herausstellt - er sah die nackte Venus - verbringt er den Rest seines Lebens als Gefangener.

---

[106] Daß diese Einstellung gefährlich ist, muß auch der Gralsritter Parzival erfahren. Bei Wolfram von Eschenbach hätte er bei seinem ersten Besuch in der Gralsburg durch eine einzige Frage Anteil am Leid des todkranken Königs Anfortas bezeugen müssen, um diesen und das Land zu erlösen. Parzival stellt diese Frage nicht, weil er sich an die Anweisungen seines ritterlichen Lehrmeisters hält, der ihm aufgetragen hatte, keine überflüssigen Fragen zu stellen. Und da ihn seine Mutter Herzeloyde bewußt völlig isoliert und weltabgeschieden erzogen hatte und ihm nur die rudimentärsten Informationen zukommen ließ, konnte er auch nicht zwischen nötigen, berechtigten und überflüssigen Fragen unterscheiden. Trotzdem wird er verflucht und als Ehrloser gebrandmarkt, wird sein Vergehen als Todsünde bezeichnet. Von diesem Moment an beginnt Parzival, sein Leben selbst in die Hand zu nehmen. Als er aufbricht, um den Gral wiederzufinden, koste es, was es wolle, sagt er: „Wenn ich den Spott der Welt anhören muß, weil ich den mir gegebenen Lehren gefolgt bin, so müssen diese Lehren unvollkommen sein." Er geht sogar so weit, daß er die Allmacht Gottes anzweifelt und seinem Gefährten Gawan den Rat gibt, sich lieber auf die Liebe und Güte einer Frau zu verlassen, sogar im Kampf. Sprich: auf die Göttin Venus. Auch in anderen Versionen der Sagen um König Artus und den Gral wird das Zaudern des Helden angeprangert. Bei Chrétien de Troyes sagt die Gralsbotin zu Perceval, er hätte die Glücksgöttin Fortuna festhalten müssen, als sich ihm die Gelegenheit dazu bot. Er habe sein Glück verspielt, weil er zauderte. Und in Großbritannien stößt man an mehreren Orten auf die Sage, daß ein Mann, durch Zufall oder weil ein günstiger Moment gekommen war, auf den in einem unterirdischen Gemach schlafenden Artus stieß und es versäumt hat, den König zu wecken, obwohl die nötigen Utensilien - ein Schwert oder ein Horn - sich in seiner Reichweite befanden.

Die Göttin Venus liegt weiterhin im Koma. Hätte sich die Prophezeiung erfüllt, wenn Rosencreutz sie geweckt hätte? Hätte Rosencreutz selbst eine Chance gehabt, Vater des neuen Königs zu werden? Die Antwort auf diese Fragen bleibt offen. Weil Rosencreutz im letzten Moment einen Rückzieher macht.

Chérisey sagt wörtlich, es sei traurig, wenn die „bonnes fortunes", die glücklichen Umstände selbst, einem nachträglich mitteilen müßten, daß man sie nur hätte pflücken müssen. Wenn auch eine solche Beziehung zwischen der Liebesgöttin und dem betagten Rosencreutz auf den ersten Blick reichlich ungewöhnlich erscheint: es sieht so aus, als wollte Chérisey eine derartige Verbindung andeuten, bei der sich zwei völlig unterschiedliche Partner vereinigen und gemeinsam ein Kind hervorbringen. Bei Maurice Leblanc sind Arsène Lupin und eine merkwürdige Frau, die sich Gräfin Cagliostro[107] nennt, Todfeinde. In „Circuit" haben sie einen gemeinsamen Sohn namens Guérin.

Daß die Prieuré der „Chymischen Hochzeit" große Bedeutung zumißt, ist unbestreitbar: sie machte den vermutlichen Autor, Johann Valentin Andreae, zu ihrem Großmeister. Man fragt sich auch unwillkürlich, ob sich die Prieuré deshalb auf den zeitgenössischen Maler und Poeten Jean Cocteau (1889 - 1963) als Großmeister beruft, weil dieser in der Kirche Notre-Dame de France in London ein Wandgemälde mit einer Rose zu Füßen eines Kreuzes verewigt hat. Und ein anderer Großmeister, Philippe de Chérisey, spielt in „Circuit" zwar eindeutig auf die „Chymische Hochzeit", aber auch auf ihre Widersprüche an, indem er eine ähnliche Absurdität schildert. Er vergleicht den Aufenthalt von Charlot und Anne auf den Kanarischen Inseln mit einer Hochzeitsreise - in Wirklichkeit unternimmt Anne die Reise, um einen anderen Mann wiederzusehen.

Die Seiltänzerin Dorothée gibt ihren Gefährten den Auftrag, der roten Linie, die sie auf der Karte markiert hat, zu folgen. Diese Gefährten sind auf sie als Führerin angewiesen. Als Seiltänzerin bewegt sie sich selbst auf einer weiteren Linie, dem eisernen Seil. Dorothée ist jedoch nicht nur Seiltänzerin. Von ihrer Abstammung her ist sie gleichzeitig eine hohe Adelige, die es sich leisten kann, bestimmte Vorschriften zu ignorieren. Leblanc betont, daß sie von ihrem Charakter her Lüge und Diebstahl verabscheut. Ihrem Schützling St.-Quentin macht sie strenge Vorhaltungen, als er dieses Gebot übertritt. Wenn es jedoch um eine gute Sache geht, so lügt und stiehlt sie selbst mit Souveränität.

Dorothée ist ein weiblicher Rosencreutz, was schon an ihrem Aufzug ersichtlich ist. Warum sollte Leblanc sonst den Aspekt hervorheben, daß sie einen rot-weiß-gestreiften Rock trägt und daß sich ein scharlachfarbenes Halstuch auf ihrer Brust kreuzt - wenn es nicht eine Anspielung auf den weißen Mantel und den roten Schultergürtel des Christian Rosencreutz ist? Und auch ihr Unterfangen wird mit der Suche nach dem Goldenen Vlies verglichen.

Aber, anders als Rosencreutz, geht Dorothée ihren Weg zu Ende, trotz Anfechtungen und Gefahren. Sie weiß, daß der Bösewicht des Romans danach trachtet, sie zu vergewaltigen. Dennoch riskiert sie mehrmals ihre Unschuld. Sie bietet sich als Köder an oder wagt sogar den Weg in die Höhle des Löwen.

---

[107] Nach dem sogenannten Grafen Cagliostro, in Wirklichkeit Giuseppe Balsamo (1743 - 1795), ein italienischer Abenteurer, der eine neuartige Freimaurer-Obödienz verbreitete: den sogenannten ägyptischen Ritus.

Rosencreutz ist sich schon beim Aufbruch nicht schlüssig, welchen der drei möglichen Wege er wählen soll. So bleibt er an der Weggabelung stehen, bis er hungrig wird. Durch die Mahlzeit läßt er weitere kostbare Zeit verstreichen. Vielleicht würde er heute noch dort zaudern, hätte nicht ein Rabe versucht, einer schönen weißen Taube seine Brotkrumen abzujagen. Durch seine Versuche, den Raben zu verscheuchen, hatte er ungewollt einen der drei Wege eingeschlagen und konnte nicht mehr zurück. Rosencreutz wußte nicht, daß Weiß und Schwarz, Taube und Rabe, letztendlich zusammengehören. Nicht umsonst soll Noah zuerst einen Raben, dann eine Taube hinausgeschickt haben, um zu prüfen, ob die Flut bereits zurückgegangen war (Gen 8/6, 8/8).

In einer identischen Situation wählt Dorothée den mittleren Weg, nicht nach reiflicher Überlegung, sondern „au hasard", aufs Geratewohl. Der große Unterschied besteht darin, daß sie die Entscheidung trifft, ihr Schicksal selbst in die Hand nimmt.

Gleichzeitig betrachtet Leblanc Dorothée als einen weiblichen Prinz, der Dornröschen weckt, und zwar ganz konkret. Den Vorfahren, den sie laut seinem Testament aus einem zweihundertjährigen Schlaf wecken soll, nennt sie nämlich im Scherz „Marquis au bois dormant", Marquis im schlafenden Wald - eine eindeutige Anlehnung an Dornröschen, auf Französisch „la belle au bois dormant", die Schöne im schlafenden Wald.

Totenkopf und Heiliger Gral

Die Literaturwissenschaftler sind sich über die Ursprünge der Gralslegenden nicht einig. Einige behaupten, der Gral sei eine rein christliche Angelegenheit. Aber es ist in der keltischen Mythologie, daß zum ersten Male die Symbole auftauchen, die dann in der Gralsversion des Chrétien de Troyes christianisiert wurden: die Lanze, das Schwert und ein Kessel oder Kelch, der unsterblich macht. Erst später sollte dieser mit dem Blut des Erlösers gefüllt werden.

Nur war der Gral nicht immer ein Kelch oder Kessel. Zum ersten Mal erscheint er als solcher in der Erzählung von Perlesvaux. Es gibt jedoch noch ältere Versionen. Die walisische Erzählung „Peredur" wird ebenfalls zu den Geschichten um den Heiligen Gral gerechnet, obwohl dieser nicht als solcher erwähnt wird, sondern durch ein abgeschlagenes Haupt ersetzt wird, das in seinem eigenen Blut in einer Schale schwimmt.

Man muß das Titelbild von Louis Vazarts Buch „Abrégé de l'histoire des Francs" genau betrachten, bis man bemerkt, daß es genau diese Begriffe, den Kelch und den vom Körper getrennten Kopf, verbindet. Es ist dreifarbig; Vazart erklärt dazu, Rot stehe für die Merowinger, Weiß für die Karolinger und Blau für die Kapetinger. Leider ist diese Farbzuweisung falsch. Die Trikolore verbindet die Flagge der Kapetinger mit der von Paris. Und die Farbe der Kapetinger war Weiß. Diese Information ist nicht nur in „Circuit" nachzulesen: sie steht in jedem Lexikon.

Das Bild hat also eine andere Bedeutung. Es besteht aus einer großen weißen Umrißkarte Frankreichs mit blauem Hintergrund. Auf diesem weißen Hexagon befindet sich ein weiteres in Rot, als eine Art Herzstück. In diesem roten Teil steht der Reliquienkelch von Mons mit dem Schädel Dagoberts. Die Zeichnung soll dreidimensional sein, was durch eine Schattierung der Umrisse dargestellt wird. Wenn man die Schattierungen des weißen Hexagons mit denen des roten vergleicht, so stellt man fest, daß sie einmal nach unten, einmal nach oben weisen. Diese Perspektive läßt nur eine Schlußfolgerung zu: das rote Hexagon wurde nicht auf das weiße gelegt, sondern im Gegenteil aus diesem ausgeschnitten. Das weiße Hexagon ist die Schale, in deren rotem Innenteil der Schädel in seinem Reliquienkelch „schwimmt".

Louis Vazart zitiert in seinem Buch über Dagobert II. zwei völlig widersprüchliche Aussagen Philippe de Chériseys bezüglich des Totenschädels, der 1956 in der Kirche von Rennes-le-Château gefunden wurde. Einmal soll es sich um das Haupt König Dagoberts selbst handeln, in der zweiten Version schreibt er es Sigebert IV. zu. Vazart zitiert kommentarlos beide Versionen unmittelbar aufeinander, also auf eine Weise, daß sie ins Auge stechen müssen.

Chériseys Rat, den Teufel von Rennes-le-Château mit dem von Stenay in Verbindung zu bringen, muß somit auf die beiden Totenschädel von Rennes-le-Château und Mons übertragen werden. Eine Gemeinsamkeit fällt sofort auf: beide befinden beziehungsweise befanden sich in einer Kirche oder Kapelle, die der heiligen Maria Magdalena geweiht ist. Äußerst sinnig, daß diese Heilige immer mit einem Totenschädel dargestellt wird. Ein makabrer Zufall?

Wir haben bereits behandelt, daß die heilige Maria Magdalena zahlreiche Aspekte der antiken Liebesgöttin Venus aufnahm. Und als Kaiserin Helena im 4. Jahrhundert Jerusalem besuchte, fand sie auf dem Berg Golgotha einen Venustempel vor. Golgotha hat die gleiche Bedeutung wie Kalvarienberg: Schädelstätte. Obwohl man heute unter einem Kalvarienberg ein Kruzifix im Freien oder die bildliche Darstellung der Kreuzigungsszene versteht, hat der Name nichts mit der Passion Jesu zu tun. Er leitet sich ab vom lateinischen Wort „caput", Kopf. Gemeint ist das Haupt Adams, des Stammvaters der Menschheit, das auf dem Berg Golgotha begraben sein soll. Handelte es sich bei dem Venustempel nicht um eine heidnische Verunglimpfung einer der allerchristlichsten Stätten, sondern um die Ehrung der Hüterin von Adams Schädel? Mit anderen Worten: einem Gral?

Louis Vazart scheint dies zu bestätigen. Nicht nur, daß er den von Maria Magdalena gehüteten Schädel Dagoberts graphisch als Gral darstellt. Er gibt gleichzeitig wörtlich die Hoffnung kund, daß er eines Tages nach Stenay überführt werde und dieses zu einem neuen Golgotha mache.

Die Inquisition warf den Templern vor, einen Götzen namens Baphomet zu verehren. Die gefangenen Templer beschrieben diesen Baphomet als Kopf oder Büste eines bärtigen Mannes, bisweilen mit bockähnlichen Zügen, also Anklängen an den arkadischen Pan. Mit diesem teilte der Baphomet noch eine weitere Eigenschaft: er sollte für Fruchtbarkeit sorgen. Aber in keiner Templerkomturei wurde ein solcher Gegenstand gefunden. Ob der Baphomet eine Erfindung der Inquisition ist oder ob die Templer diese Bildnisse vor ihrer Verhaftung verschwinden ließen, darüber streiten sich die Gelehrten seit fast siebenhundert Jahren. Das einzige bemerkenswerte Stück, das den Häschern des französischen Königs in die Hände fiel, war ein einzelner Totenschädel in einem silbernen Reliquienbehälter, der die Form eines Kopfes hatte.

Spanische Autoren hingegen, die sich mit der Geschichte der Templer speziell auf der Iberischen Halbinsel beschäftigen, erwähnen eine ganze Reihe von Köpfen oder Büsten, teilweise mit Reliquien, von denen zumindest einige der Überlieferung nach aus ehemaligen Templerkomtureien stammen.

Das weiß die Prieuré. Denn der arkadische Fluß Alpheus ist gleichzeitig ein sachter Hinweis auf den Reliquienkopf des Jakobus Alpheus in Santiago de Compostela. Und manche dieser Reliquienköpfe werden bis heute zu merkwürdigen Zeremonien verwendet, die alle mit verschiedenen Aspekten der Fruchtbarkeit zu tun haben. Die seltsame Verbindung zwischen Fruchtbarkeit und einem vom Körper getrennten Schädel ging also durchaus nicht mit der Ankunft des Christentums unter. Im Gegenteil: im Neuen Testament folgt unmittelbar auf die Enthauptung Johannes des Täufers der Bericht über die wundersame Brot und Fischvermehrung und die Speisung von über fünftausend Menschen in der Wüste (Mt 14/11-21, Mk 6/27-42).

Die gleichen Eigenschaften wie dem Baphomet, das Land ergrünen zu lassen und Fruchtbarkeit zu bringen, wurden auch dem Heiligen Gral zugeschrieben. In den meisten Gralslegenden wird der kranke Fischerkönig dadurch geheilt, daß Parzival ihm eine Frage stellt. Diese Frage bezieht sich entweder auf das Wesen des Grals („Was ist der Gral und wem dient man damit?") oder verlangt Mitgefühl für das Leiden anderer, repräsentiert durch Anfortas („An was leidest Du, Onkel?").

Wenn der templerische Baphomet laut den Akten der Inquisition mit dem Gral die Eigenschaft teilt, daß er dem Land Fruchtbarkeit bringt, dann muß man ihn auch mit der Notwendigkeit assoziieren, Fragen zu stellen. Der Baphomet ist also nicht nur ein Symbol der Fruchtbarkeit, sondern steht gleichzeitig für das Streben nach Erkenntnis. Nicht umsonst hieß eines der Stadien des Großen Werkes, das die Alchimisten zum Stein der Weisen führen sollte, Caput Mortuum - Totenkopf.

Auch in „Circuit" fühlt man sich von dem Schädelmotiv verfolgt. Nicht nur, weil Chérisey Heilige beschreibt, die ihren eigenen Kopf unter dem Arm tragen, auch weil sein Held Charlot mehrere ungewöhnliche Gegenstände mit sich führt: eine riesige Käsekugel der Marke „tête de Maure", Mohrenkopf, sowie zwei Köpfe des Philosophen Plato aus Marmor-Imitat.

Der Mohrenkopf ist äußerst vieldeutig. In der „Chymischen Hochzeit" sorgt der abgeschlagene Kopf eines Mohren für die nötige Hitze bei der alchimistischen Erschaffung des neuen Königspaares. Bei Wolfram von Eschenbach besteht das Wappen der dunkelhäutigen Königin Belakane aus ihrem eigenen Bild auf weißem Grund. Diese Belakane ist die Mutter von Parzivals Halbbruder Feirefiz und die Großmutter des geheimnisvollen Priesters Johannes[108].

Die meisten Historiker glauben, daß Hugues de Payens, der erste Großmeister der Templer, aus der Champagne stammt. Nur hat Gérard de Sède eine gleichnamige Familie in der Ardèche ausfindig gemacht, die drei Mohrenköpfe in ihrem Wappen führt.

Südlich von Rennes-le-Château erhebt sich ein Dolmen, der abwechselnd als „Table des Maures", Mohrentisch, und „Table des Morts", Totentisch, figuriert. Auf diese Klangähnlichkeit spielt auch Chériseys „tête de Maure" an: „tête de mort", Totenkopf.

Der Kopf des Plato bestätigt diese These. Denn dessen wichtigste Maxime lautete: „Erkenne Dich selbst!" Diese Aufforderung wird im Text wiederholt, in einem seltsamen Zusammenhang. Ein kleiner Junge bittet um die Erklärung des Wortes Autopsie. Die Erwachsenen übersetzen es als Kunst, sich selbst zu sehen oder zu erkennen. Das stimmt: so

[108] Eine halb-mythologische Figur, welche einige in Indien ansiedeln, andere in Abessinien.

hieß tatsächlich der dritte Grad der alten Mysterien. Das Kind hat den Ausdruck jedoch in seinem üblichen Kontext gelesen und fragt prompt, ob man hierfür tot sein muß.

Selbsterkenntnis, Tod und Auferstehung sind die zentralen Themen in der Ideologie der Freimaurer. Und eines ihrer wichtigsten Symbole ist der Totenschädel. Daß Chérisey tatsächlich konkret in diesem Zusammenhang auch auf die Freimaurer anspielt, ersieht man daraus, daß er den besagten Jungen zum Sohn einer Witwe macht. Söhne der Witwe ist ein internes Synonym für Freimaurer.

Die Prieuré und die Loge

Gérard de Sède weist in „Rennes-le-Château" ebenfalls auf einen eventuellen Zusammenhang zwischen den Freimaurerlogen im Languedoc Ende des 19. Jahrhunderts und der Affäre Saunière hin. Ihm ging es speziell um die personellen Verknüpfungen. Er beschreibt die Kirche von Rennes-le-Château als eine Art rosenkreuzerische Freimaurerloge. Dazu paßt, daß 1889 - man beachte die Zahlenfolge - ein Kabbalistischer Orden zum Rosenkreuz gegründet wurde, von dem sich 1890 oder 1891 der Katholische Orden vom Rosenkreuz abspaltete.

Aber die Reliefs der Kirche von Rennes-le-Château wirken genausowenig esoterisch wie die allzu auffällige Erwähnung freimaurerischer beziehungsweise templerischer Symbole in „Le Serpent Rouge" und „Circuit". Andeutungen auf die freimaurerische Schürze, das Meistergrab, die Akazie, die beiden Säulen Boaz und Jachim vor dem Eingang des Salomonischen Tempels, all das gehört zu den Arabesken, mit denen Chérisey seinen Roman ausschmückt. Wer darüber nachgrübelt, warum er die Katze seiner Protagonistin Anne ausgerechnet „Templer" genannt hat, verliert seine Zeit.

Die Prieuré stellt durchaus eine Verbindung zu den Freimaurern her - aber aufgrund deren Symbolik, nicht über Wortfetzen. Den Meridian, an dem sich ein Freimaurer orientieren soll, hat sie als Null-Meridian von Paris aufgenommen. Die Sonne, welche zu den drei „kleinen Lichtern" der Freimaurer gehört, bestimmt in St.-Sulpice das Datum des Osterfestes. Dort befindet sich nämlich ein Gnomon, eine Einrichtung, mit der man die Tag- und Nachtgleiche und damit das Datum des Osterfestes berechnen kann. Der sogenannte „Flammende Stern" hat in seiner ursprünglichen Form fünf Arme und entspricht damit einem Pentagramm.[109] Das Tau-Kreuz, das Attribut des am 17. Januar gefeierten heiligen Antonius, gehört zu den Symbolen des Royal-Arch-Freimaurertums, einer Variante, die nach dem Meistergrad eingeschlagen werden kann. Auch die Hervorhebung von Arques könnte als Anspielung auf den Royal-Arch-Grad interpretiert werden. Die Rituale der Freimaurer haben mit dem Tempel Salomons zu tun und sprechen von der Suche nach dem geheimen Meisterwort und dem geheimnisvollen Namen Gottes. Im Zusammenhang mit der Bundeslade haben wir bereits erwähnt, daß Pierre Plantard behauptet, die Prieuré besitze den verlorenen Tempelschatz von Jerusalem, aber wichtiger sei ein spiritueller Schatz.

In der fünften Strophe von „Le Serpent Rouge" kommen verstreute Steine, der Meridian, Winkel und Zirkel, Orient und Okzident vor, alles Symbole der Freimaurer. Daneben

[109] Auch wenn er bisweilen zur Verfremdung mit sechs oder sieben Zacken dargestellt wird.

taucht jedoch auch der Begriff „la reine du castel“ auf, die Königin der Burg. Auf den ersten Blick eine unzweideutige Anspielung auf Rennes-le-Château: weil die Prieuré „rennes“ mit „reine“ gleichsetzt und sowohl „château“ als auch „castel“ Burg bedeuten. Die eigens erwähnten Insignien dieser Königin, Krone und Diadem, scheinen gleichzeitig auf die Schutzheiligen der spekulativen Freimaurer hinzuweisen, die Quattuor Coronati, die vier Gekrönten.[110]

Das führt uns allerdings zu der Frage, warum die Prieuré diese Königin der Burg ausgerechnet im Zusammenhang mit den Freimaurern erwähnt. Denn die Männer, welche 1717 - im übrigen ein wunderbares Datum für unser Thema - in London die erste Großloge gründeten, schlossen Frauen ausdrücklich aus. Das hat sich innerhalb der „regulären“ Freimaurerei bis heute nicht geändert.

Dennoch nimmt zumindest eine Frau eine wichtige Rolle in der Symbolik der Freimaurer ein: die Königin von Saba. Die Einführungszeremonie eines neuen Meisters vom Stuhl betont ausdrücklich, daß die Handzeichen und Anreden, die der alte und neue Meister austauschen, einst in Gegenwart der Königin stattfanden. Der alte Meister repräsentiert dabei Salomon, der neue seinen Aufseher Adoniram.

Die Königin von Saba spielt auch in der Ideologie der Prieuré eine große Rolle: Chérisey identifiziert seine Roseline mit ihr. Er verleiht ihr nämlich einen Verlobten namens Solly Mann, eine punische Umschreibung von Salomon. Daneben spielt er in „Circuit“ mehrmals auf einen sehr bekannten Freimaurer an: Wolfgang Amadeus Mozart. Und wiederum über Roseline gleichzeitig auf Pamina, die Protagonistin der Oper „Die Zauberflöte“. Beide sind nämlich blond und haben schwarze Augen, eine äußerst rare Kombination.

Man sagt, Mozart habe in der „Zauberflöte“ Geheimnisse der Freimaurer verraten, aber nirgendwo liest man, was er denn konkret verlautbaren ließ. Und sämtliche Interpretationen laufen in die gleiche Richtung: „Die Zauberflöte“ handle von der Einweihung Taminos durch den weisen Sarastro, welcher in seiner Güte gleichzeitig Taminos Vereinigung mit der schönen Pamina von vornherein geplant hatte.

Diese Interpretation stimmt leider nicht mit der Handlung der Oper überein. Diese beginnt damit, daß die drei Gefährtinnen der Königin der Nacht den jungen Prinzen Tamino vor einem Ungeheuer retten. Die Königin bittet ihn um seine Hilfe: ihre geliebte Tochter Pamina wurde von Sarastro geraubt. Tamino verliebt sich in das Bildnis der bezaubernden Pamina und bricht auf, sie zu befreien. Sarastro aber gelingt es, den Prinzen von den finsteren Absichten der Königin der Nacht zu überzeugen. Nur wenn Tamino Sarastros Lehren befolge, werde er Pamina erhalten. Tamino erklärt sich einverstanden. Bei der Begegnung mit Pamina verliebt sich auch diese in ihn. Nach diversen Prüfungen bleiben die beiden schließlich vereint.

Aber wenn Sarastro positiv zu sehen ist, warum hält er Sklaven, während die Gefährtinnen der Königin als Damen bezeichnet werden? Warum bedient er sich eines so üblen Dieners wie Monostatos, der diese Sklaven peinigt und in einer Szene beinahe Pamina vergewaltigt? Gerettet wird sie nicht durch Sarastro oder Tamino, sondern von ihrer Mutter. Obwohl Pamina Sarastro bereits darauf hingewiesen hatte, daß Monostatos ihr nachstellte, ließ der anscheinend so Weise und Gütige sie weiterhin in dessen Obhut.

---

110 Eigentlich schade, daß diese am 8. November, also dem 8.11., gefeiert werden und nicht ein Tag vorher.

Warum treibt Sarastro das junge Mädchen fast in den Selbstmord, indem er Tamino ein Schweigegebot auferlegt, jedoch Pamina keine Erklärung gibt? Später macht sie an der Seite Taminos dessen Proben mit, aber ohne zu wissen, um was es eigentlich geht. Scheint es nicht eher so, als stelle Sarastro eine patriarchalisch gewordene Gesellschaft dar, welche die Muttergöttin entmachtete und ihre Tochter zu einem unmündigen Anhängsel degradierte? Sind solche Zusammenhänge nicht wesentlich wichtiger als die müßige Überlegung, ob Mozart durch drei aufeinanderfolgende Takte das Anklopfen des Suchenden an die Türe der Freimaurerloge symbolisieren wollte?

Diese Widersprüche erklärt die Einleitung für die Reclam-Ausgabe des Librettos damit, daß der ursprüngliche Entwurf der Oper anders aussah: die Königin der Nacht sollte die positive Rolle spielen, Sarastro den Bösewicht darstellen. Die Freimaurer hätten eine Umarbeitung nahegelegt, und Mozart habe sich von ihren Idealen begeistern lassen.

Die „Zauberflöte“ entstand 1791, im Todesjahr Mozarts. Dieser war Ende 1784 Freimaurer geworden. Sollte er die ganzen Jahre lang die Ideale der Loge nicht begriffen haben? Genausowenig wie die beiden anderen Freimaurer, die das Libretto erstellten? Denn Emanuel Schikaneder und Karl Ludwig Gieseke gehörten ebenfalls einer Loge an.

Ist es nicht wesentlich wahrscheinlicher, daß Mozart die freimaurerische Symbolik sehr wohl verstanden hatte und auch musikalisch umsetzte? Daß die Freimaurer ihn baten, von diesem Ansinnen abzusehen? Daß daraufhin die bereits sehr weit fortgeschrittene Oper in ihr Gegenteil umfunktioniert wurde, wie an einigen Zäsuren deutlich erkennbar? Es ist schließlich die Zauberflöte, ein Geschenk der Königin der Nacht, welche Tamino und Pamina die Proben bestehen läßt.

Die Königin der Nacht ist keine finstere Gestalt, sie wird im Gegenteil als sternflammend beschrieben. Es fehlt ihr nur mehr der Sonnenkreis, den ihr Gatte dem Sarastro übergeben hat, um strahlend zu werden. Die Vereinigung von Nacht und Sonne, Schwarz und Weiß, ist nichts anderes als die Überwindung des Dualismus.

Und ein Hinweis auf das Schachspiel, in dem ebenfalls eine Königin vorkommt - die mobilste Figur. Sie kann sich eine beliebige Anzahl von Feldern waagrecht, senkrecht und diagonal fortbewegen, vorwärts und rückwärts. Verglichen mit dem König ist die Königin absolut dominierend. Sogar die französische Bezeichnung für das Schachbrett, „damier“, leitet sich von „dame“ ab.

Was also hat der schwarzweiße Mosaik-Boden des Schachspiels in den dem Vernehmen nach männlich orientierten Freimaurerlogen verloren? Könnte die Königin der Nacht die Witwe sein, als deren Söhne sich die Freimaurer bezeichnen?

Gleichzeitig scheint die sternflammende Königin eine Anspielung auf das sternenübersäte Firmament der Loge zu sein. Im Ritual wird jedoch ausdrücklich von sieben Sternen gesprochen, der Anzahl der Sterne des Großen Bären - und der wichtigsten Kanareninseln. Dieser Große Bär ist jedoch in Wirklichkeit eine Bärin, Kallisto. - Deren Sohn, der Kleine Bär, zudem im Französischen ebenfalls weiblich ist.

Nicht einmal der zum Kleinen Bären gehörende Polarstern selbst ist ohne weibliche Assoziationen. Denn der französische Null-Meridian wird in St.-Sulpice durch ein Band aus Kupfer dargestellt: dem Metall der Venus. Diese Anspielung auf die Venus verstärkt Chérisey durch den Hinweis, daß während der Tag- und Nachtgleiche eine kupferne Tafel mit Essig begossen wurde: wenn dann die Sonne den Essig verdunstete, stieg ein *grünlicher* Schimmer auf: die Farbe der Venus.

Der definitive Beweis für die Anwesenheit der Venus auch in den Logen ist jedoch das Ritual selbst: bei der Erhebung eines Kandidaten in den Meistergrad wird die Loge verdunkelt: es brennt nur ein einsames Licht im Osten. Einige Seiten später wird der Morgenstern wörtlich erwähnt. Die beiden Hauptsäulen einer Freimaurerloge sind von einem Kapitell aus Granatäpfeln gekrönt. Die Vielzahl der Kerne erhob den Granatapfel schon im Altertum zu einem Sinnbild der Fruchtbarkeit. Das ist jedoch nicht seine einzige Bedeutung. Gérard de Sède weist in einem völlig nebensächlichen Zusammenhang darauf hin, daß der wissenschaftliche Name des Granatapfels „punica granatum" lautet.[111] Anscheinend sind auch die Freimaurer bereits vor langem auf die Bedeutung der „punischen" Sprache aufmerksam geworden.

De Sède bespricht die Geschichte des Freimaurertums im Languedoc. Louis Vazart erwähnt die Freimaurer nicht namentlich, greift aber auf ihre Symbolik zurück, wenn er während des Ausbaus der Kellergewölbe der Ausstellung von Stenay ein Praktikum der Steinmetzkunst unter Anleitung eines Meisters anbietet. Die Bilder seines Faltblattes zeigen einen rohen Stein, der behauen wird, um dann als letzter Stein in einen Bogen eingesetzt zu werden. Sogar die Regionalzeitung „L'Est Républicain" verwendet in einem Artikel über diese Aktivitäten die Ausdrücke Initiation beziehungsweise initiieren. In einem anderen Artikel, ebenfalls im Zusammenhang mit den Arbeiten in diesem Kellergewölbe, verweist die Zeitung auf die Bedeutung von Winkel und Zirkel, Symbole nicht nur der operativen, sondern auch der spekulativen Freimaurer.

Warum betont de Sède die Bedeutung des heraldischen „chevron"? Was ist das freimaurerische Winkelmaß anderes als ein „chevron", bisweilen sogar noch verstärkt, indem ein geöffneter Zirkel darübergelegt wird?

Auch der Apostel Thomas wird oft mit einem Winkelmaß dargestellt. Unter dem Vorwand, ein großer Baumeister zu sein, soll er sich am indischen Königshof Einlaß verschafft haben. Anstatt jedoch den versprochenen herrlichen Palast zu errichten, verteilte Thomas den königlichen Schatz unter den Armen. Noch heute berufen sich die indischen Christen darauf, daß ihre Kirche vom heiligen Thomas gegründet worden sei. Ursprünglich wurde er am 21. Dezember, dem kürzesten Tag des Jahres, gefeiert. 1969 verlegte die Kirche sein Fest auf den 3. Juli.

Die Attribute des Baumeisters veranlaßte die Loge von Kilwinning, die älteste und prestigeträchtigste von ganz Schottland, den heiligen Thomas als speziellen Patron der Freimaurer zu betrachten. Alljährlich werden am oder um den 21. Dezember die Würdenträger eingesetzt.

Vielleicht erklärt das, warum Pierre Plantard, der den Beinamen St.-Clair führt, die französische Form des schottischen Sinclair, seinen Sohn auf den sehr unfranzösischen Namen Thomas taufen ließ.

Die Steinmetzzünfte hatten noch weitere Schutzheilige, die mit unserem Thema in Verbindung stehen. Dazu gehört neben dem heiligen Blasius - auf den wir gleich zurück-

---

[111] Er bringt diese Erwähnung im Zusammenhang mit dem Baluster, welcher als eines der möglichen Verstecke für Saunières Dokumente gilt. Das griechische Wort „balaustrion" würde ebenfalls den Granatapfel bezeichnen.

kommen - auch der heilige Reinhold, der Schirmherr der Stadt Dortmund. Er soll am Bau des Kölner Doms mitgewirkt haben. Aufgrund seines Fleißes und seiner Begabung wurde er schon bald zum Aufseher der Steinmetze ernannt. Da er immer wieder versuchte, seine Kollegen von ihren unchristlichen Sitten abzubringen und diese das Beispiel des frommen Reinhold nicht mehr länger vor Augen haben wollten, erschlugen sie ihn schließlich.

Dieser Mord erinnert unwillkürlich an den dritten Grad der Freimaurer, der die Ermordung von Salomons Architekt Hiram Abiff schildert. Schon diese Komponente würde ausreichen, diesen Reinhold mit unserer Geschichte in Verbindung zu bringen. Aber das ist noch nicht alles. Er ist nämlich identisch mit unserem Renaud de Montauban, den tapfersten der Haimonssöhne, den Reiter Bayards, gefeiert ausgerechnet am 7.1.

Die Symbolik der Freimaurer basiert auf der These, daß sich die Essenz des allmächtigen Gottes am ehesten noch in Zahlen fassen lasse. Die Kathedralen seien steingewordene Geometrie, Sinnbild für die Harmonie im Universum. So darf es nicht verwundern, daß auch die abstrahierte Geometrie in den Werken der Prieuré auftaucht: das goldene Dreieck und die drei Augen Leblancs, das Pentagramm der Venus am Himmel, das Sechseck der Bienenwabe und der sechszackige Stern auf „Circuit"[112]. Und da das „magische Dreieck" der Geographie Frankreichs[113] immer wieder andere Eckpunkte annimmt, fragt man sich unwillkürlich, ob es nicht in erster Linie auf das Symbol des Dreiecks an sich ankommt.

Die von der Prieuré vertretene dualistische These, daß Schwarz und Weiß untrennbar miteinander verbunden sind, illustrieren die Freimaurer nicht nur durch ihren Mosaikteppich, sondern auch durch einen merkwürdigen Sinnspruch: Das Licht der Freimaurer ist die sichtbar gemachte Dunkelheit. Nicht umsonst werden dem Kandidaten bei der Einweihung die Augen verbunden: er muß erkennen, daß ihn Dunkelheit umgibt.

In „Les Templiers sont parmi nous" berichtet Gérard de Sède, daß Robert de Bellême, der Erbauer der Festung Gisors, vom englischen König Heinrich I.[114] geblendet worden sei: mittels eines Schwertes, das bis zur Weißglut erhitzt wurde und dann an den Augen vorbeigeführt wurde. Lesern mit einer Vorliebe für Abenteuergeschichten wird diese Methode bekannt vorkommen: so sollte auch Michael Strogoff, der Kurier des Zaren in Jules Vernes gleichnamigem Roman, geblendet werden. Ein derartiges Ritual findet heute noch bei den Freimaurern während der Einweihungszeremonie statt.

Natürlich handelt es sich dabei nicht um ein glühendes Schwert, sondern um ein Schwert, das schlangenlinienartig geformt ist. Der Initiand muß äußerlich, für die Welt, blind werden, um das innere Licht zu erfahren. Das erklärt, warum die bekanntesten Seher und Propheten in den Sagen des klassischen Altertums blind waren. Noch die christliche Überlieferung ließ den heiligen Paulus erblinden, um die innere Einsicht zu finden. Die symbolische Blendung der beiden Augen soll das sogenannte „dritte Auge" öffnen.

[112] Auf dem Deckblatt, auf das wir in Kürze zurückkommen.

[113] Diese „magischen Dreiecke" gehören zu den Versuchen, bestimmte Orte auf der französischen Landkarte mit Linien zu verbinden und daraus tiefgreifende Schlüsse zu ziehen.

[114] Zu seinen Lebzeiten (1069 - 1135) gehörte die Normandie und damit auch Gisors zu England - beziehungsweise England zur Normandie: der normannische Herzog Wilhelm der Eroberer hatte 1066 die Insel erobert.

Der Weg nach Antwerpen

Eine der wichtigsten Schlußfolgerungen aus dem „Bergère"-Text war, daß Poussin und Teniers ihren Schlüssel behalten können, weil er nicht mehr benötigt wird. Die Frage, warum die beiden Maler dann an so prominenter Stelle auftauchen, haben wir offengelassen. Auf diese Frage wollen wir nun eingehen.

Erwähnt haben wir bereits, daß in Shugborough Hall eine Bas-Relief-Kopie der „Schäfer von Arkadien" existiert, unter der nicht nur die Buchstaben „DM" stehen, sondern die auch seitenverkehrt ist und damit das wichtigste Thema der Prieuré symbolisiert: die Inversion. Ironischerweise enthält der Name Poussin zudem die Buchstaben P SION.

Und was ist mit Teniers, genauer: David Teniers dem Jüngeren? Die einzige Gemeinsamkeit mit Poussin ist, daß beide im 17. Jahrhundert lebten. Es gibt keinen Hinweis darauf, daß sie einander kannten oder Einfluß aufeinander ausübten.

Teniers verdanken wir unter anderem ein Bild über die Versuchung des heiligen Antonius in der Wüste. Michel Lamy ist sogar der Meinung, daß Saunière eine Kopie genau dieses Gemäldes in Paris kaufte. Aber noch interessanter ist sein Hinweis, es gebe in Kanada eine *spiegelverkehrte* Version dieses Gemäldes. Wo diese zu besichtigen ist und wem er seinen Hinweis verdankt, sagt Lamy nicht. Allerdings gibt er zu, daß es Philippe de Chérisey war, der ihn überhaupt dazu veranlaßte, diese Zusammenhänge zu untersuchen. Wir können es daher erraten.

Bereits der Geburtsort Teniers dürfte für die Prieuré bedeutsam sein: Antwerpen. Denn Louis Vazart hebt hervor, daß die Festung von Antwerpen nach den gleichen Plänen wie die von Stenay erbaut wurde. Antwerpen hat jedoch, wie die meisten großen Städte in Belgien, zwei Bezeichnungen, eine flämische und eine wallonische, also französische. Im französischen Sprachraum heißt dieser Hafen Anvers.

Aber „Anvers" klingt gleich wie „envers", umgekehrt. In der bekanntesten Strophe des Liedes vom guten König Dagobert zieht dieser seine Unterhosen verkehrt herum an: „à l'envers". In einer anderen Strophe hält er in der Ebene von Anvers eine Jagd ab, aber unter *umgekehrten* Vorzeichen: ein Hase jagt ihn. Und das Kapitel, dem Chérisey diese Strophe voranstellt, spielt in Antwerpen. Mehr noch, Chérisey verbindet die beiden Ausdrükke, indem er vom „envers du quai d'Anvers", der Rückseite des Kais von Antwerpen, spricht. Hier kann es sich beim besten Willen nicht mehr um einen Zufall handeln.

Nur scheint sogar dieser Zufall der Prieuré in die Hände zu spielen. Das Tier, mit dem der gute König Dagobert in der Ebene von Antwerpen zu tun hat, ist ein Hase. Ein solcher erscheint auch auf einem berühmten Gemälde van Dycks[115]: „Christus mit dem Hasen". Es handelt sich um eine Darstellung des toten Christus in den Armen seiner Mutter. Das Original dieses Gemäldes hängt ausgerechnet im „Musée des Beaux Arts" von Antwerpen.

Damit nicht genug: Paul-Urban de Fleury, ein Nachkomme der Marquise von Hautpoul, habe der Kirche von Rennes-les-Bains eine Kopie dieses Gemäldes gestiftet. Diese Kopie soll die gleichen Eigenschaften wie das Poussin-Relief von Shugborough aufweisen: sie sei leicht abgewandelt - und spiegelverkehrt: à l'envers!

---

[115] Anton van Dyck (1599 - 1641), flämischer Maler - geboren in Antwerpen.

Daß die Darstellung einer Mutter mit ihrem toten Sohn schon lange vor dem Jahre Null gebräuchlich war, haben wir bereits anhand der sardischen „Bronzetti“ demonstriert. Durch den Hasen verliert sie noch mehr an Orthodoxie. Er spielt nicht nur in chinesischen, indischen und indianischen Überlieferungen eine Rolle. Speziell in den nördlichen Ländern stellt er aufgrund seiner Fruchtbarkeit eines der Symbole des Korngottes dar. Bis heute hat sich der Volksglaube noch in Gestalt des Osterhasen erhalten. Wobei es jedoch ausschließlich die Phantasie des Betrachters ist, welche diese Verbindung zwischen dem toten Jesus, der Auferstehung und den alten Mythen herstellt. Der Name des Bildes ist irreführend: es ist lediglich das Knie Jesu, das durch geschickte Ausnützung von Licht und Schatten an einen Hasenkopf erinnert.

Es gibt neben Poussin noch einen weiteren Maler, der mit unserem Thema zu tun hat und dessen Name die Buchstaben SION enthält: E. M. Signol[116]. Louis Vazart machte sein Portait Dagoberts II. zum Deckblatt seiner Biographie dieses Königs. Die Prieuré assoziiert seine Initialen beziehungsweise zwei seiner Gemälde in St.-Sulpice mit den Codewörtern EPEE und MORT des „Bergère“-Textes. Auf einem davon hat er das „N“ in seinem Namen spiegelverkehrt dargestellt.

Judas und das Schwert

Natürlich lautet die offizielle Bezeichnung dieser beiden Bilder nicht MORT und EPEE. Aber der Zusammenhang zwischen dem toten Jesus am Kreuz und MORT, dem Tod, ist offensichtlicher als der zwischen seiner Gefangennahme im Garten Gethsemane und EPEE, dem Schwert. Dieses Schwert wird von einem Jünger Jesu gegen den Diener des Hohepriesters erhoben. Der eigentliche Titel des Bildes lautet jedoch „Der Verrat des Judas“.

Die Rolle des Judas in den Evangelien ist eine seltsame. Wir sind von Kindesbeinen an daran gewöhnt worden, in ihm den Erzbösewicht zu sehen, der für eine Handvoll Silberlinge seinen Meister und Freund, den Sohn Gottes, seinen Verfolgern ausliefert.

Versuchen wir doch einmal, die entsprechenden Stellen in den Evangelien ohne jede Voreingenommenheit zu lesen. Auf die Ankündigung Jesu, einer seiner Jünger werde ihn verraten, ruft jeder entsetzt: „Doch nicht etwa ich?“ (Mt 26/22, Mk 14/19). Wenn der Verrat eine freie Entscheidung des Judas war, ergibt diese Frage keinerlei Sinn. Es sieht eher so aus, als fände eine Art Auslosung statt (Mt 26/23, Mk 14/20), die in einem direkten Auftrag an Judas endet (Mt 26/25, Joh 13/27).

Es leuchtet auch nicht ein, warum er im Garten Gethsemane durch den berüchtigten Judaskuß den Verfolgern Jesus offenbaren mußte (Mt 26/48, Mk 14/44). Wo doch die Bediensteten im Vorhof des Hohepriesters sogar seinen Jünger Petrus nachts bei schlechter Beleuchtung erkannten (Mt 26/69-73, Mk 14/66-70, Lk 22/56-59, Joh 18/25-26)!

Eine halboffizielle Begründung lautet, der Apostel Thomas habe Jesus zum Verwechseln ähnlich gesehen. Aber sie wird nur ungern vorgebracht, schließlich heißt Thomas auch Didymos, der Zwilling, und Jesus mußte ja ein Einzelkind bleiben - trotz der eindeu-

[116] Dieser Maler ist so unbekannt, daß gängige Handlexika ihn nicht erwähnen. Ein Beweis dafür, daß es der Prieuré bei seiner Hervorhebung nicht auf seine künstlerischen Fähigkeiten ankommt.

tigen Aussagen im Neuen Testament, daß er Brüder und Schwestern besaß (Mk 3/31-35 und 6/3, Mt 12/46 und 13/55, Lk 8/19, Joh 2/12 und 7/3, Apg 1/14, 1 Kor 9/5, Gal 1/19).

Was immer Judas tat: das Johannesevangelium bestätigt, daß es auf den ausdrücklichen Wunsch Jesu geschah (Joh 16/7), daß es geschehen mußte, um die Schriften zu erfüllen (Joh 17/12). Und daß Jesus Judas erwählt hatte (Joh 15/16). Aber Judas erfüllt seine Rolle ungern, und er kann mit der Schuld nicht leben. Ganz im Gegensatz zu Petrus, der ebenfalls seinen Herrn verriet (Mt 26/69-74, Lk 22/56-61) - kurz nachdem er ihm beteuert hatte, er würde sein Leben für ihn geben (Mt 26/33-35, Lk 22/33).

Allerdings sind sich die vier Evangelisten einig, daß Judas schon vor dem Abendmahl den Verrat geplant hatte (Mt 26/14, Mk 14/10, Lk 22/3, Joh 13/2). Nur läßt gerade diese sehr seltene Übereinstimmung den Verdacht zu, daß diese Stellen nachträglich eingefügt wurden, um die Kirchenlehre nicht in Konflikte zu bringen. Auf der einen Seite bleibt so das Konzept des freien Willens erhalten. Auf der anderen entschuldigen sie die Haltung Jesu, der zusah, wie sein Jünger sich schuldig machte.

Nicht nur Jesus liebte Gleichnisse, auch die Lehren der Sufis sind teilweise so überliefert. Dazu gehört die Geschichte über einen Sufi, der von einem Beduinenstamm unschuldig als Spion hingerichtet werden sollte. Der Sufi zog auf diese Ankündigung hin sein Schwert und gab an, er werde den nächstbesten unter seinen Gegnern töten, um ihnen ein Motiv für die Blutrache zu geben. Er wolle verhindern, daß ihre Ehre durch das Blut eines Unschuldigen besudelt werde. Der Sufi hielt es für die Pflicht eines Lehrers, andere Menschen davon abzuhalten, sich in Schuld zu verstricken.

Die Gralsgeschichte von Robert de Boron beschreibt eine frühe Version der „Tafelrunde" zur Zeit Josephs von Arimathäa. Ein Platz bleibt dort frei. Niemand darf sich auf ihm niederlassen, bis die Zeit erfüllt ist. Dieser „siège périlleux", der gefährliche Sitz, der in anderen Versionen der Gralslegende dem wahrhaft heiligmäßigen Gralsritter Galahad vorbehalten ist, der sogar aufschreit, als sich der edle Parzival auf ihm niederlassen will, gehörte bei Boron ausgerechnet dem „Verräter" Judas.

Wenn der Kreuzestod Christi für das Menschengeschlecht notwendig war, wie die Kirche lehrt, dann hat Judas an der Erlösung mitgewirkt - und die Menschheit sollte ihm eigentlich dankbar sein. So dachten bereits die Kainiten[117], eine frühchristliche Sekte. Nicht umsonst gingen auch mittelalterliche Theologen, unter anderem der heilige Bernhard von Clairvaux, davon aus, daß der Traum, mit dem die Frau des Pilatus diesen vor der Hinrichtung eines Gerechten warnen wollte (Mt 27/19), eine Einflüsterung des Teufels war: dieser wollte mit aller Gewalt die Erlösung verhindern. Was für Pilatus recht ist, sollte für den armen Judas billig sein.

Selbstverständlich ist das Signol-Gemälde „Der Verrat des Judas" nicht der einzige Hinweis, daß die Prieuré de Sion diesen rehabilitieren möchte. Wir haben bereits erwähnt, daß sie Victor Hugo zu ihrem Großmeister macht. Auch wissen wir, welches Stück für sie am wichtigsten ist: „La Fin de Satan". Und dort läßt Hugo Jesus wörtlich sagen, Judas *müsse* ihn verkaufen. Sein Tod sei unausweichlich, um Verzeihung für *alle* zu erlangen.

---

117 Sie leiten ihren Namen vom biblischen Kain ab, dessen Opfer Gott zurückwies, während er das Opfer von Kains Bruder Abel annahm (Gen 4/3-5). Die Kainiten empfinden dies Kain gegenüber als Ungerechtigkeit.

Das schließt Judas ein. Um selbst erlöst zu werden, ist dieser also gezwungen, Jesus zu verraten. Und er tut es. Hugo scheint Mitleid mit seinem Dilemma zu haben.

Einer Legende nach schrumpfte der Baum des Kreuzes aus Scham zur Mistel. Trotz dieser negativen Assoziation gilt die Mistel von alters her als Glücksbringer. Bei Victor Hugo besteht das Kreuz Christi aus dem Holz der Keule, mit der einst Kain seinen Bruder Abel erschlug. Eine andere Legende führt es auf ein Samenkorn des paradiesischen Lebensbaumes zurück, das Seth aus dem Paradies geholt hatte. Dem biblische Seth begegnen wir sogar bei Abbé Boudet. Er zitiert die Stelle der Genesis, in der Eva erklärt, Gott habe ihr diesen weiteren Sohn als Ersatz für den getöteten Abel geschenkt (Gen 4/25).

Roger Facon liefert in seinem Buch über das Rätsel von Rennes-le-Château eine andere Lesart. Einer alten Chronik zufolge habe ein Mann namens Arnaud Guillaume ein Grimoire besessen, ein Buch mit Zauberformeln, das er „Smagorad" nannte. Dieses Buch habe Gott selbst einst Adam übergeben, um ihn über die Ermordung seines Sohnes Abel hinwegzutrösten. Smagorad erinnert lautlich sehr an Smaragd. Der Überlieferung nach ist der Heilige Gral jedoch nichts anderes als der Smaragd aus der Krone Luzifers, aus dem später der Kelch des Letzten Abendmahls geschliffen wurde. Daß Grün in der Alchimie als Farbe der Venus gilt, verstärkt diese Assoziation noch.

Die Quintessenz all dieser Geschichten führt also zu einer ungewöhnlichen Gleichung der Prieuré: die geheime Weisheit, die Erlösung und der Heilige Gral sind untrennbar mit Luzifer, Kain und Judas verbunden. Dahinter steht jedoch das laufend wiederholte Thema: der Dualismus und seine Aufhebung der Gegensätze.

Eine der berühmtesten Abendmahlszenen der Malerei bestätigt diese Theorie. Denn den Mann, dem wir sie verdanken, machte die Prieuré zu ihrem Großmeister: Leonardo da Vinci[118]. Sachverständigen fiel bei der Renovierung des Gemäldes auf, daß Leonardo Jesus und Judas eindeutig ähnliche Züge verliehen hatte. Ihre einzige Erklärung ist, daß er Judas als dunkles Spiegelbild von Jesus sah. Ein Spiegelbild gilt als negativ, weil es seitenverkehrt ist. Nur ist ein Mensch ohne Spiegelbild kein solcher; der Mythologie nach kann man Untote, Vampire, an diesem Mangel erkennen.

Der Überlieferung, Seth habe auf seine Bitte hin vom Wächterengel ein Samenkorn des Lebensbaumes erhalten, stellt Ramón Hervás eine anderslautende ismailitische[119] Legende entgegen. Seth habe das Samenkorn heimlich gestohlen. Diese Version paßt wesentlich besser zur Genesis. Die Wesenheit, die - mit wem auch immer - beratschlagt, ob es nicht besser wäre, die unbotmäßigen Geschöpfe aus dem Paradies zu vertreiben, bevor sie auch noch die Frucht vom Baum des Lebens essen (Gen 3/21-24), gibt den Keim des Lebensbaumes nicht freiwillig preis. So wirkte auch Seth am Erlösungswerk mit. Ganz abgesehen davon, daß er ein Vorfahre Jesu war (Lk 3/38).

---

[118] Leonardo da Vinci (1452 - 1519), Universalgenie: Erfinder, Maler, Architekt. Sein bekanntestes Gemälde ist die Mona Lisa.

[119] Die Lehre der Ismailiten - die sich im übrigen wieder in Untergruppen teilt - stellt eine Nebenströmung der Schiiten dar, diese wiederum eine Nebenströmung des Islam. Das große Schisma des Islam erfolgte schon kurz nach dem Tod Mohammeds, als die Sunniten Mohammeds Schwiegervater Abu Bekr als seinen Nachfolger anerkannten, während die Schiiten einen „Gegenkalifen" in Gestalt von Mohammeds Schwiegersohn Ali postulierten.

Es gibt jedoch noch einen weiteren Seth, in der ägyptischen Überlieferung. Seth zerstückelte seinen Bruder Osiris, aber dessen Gattin Isis sammelte die Körperteile wieder ein und fügte sie zusammen. Osiris wurde dadurch zum Herrn des Totenreiches - und des Weiterlebens nach dem Tod, was er auf gewisse Weise Seth verdankte. Sollte dieser ein Vorläufer des Judas sein?

Zwei Punkte scheinen diese Theorie zu bestätigen. Aus unerklärlichen Gründen gelten beide als rothaarig. Und das Totemtier des Seth, der Esel, fand Eingang in die christliche Überlieferung - von der weihnachtlichen Krippe bis zum Palmsonntag.

Moderne Forscher sind auch nicht mehr unbedingt der Meinung, daß es sich bei der in frühchristlicher Zeit entstandenen Darstellung des Gekreuzigten mit einem Eselskopf, die man auf einer Wand des Palatin in Rom fand, um eine Karikatur handelt.

Daß der Name des Abbé Boudet, welcher den biblischen Seth erwähnt, an das französische Wort „baudet", Eselhengst, erinnert, ist zwar nur ein Zufall, aber ein kurioser. Daß Chérisey in „Circuit" nicht nur das ägyptische Totenbuch und die Pyramiden erwähnt, sondern auch behauptet, auf dem Grab Dagoberts I. in der Kirche St.-Denis befinde sich ein Bild des Osiris, jedoch mit Sicherheit nicht. Seinen Bruder Seth selbst brauchte er gar nicht zu erwähnen. Denn die Ägypter gingen davon aus, daß er in dem Sternbild residiert, das wir heute den Großen Bären nennen - eines der Leitmotive der Prieuré. Seth ist daher für die Prieuré allgegenwärtig.

Das letzte Indiz der Prieuré ist der Grabstein der Marie de Nègre. Denn das tiefgestellte „P" in dem Wort „sept", sieben, verwandelt diese Zahl in den Namen „SET". Der volle Ausdruck lautet jedoch SE(P)T ANS.[120] Und „ans", Jahre, erinnert verdächtig an „âne", den Esel.

Die Suche nach der Mitte

Der Einband von Chériseys Roman sieht wie folgt aus: ein Schwert auf einer Umrißkarte des französischen Hexagons, über das ein sechszackiger Stern gelegt wurde. Und dieses Schwert weist mit der Spitze nach oben: nach Norden. Der Mythos von Rennes-le-Château versandet, ähnlich wie der Fluß Alpheus, um seinen Weg unterirdisch weiterzuverfolgen und im Norden Frankreichs bei der Quelle Arphays, dem Ort der Ermordung König Dagoberts, wieder ans Tageslicht zu treten. Aber der einzige Ortsname, der auf dieser Karte eingezeichnet ist, befindet sich im Mittelpunkt des Hexagons und damit Frankreichs: St.-Ursin. Der Roman erklärt hierzu, es handle sich um eine Seitenkapelle der Kathedrale von Bourges, die dem Missionar dieser Gegend geweiht ist.

Die beinahe mystischen Spekulationen über St.-Ursin, den geographischen Mittelpunkt Frankreichs und des Hexagons entzücken bestimmt diejenigen, welche dieses Hexagon als Davidstern interpretieren und unbedingt eine Verbindung zwischen den jüdischen Gemeinden in Südfrankreich beziehungsweise der Familie von Jesus Christus und den Merowingern ziehen wollen.

Leider ignorieren sie die wichtige Frage, warum diese Karte überhaupt die heutigen Grenzen Frankreichs darstellt. Wenn die Prieuré sich nämlich auf die Merowinger berufen

[120] Das „P" wird auch in „sept" nicht ausgesprochen.

will, muß ihre Geographie anders aussehen. Das ursprüngliche Reich Chlodwigs umfaßte einen halbmondförmigen Bogen von Friesland bis zu den Pyrenäen. Der Languedoc, damals Septimanien, gehörte nicht dazu, die heutige Côte-d'Or und das Rhônetal waren burgundisch, weite Gebiete im heutigen Deutschland hingegen fränkisch. Schon Chlodwig dehnte das fränkische Reich aus, und auch seine Nachfolger eroberten weitere Länder im Osten und Süden. Das Austrien Dagoberts II. erstreckte sich kreuzförmig zwischen der Kanalküste und Thüringen, von Friesland bis ins südliche Elsaß.

Das moderne Frankreich mag seine ideale Form gefunden haben; es besitzt durch den Atlantik im Osten, die Pyrenäen im Süden und die Flüsse Rhein und Rhône im Westen natürliche Grenzen, die es schützen, und die Lage der Hauptstadt Paris ist relativ zentral. Aber diese Grenzen sind neu, wenn man sie mit dem geschichtlichen Anspruch der Prieuré vergleicht. Das weiß auch Chérisey.

Was soll also diese Umkehrung, diese Inversion der Realität? Auf der einen Seite handelt es sich um einen weiteren Verweis auf die Venus. Denn das Hexagramm gilt als Zeichen des Makrokosmos, des Weltalls, und führt uns über die Devise „Wie oben, so unten" zu seinem Gegenstück: dem Mikrokosmos, dargestellt durch ein Pentagramm - das Symbol auch der Venus.

Andererseits gibt uns das Deckblatt über den Anhaltspunkt „Ursin" den Hinweis auf die Kathedrale von Bourges. Dort befindet sich das Grabmal des Herzogs von Berry, in erster Linie durch sein Stundenbuch bekannt, die „Très riches heures". Chérisey interessiert jedoch mehr sein Motto: Oursine le temps viendra - Bärin, die Zeit wird kommen. Ein „oursin" ist ein Seeigel; das Wort hat jedoch mit „ours", dem Bären zu tun, auf Lateinisch „ursus".

Die Prieuré scheint generell das Wortfeld „Bär" zu lieben. In ihren Dossiers werden die sugambrischen[121] Könige „rois Ursus" genannt, Bärenkönige. Und Sigebert VI., der zehnte Graf von Rhedae, ein Nachfahre Dagoberts, wird ausdrücklich als „prince ours", Prinz Bär, bezeichnet. Er habe 881 versucht, die Dynastie der Merowinger zu restaurieren.

Nur taucht das Wort „ours" beziehungsweise diverse Ableitungen genauso unter Umständen auf, welche die Prieuré nicht steuern konnte. Der Name des gralssuchenden König Artus bedeutet nämlich ebenfalls nichts anderes als Bär. Auf Griechisch heißt der Bär „arctos". Von ihm leite sich Arkadien ab, dessen Herrscher Arkas mit seiner Mutter Kallisto als Sternbild des Kleinen und Großen Bären an den Himmel versetzt wurde. Ein Vorgänger des heiligen Sulpicius auf dem Bischofssitz von Bourges, der ausgerechnet den Namen Arcadius trug, wurde zudem in einem Ort namens St.-Ursin verbrannt.

Auf der Ile-de-la-Cité in Paris, wo einst Jacques de Molay, letzter Großmeister der Templer, lebendig verbrannt wurde, gibt es eine Rue des Ursins. Diese kann vermutlich auf die Familie gleichen Namens zurückgeführt werden. Sie stammte aus der Champagne und hatte einige Mitglieder, die sich in Geschichte und Politik ihrer Zeit auszeichneten. Marie-Félice d'Ursins war die Gattin von Henri de Montmorency, welcher als Verbündeter Gastons von Orléans im Jahre 1632 die Revolte des Languedoc gegen König Ludwig XIV. anführte.

---

121 Sugambrer war ein Synonym für die Franken Chlodwigs. So soll der heilige Remigius bei seiner Taufe zu Chlodwig gesagt haben: „Beuge Dein Haupt, stolzer Sugambrer!"

Um 1460 ließ sich Guillaume Juvénal des Ursins porträtieren, von einem Maler namens Jean Fouquet. Wie sein Kollege Poussin, der zweihundert Jahre später in Verbindung mit den Gebrüdern Fouquet stand, hielt sich auch Jean Fouquet längere Zeit in Rom auf. Eines seiner bekanntesten Gemälde, eine Madonna, hängt heute ausgerechnet im Museum von Anvers. Sogar das Bild an sich ist eine Art Inversion. Denn dieser Jungfrau gab Fouquet die Gesichtszüge von Agnes Sorel, der Mätresse Karls VII.[122] Auf sie, die Favoritin und damit heimliche Königin Frankreichs, bezieht Maurice Leblanc den Satz, „Zum Stein lief einst die Königin".

Diese Liste erhebt keinen Anspruch auf Vollständigkeit. Sie ist ein wahlloses Sammelsurium aus Ereignissen und Orten, auf welche die Prieuré anzuspielen scheint. Aber sie ist unbefriedigend, gerade weil sie zu viele Querverweise enthält. Sie erinnert nur zu sehr an die Ornamente von Rennes-le-Château. Kann man den Sachverhalt vereinfachen und konkretisieren?

Die Kapelle St.-Ursin wurde errichtet von einem Kaufmann namens Jacques Coeur[123], der so reich war, daß er zum Gläubiger von König Karl VII. wurde. Coeur bedeutet wörtlich „Herz". Eigentlich wäre es also sehr sinnig, daß die Kapelle St.-Ursin im Zentrum des Hexagons und damit im Herzen des heutigen Frankreich liegt. Das führt uns jedoch zur Frage zurück, wo der eigentliche Mittelpunkt ist. Die Katharerfestung Quéribus weist eine architektonische Besonderheit auf. Die Decke des sogenannten gotischen Saales wird durch einen Pfeiler gestützt, um den sich domförmige Gewölbe anordnen. Da diese Säule jedoch nicht genau in der Mitte steht, wird der Raum unregelmäßig und wirkt dadurch optisch wesentlich größer, als er in Wirklichkeit ist. Andere Bauwerke dieser Art beweisen, daß es sich nicht um eine Fehlberechnung des mittelalterlichen Architekten, sondern einen technischen Kniff handelte.

Im dreizehnten Kapitel von „Circuit" zitiert Chérisey einige Takte aus einem schottischen Lied, das er dem Jules-Verne-Roman „Les Indes Noires" entnommen hat. Allerdings schafft er es, in diese vier Zeilen zwei Abweichungen einzubauen. Vernes Protagonist besingt die Seen seiner Schottischen Heimat, welche seine *Augen* nie vergessen werden. Bei Chérisey sind es die *Herzen*, die nicht vergessen. Und kurz bevor dieses Lied angestimmt wird, dreht sich die Unterhaltung bei Verne ausgerechnet um die Chiffrierung der Sprache. Chérisey läßt das Lied von Roseline singen - die eigentlich tot sein müßte und durch ihr Auftauchen Charlot nicht wenig erschreckt. Danach zückt sie ein schwarzes Taschentuch mit weißem Rand und gibt ihre Absicht kund, eine Totenmesse für die Lebenden zu lesen: die Inversion total.

Aber warum hebt die Prieuré die Bedeutung des Herzens gegenüber dem Auge hervor? Denn um einen Flüchtigkeitsfehler handelt es sich nicht. Diese beiden Worte fallen vor und nach dem Lied unverhältnismäßig oft. Um die Frage zu beantworten, müssen wir mehrere Elemente berücksichtigen: erstens, daß Chérisey eine Verbindung zwischen dem Teufel von Stenay und dem von Rennes-le-Château sieht, zweitens, daß Gérard de Sède aufgrund des Zusammenhangs zwischen Sathanacum und Stenay einerseits und der flam-

[122] Karl VII. (1403 - 1461), wurde 1422 dank der Unterstützung von Jeanne d'Arc, genannt die Jungfrau von Orléans, König von Frankreich.

[123] Jacques Coeur (1395 - 1456), fabelhaft reicher Kaufmann, von dem man natürlich prompt annahm, daß er Alchimist war und heimlich Gold herstellte.

menden Göttin Arduenna andererseits die Stadt wörtlich als den Teufel im Herzen der Hölle bezeichnet, drittens, daß sowohl de Sède als auch Chérisey ausdrücklich konstatieren, es gebe immer wieder Schatzsucher, welche dem Asmodäus von Rennes-le-Château ein Auge herausreißen, weil sie wissen wollen, was sich dahinter verbirgt.

Die Prieuré sagt also nichts anderes, als daß sich das Auge des Teufels in Rennes-le-Château befindet, sein Herz hingegen in Stenay. Aber in einem Zitat ersetzt sie „Augen" durch „Herzen": das Herz hat also Vorrang.

Letztendlich stellt diese Passage einen weiteren Hinweis auf die Lage des Schatzes dar. Denn wie sagt das Lukasevangelium? Dort, wo der Schatz eines Menschen ist, dort ist auch sein Herz (Lk 12/34).

Doppelgänger

Die meisten Bücher werden heute mit Hilfe eines computerunterstützten Textverarbeitungssystems geschrieben. Man sagt, Umberto Eco habe bei der Abfassung von „Das Foucaultsche Pendel" noch weitere Funktionen seines Computers genutzt und sich von diesem Analogien aufzeigen lassen. Auch im Roman selbst spielt ein Computer eine wichtige Rolle. Die Protagonisten haben ihm sogar einen Namen verliehen und setzen ihn unter anderem ein, um nach dem „Randomizing"-Prinzip die einzelnen Sätze eines beliebig zusammengewürfelten Textes willkürlich umzustellen.

Ihr Ausgangspunkt ist die These, daß nicht nur alle Ereignisse der Vergangenheit und Gegenwart miteinander in Beziehung stehen, sondern auch die alltäglichsten Dinge tiefe esoterische Bedeutung haben, von der Bedienungsanleitung einer Waschmaschine bis zur technischen Beschreibung eines Autos. Aus diesem Grund sei es gleichgültig, ob die dem Computer eingegebenen Sätze aus einem Buch über die Templer, einem Kinderreim oder einer Comics-Geschichte stammen. Das Ergebnis, die Aussage, muß immer ähnlich sein. Durch die neue Kombination scheint sich der Text mit einer tiefen Symbolik zu füllen. Es eröffnen sich ihnen Querverbindungen, die vorher nicht sichtbar waren.

Die Theorie, daß zwischen manchen Personen oder Geschehnissen unsichtbare Schicksalsfäden geknüpft sind, ist nicht neu. Schon zahlreiche Forscher sind auf die merkwürdigen Übereinstimmungen im Lebenslauf der amerikanischen Präsidenten John F. Kennedy und Abraham Lincoln eingegangen. Außer der Tatsache, daß sie beide Opfer eines Attentats wurden, gibt es noch weitere Gemeinsamkeiten, die fast gespenstisch anmuten. Kennedy trat sein Amt exakt einhundert Jahre nach Lincoln an, im Jahre 1960, und beide Mörder wurden im Abstand von genau hundert Jahren geboren, 1839 beziehungsweise 1939. Das gleiche gilt für die jeweiligen Vizepräsidenten. Sie wurden 1808 beziehungsweise 1908 geboren und trugen zudem noch den gleichen Namen: Johnson. Bei den Sekretären waren die Namen umgekehrt: Lincolns Sekretär hieß Kennedy, Kennedys Sekretär Lincoln. Beide Präsidenten wurden an einem Freitag erschossen, und in beiden Fällen war die Ehefrau Zeugin der Ermordung.

Bei Lincoln und Kennedy handelt es sich um Staatsmänner an der Spitze einer mächtigen Nation, deren tragisches Ende solche Untersuchungen herausfordert. Das schließt jedoch nicht aus, daß sich auch im täglichen Leben jedes einzelnen ähnliche Übereinstimmungen finden. Schon Bergerac nimmt die Erkenntnisse der modernen Zwillingsforschung vorweg: daß eineiige Zwillinge, die aus irgendwelchen Gründen nach der Geburt getrennt werden, dennoch einen fast identischen Lebenslauf aufweisen. Sie schlagen eine ähnliche berufliche Laufbahn ein, heiraten zum gleichen Zeitpunkt, machen parallel bestimmte Krisen und Krankheiten durch und sterben kurz nacheinander, so wie sie einst gemeinsam geboren wurden.

„Das Foucaultschen Pendel“ streift neben der Geschichte diverser Geheimgesellschaften selbstverständlich auch die Affäre Rennes-le-Château. Und wenn man diese untersucht, so muß man feststellen, daß sich die Theorie von Umberto Ecos drei Literaten zu bestätigen scheint, und zwar auf verschiedenen Ebenen. Daten und Namen wiederholen oder überschneiden sich; Querverbindungen erlauben es, ein ganzes Netz von Koinzidenzen zu ziehen.

Es genügt, die Kirche von Rennes-le-Château zu betreten, um eine ausgesprochene Tendenz zur Verdoppelung festzustellen. Verschiedene der Heiligenfiguren tauchen paarweise oder zu mehreren auf. Daß Maria Magdalena, die Patronin der Kirche, in verschiedenen Posen abgebildet wird, ist zu verstehen. Aber es existieren auch zwei Jesusknaben, die in den Armen der Jungfrau Maria beziehungsweise des heiligen Joseph rechts und links des Altars stehen. Es gibt zwei Antoniusfiguren, den von Padua und den Eremiten. Wieviel der Prieuré an diesem Verdoppelungseffekt liegt, ersieht man daran, daß sie zwei weitere in Rennes-le-Château vertretene Heilige zu Partnern macht beziehungsweise mit Antonius dem Eremiten verbindet, indem sie wider besseres Wissen behauptet, ihr Namenstag werde am 17. Januar gefeiert: Rochus und Germana.

Es sieht sogar so aus, als hätten manche Personen, die mit Stenay oder Rennes-le-Château zu tun haben, einen Zwilling in der jeweils anderen Stadt oder in einem früheren Jahrhundert. Bei Antoine Captier, der mit seiner Ehefrau Claire Corbu die Hinterlassenschaft des Abbé Saunière auswertete, handelt es sich um einen Nachfahren des gleichnamigen Sakristans unter Saunière. Daran ist nichts Außergewöhnliches. Aber schon vorher war ein Captier in die Affäre Rennes-le-Château verwickelt: der Notar, dem laut René Descadeillas im Jahre 1695 das Testament des Henri d'Hautpoul anvertraut wurde.

Daß in Rennes-le-Château nacheinander zwei Priester mit Namen Bigou amtierten, hat nichts zu bedeuten. Genausowenig, daß es zur gleichen Zeit in nächster Umgebung einen dritten Priester dieses Namens gab. Vermutlich gehörten sie tatsächlich der gleichen Familie an. Interessant hingegen ist, daß der Pfarrer von Rennes-le-Château, der am 6. Mai 1694 das erste Blatt des noch erhaltenen Kirchenregisters ausfüllte, J. Béranger hieß und damit als Nachnamen Saunières Vornamen trug. Als Saunière bei seinem Bischof in Ungnade fiel, beorderte dieser einen gewissen Abbé Marty nach Rennes-le-Château, der Saunière ersetzen sollte. Lange Zeit vorher hatte es in dieser Gegend, weniger als vierzig Kilometer Luftlinie von Rennes-le-Château entfernt, schon einmal einen Geistlichen dieses Namens gegeben: zu den Katharern, welche nach der Übergabe des Montségur verbrannt wurden, gehörte ihr Bischof Bertrand Marty!

Und der Pfarrer von Espéraza, der seinem Amtsbruder Saunière am 22. Januar 1917 die letzte Ölung gegeben haben soll beziehungsweise laut anderen Autoren deren Erteilung verweigerte, hieß Jean Rivière. 1983 brachte Jacques Rivière ein Buch über den Schatz von Rennes-le-Château heraus. Hier stimmen sogar die Initialen überein. Ein weiterer zeitgenössischer Autor namens Patrick Rivière verfaßte neben diversen Bücher über die Templer, den Gral und die Alchimie auch das Vorwort für Yves Lierres Buch über Rennes-le-Château. Und Serge Hutin, von dem die Einleitung zu Louis Vazarts „Dagobert II“ stammt, erwähnt in seinem eigenen Buch „Gouvernants invisibles“, die unsichtbaren Machthaber, den Esoteriker Jean-Marquès Rivière.

Am 27. Oktober 1973 gab der Abbé Vigneron, Pfarrer von Stenay, bei der Druckerei A. Charlot eine kurzgefaßte Geschichte der Stadt in Auftrag. Dieses Blatt wurde noch Anfang der neunziger Jahre in der „Salle St. Dagobert“, die den Merowingern gewidmete ständige Ausstellung von Stenay, verteilt. Louis Vazart, auf dessen Initiative diese Gründung zurückzuführen ist, veröffentlichte in seinem Buch über Dagobert II. als Faksimile eine aus dem Jahre 1702 stammende Biographie des heiligen Königs. Und einer der Verleger dieser Biographie hieß erstaunlicherweise ausgerechnet - Charlot! Genau diesen Namen trug auch der jugendliche Held von Bergeracs Stück „Le pédant joué“. Chérisey brauchte nur noch dem Protagonisten von „Circuit“ diesen Namen zu verleihen, um die Verbindung herzustellen.

Der Autor dieser alten Biographie Dagoberts II. war ein Kleriker, der den Namen Vincent trug. So hießen jedoch noch weitere Teilnehmer dieses merkwürdigen Reigens um die alten Merowinger. Der bekannteste unter ihnen ist Vincent de Paul. Aber Vincent war auch der Ordensname des heiligen Madelgaire, dessen Gemahlin Waudrue oder Valtrude die Klostergemeinschaft gründete, welcher später das Reliquienhaupt des heiligen Dagobert anvertraut wurde. Und wenn man die dem heiligen Vincent geweihte Kirche in Carcassonne mit der Kirche St.-Germain-des-Prés von Paris verbindet, erhält man die Linie des französischen Null-Meridians. Interessant wird diese nüchterne Tatsache dadurch, daß St.-Germain früher ebenfalls dem heiligen Vincent geweiht war.

Patrick Ferté erwähnt die sogenannte Affäre Péchiney, in die ein gewisser Roger-Patrice Pelat verwickelt war. Pierre Plantard habe nach Pelats Tod angegeben, dieser sei eine Zeitlang Großmeister der Prieuré gewesen. Ferté fiel auf, daß die Anklage gegen Pelat auf „délit d'initié“ lautete. Darunter versteht man das verbotene Verschieben von Aktienpaketen aufgrund von Insider-Informationen. Zum Vertuschen dieser Aktivitäten hatte man die Firma „Triangle“ gegründet. Ein „initié“ ist jedoch auch ein Eingeweihter, den Namen der Pseudo-Firma bringt Ferté daher mit Leblancs Buch „Le triangle d'or“ in Verbindung. Ferté hält die Methode, wie Pierre Plantard es schaffte, sich durch Berufung auf Pelat diesen Hintergrund anzueignen, für Machiavellismus.

Chérisey weist in „Circuit“ ebenfalls auf „Le triangle d'or“ hin. Aber warum kommt er daneben mehrmals auf ein Haus zurück, das den englischen Namen „Building Triangular“ trägt, also die klassische Geschäftssprache mit einem „Triangle“ verbindet? Die Affäre Péchiney spielte sich fast zwanzig Jahre nach der Abfassung von „Circuit“ und einige Jahre nach dem Tod Chériseys ab.

Chérisey starb im Jahre 1985, nicht am 17. Januar, das wäre zuviel der Übereinstimmung, aber am 17. Juli, also am 17.7. Aber im Jahre 1967 behauptet de Sède in „L'or de Rennes“, am 17. Januar werde auch ein Heiliger namens Sabas gefeiert. Entweder wurde dessen Namenstag verlegt, oder de Sède hat sich geirrt. Vielleicht meint er den heiligen Sabas vom 14. Januar. Nur wird ein Heiliger gleichen Namens ausgerechnet am 17.7. gefeiert! Das Schicksal selbst scheint also den 17.7. und den 17.1. gleichzusetzen.

Abbildung 1

Abbildung 2

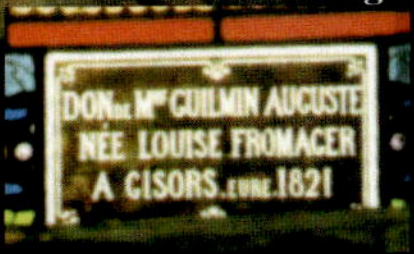

Abbildung 3

DON DE MME GUILMIN AUGUSTE
NÉE LOUISE FROMAGER
A GISORS. EURE 1821

Abbildung 4

Abbildung 5

Abbildung 6

Abbildung 7

Abbildung 8

Abbildung 9

Abbildung 10

Abbildung 11

Abbildung 12

Abbildung 13

Abbildung 14

Abbildung 15

Abbildung 16

Abbildung 17

Abbildung 18

Abbildung 19

Abbildung 20

Abbildung 21

Abbildung 22

Abbildung 23

Abbildung 24

Abbildung 25

Abbildung 26

Abbildung 27

Abbildung 28

Abbildung 29

Abbildung 30
Abbildung 31
Abbildung 32
Abbildung 33
Abbildung 34
Abbildung 35
Abbildung 36

Abbildung 37
Abbildung 38
Abbildung 39
Abbildung 40
Abbildung 41
Abbildung 42
Abbildung 43
Abbildung 44
Abbildung 45

Abbildung 46

Abbildung 47

Abbildung 48

Abbildung 49

Abbildung 50

Abbildung 51

Abbildung 52

Abbildung 53
Abbildung 56
Abbildung 57
Abbildung 54
Abbildung 55
Abbildung 58

Abbildung 59

Abbildung 60

·NOTRE-DAME· ·D'AVIOTH P.P.N.·

Abbildung 61

Abbildung 62

Abbildung 63

Abbildung 64

Abbildung 65

Abbildung 66

Abbildung 67

Abbildung 68

Abbildung 69

Abbildung 70

Abbildung 71

Abbildung 72

Abbildung 73

Abbildung 74

Abbildung 75

Abbildung 76

Abbildung 77

TROISIÈME EXEMPLAIRE ORIGINAL

DEMANDE DE CONSERVATION DE PARCHEMINS FRANÇAIS AU CONSULAT GENERAL DE FRANCE A LONDRES

JE SOUSSIGNE TRES HONORABLE ROUNDELL CECIL, EARL OF SELBORNE P.C., C.H., né le QUINZE AVRIL 1887 à LONDRES ayant ce jour élu domicile en l'étude de Maître PATRICK FRANCIS JOURDAN FREEMAN, notaire public à LONDRES, ANGLETERRE, adresse cette présente "DEMANDE" de conservation de documents français au CONSULAT GENERAL DE FRANCE à LONDRES.

J'AFFIRME SUR L'HONNEUR que les trois parchemins généalogiques suivants:
A)- Parchemins de Blanche de Castille de 1244.
B)- Parchemins de François-Pierre d'Hautpoul de 1644.
C)- Parchemins de Henri d'Hautpoul de 1695.
reviendront de droit, selon la volonté de Madame JAMES, donatrice, après VINGT CINQ ANS échus, à Monsieur PIERRE PLANTARD, COMTE DE RHEDAE ET COMTE DE SAINT-CLAIR, né le 18 MARS 1920 à PARIS, en FRANCE, ou à défaut de réclamation aux Archives du Patrimoine Français.

A dater de ce jour VINGT CINQ JUILLET DE L'AN MIL NEUF CENT CINQUANTE SIX, ces TROIS PARCHEMINS présentement déposés à THE INTERNATIONAL LEAGE OF ANTIQUARIAN BOOKSELLERS, 39, Great Russell Street à LONDRES par le CAPTAIN RONALD STANSMORE NUTTING O.B.E., le MAJOR HUGH MURCHISON CLOWES, D.S.O., et le TRES HONORABLE VISCOUNT LEATHERS, C.H., se trouveront dans un coffre de la LLOYDS BANK EUROPE LIMITED et qu'aucune divulgation n'en sera faite.

DONT ACTE.

FAIT et PASSÉ à LONDRES, en l'Etude. et en présence de Maître PATRICK J. FREEMAN dont signature apposée au recto. L'AN MIL NEUF CENT CINQUANTE-SIX ET LE VINGT-TROIS JUILLET.

SELBORNE.

Vu pour légalisation de la signature apposée ci-dessus par Me P.F.J. FREEMAN Notaire
Londres, le 25 Octobre 1955
P. LE GÉRANT DU CONSULAT GÉNÉRAL

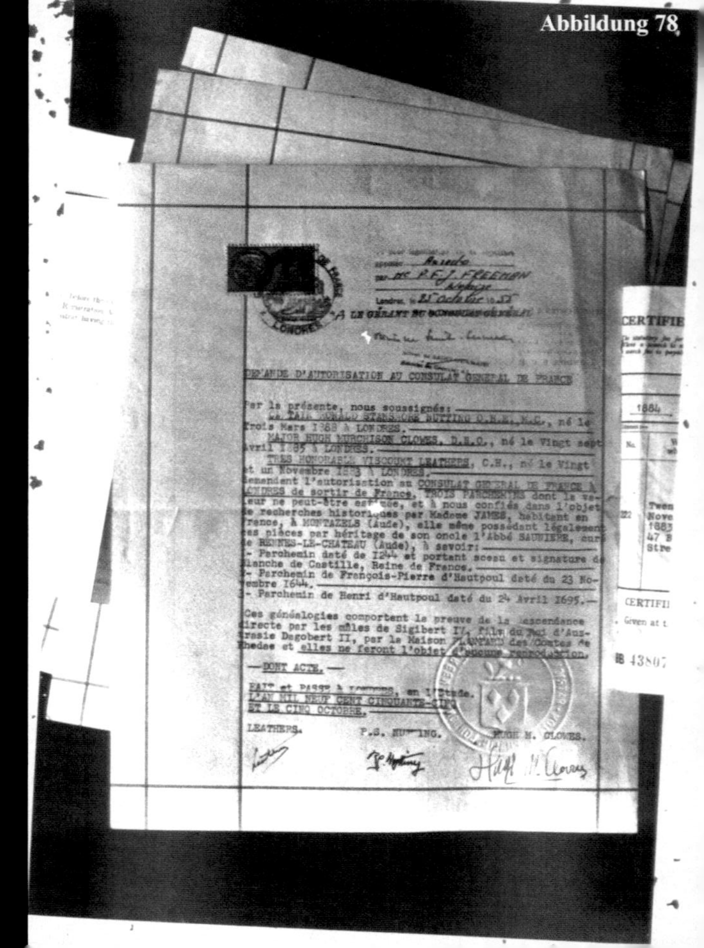

Abbildung 78

DEMANDE D'AUTORISATION AU CONSULAT GENERAL DE FRANCE

Par la présente, nous soussignés:
CAPTAIN RONALD STANSMORE NUTTING O.B.E., M.C., né le trois Mars 1888 à LONDRES.
MAJOR HUGH MURCHISON CLOWES, D.S.O., né le Vingt sept Avril 1885 à LONDRES.
TRES HONORABLE VISCOUNT LEATHERS, C.H., né le Vingt et un Novembre 1883 à LONDRES.
demandent l'autorisation au CONSULAT GENERAL DE FRANCE à LONDRES de sortir de France, TROIS PARCHEMINS dont la valeur ne peut-être estimée, et à nous confiés dans l'objet de recherches historiques par Madame JAMES, habitant en France, à MONTAZELS (Aude), elle même possédant légalement ces pièces par héritage de son oncle l'Abbé SAUNIERE, curé de RENNES-LE-CHATEAU (Aude), à savoir:
1- Parchemin daté de 1244 et portant sceau et signature de Blanche de Castille, Reine de France.
2- Parchemin de François-Pierre d'Hautpoul daté du 23 Novembre 1644.
3- Parchemin de Henri d'Hautpoul daté du 24 Avril 1695.

Ces généalogies comportent la preuve de la descendance directe par les mâles de Sigibert IV, fils du Roi d'Austrasie Dagobert II, par la Maison PLANTARD des Comtes de Rhedae et elles ne feront l'objet d'aucune reproduction.

DONT ACTE.

FAIT et PASSÉ à LONDRES, en l'Etude. L'AN MIL NEUF CENT CINQUANTE-CINQ ET LE CINQ OCTOBRE.

LEATHERS. R.S. NUTTING. HUGH M. CLOWES.

Oder es kommt auch hier mehr auf die Zahlenkombination an als auf das Datum an sich. Das Grab von Jean Vié, einem Vorgänger des Abbé Boudet in Rennes-les-Bains, wird ebenfalls mit dem 17.1. in Verbindung gebracht, weil er laut seiner - im übrigen gefälschten - Grabinschrift am „1er 7bre", am 1. *Septem*ber, gestorben sein soll. Die Zahl 7 lautet auf Lateinisch „septem", und der September war im alten römischen Kalender der siebte Monat des Jahres. Zusammen mit seinem Namen, der gleich ausgesprochen wird wie „janvier", der Monat Januar, ein eindeutiger Hinweis auf den 17.1. Die Frau Nicolas Flamels, die dabei war, als er an einem 17. Januar alchimistisches Silber herstellte, starb am 11. September 1397.

Bisweilen weist die Prieuré nur verdeckt auf solche Assoziationen hin. So hebt sie zwar die Bedeutung von Renaud de Montauban, dem Reiter des „göttlichen Pferdes" Bayard gebührend hervor - er taucht auch in „Le Serpent Rouge" auf -, läßt den Leser jedoch selbst feststellen, daß sein Namenstag am 7.1. gefeiert wird.

Der Konsulatsbeauftragte, dessen Name sich auf dem Antrag auf Exportgenehmigung für die drei geheimnisvollen Pergamente befindet, hieß Olivier de St.-Germain und trug damit den Namen des bekannten Alchimisten[124]. Baigent, Leigh und Lincoln prüften beim Konsulat nach: ein Mann dieses Namens war zu diesem Zeitpunkt dort stationiert. Laut ihren Recherchen, veröffentlicht 1986, hatte auch ein gewisser Sir Thomas Frazer mit dem Verbringen der Manuskripte nach England zu tun. Fünfzehn Jahre vorher, 1971, hatte Serge Hutin in seinem Buch „Gouvernants invisibles" neben Bérenger Saunière einen gewissen Major Fraser erwähnt, der mit dem Grafen von St.-Germain identisch gewesen sein soll. Nur lebte dieser hundert Jahre vor Sir Thomas Frazer.

Der Ritter namens Mérovée Lévi, welcher den jungen Sigebert IV. in den Languedoc begleitete, erhielt zum Dank den Titel Graf von Bélissen verliehen. Ob dies stimmt, kann kaum jemand nachweisen. Wohl jedoch die Existenz einer Familie dieses Namens in dieser Gegend: der Kommandant der Besatzung, welche die Katharerfestung Montségur verteidigte, war Pierre-Roger de Mirepoix, aus der Familie derer von Bélissen. Andererseits wissen wir, daß die Göttin Diana in dieser Gegend als Belissena verehrt wurde. Einem Mann wie Chérisey könnte die Ähnlichkeit aufgefallen sein - worauf er prompt einen Grafen von Bélissen erfand.

Und was ist mit dem Namen der Brasserie, in der sich die englischen Autoren mehrmals mit Pierre Plantard trafen? „La Tipia" findet sich weder in einem französischen noch in einem italienischen oder spanischen Lexikon. Wohl jedoch das Wort „tibia": Schienbein. Zwei gekreuzte Schenkelknochen und ein Totenschädel - das Meistersymbol der Freimaurer. Der Ort der Begegnung wurde von Pierre Plantard de St.-Clair vorgeschlagen, der bisweilen hinter seinem Namenszug die drei Punkte des freimaurerischen Dreiecks anbringen soll.

Den schottischen Sinclairs hingegen gehört Rosslyn Chapel, ein Bauwerk, um das sich freimaurerische Legenden ranken, obwohl es aus einer Zeit stammt, als es die Freimaurer als solche noch gar nicht gab. Louis Vazart hat seine Töchter Roseline und Aude taufen

---

[124] Wenn vom Grafen von St.-Germain an dieser Stelle kein Geburts- und Sterbejahr erscheint, dann deshalb, weil er den Nimbus der Unsterblichkeit besitzt. Man geht davon aus, daß er um 1710 geboren wurde, weil er 1750 um die vierzig Jahre alt gewesen sein soll. Nur gab es Leute, die behaupteten, ihm bereits um 1700 bereits begegnet zu sein. Und nach seinem Tod 1784 sei er sporadisch immer wieder aufgetaucht.

lassen. Selbstverständlich gibt es eine Heilige namens Aude. Aber Aude heißt auch das Departement, in dem Rennes-le-Château liegt. Die Frage, ob es sich bei Roseline um eine Anspielung auf Rosslyn Chapel oder die Linie der Rosen handelt, ist müßig. Die beiden gehören zusammen.

Michael Baigent und Richard Leigh schildern in ihrem Buch über die Filiation zwischen Templern und Freimaurern die Überlieferungen, welche die Herren der Burg Rosslyn mit den Volksbräuchen um den ersten Mai in Verbindung bringen. Und Otto Rahn verbirgt seine Maibraut hinter einer Rosenhecke.

Diese Namensgleichheit konnte Vazart bewußt herbeiführen. Die Wahl des Namens ihrer Kinder obliegt den Eltern. Pierre Plantard nannte seine Tochter Irmine, nach der Tochter Dagoberts II., den Plantard als seinen Vorfahren beansprucht. Aber wie könnte Vazart dafür gesorgt haben, daß ein gewisser François Janvier zum „Conservateur des Antiquités et Objets d'Art", zum Zuständigen für Altertümer und Kunstgegenstände des Departements Mosel, ernannt wurde? Daß er Janvier dazu gewinnen konnte, sich um ein in Stenay aufgefundene Portal zu kümmern, das vermutlich von der Kirche St.-Dagobert stammt, ist Vazarts Verdienst und liegt teilweise auch in der Natur der Sache. Wenn jedoch der volle Name von Boudets Vorgänger Jean Vié genau gleich ausgesprochen wurde wie der Nachname des heutigen Konservators, so ist dies zumindest kurios.

Der Name des Mannes, der 1972 das besagte Portal gefunden hatte, lautete Laplante. Auch hier eine merkwürdige Namensähnlichkeit zwischen Nord und Süd: La-plant-e und Plant-ard.

In seinen Einladung zur alljährlichen Pilgerfahrt nach Stenay erwähnt Vazart bisweilen den Namen des Pfarrers, der den Gottesdienst und die Andacht abhalten soll. 1996 handelt es sich um den Abbé Vannière, Pfarrer von Mouzay, zu dessen Gebiet die Lichtung gehört, wo Dagobert der Überlieferung nach einst ermordet wurde. Merkwürdigerweise existiert auch hierfür ein Pendant im Razès. 1892 besuchte ein Missionspater Rennes-les-Bains. Sein Name lautete Vannier!

Er hat, laut Philippe de Chérisey, zitiert von Jean-Luc Chaumeil, die Aufschrift auf dem sogenannten Stein von Serbairou kopiert. Aber daß dieser Stein von Serbairou authentisch ist, darf bezweifelt werden. Nur schlug die Prieuré durch ihn zwei Fliegen mit einer Klappe: sie konnte einen weiteren Querverweis auf einen Stein anbringen und unauffällig auf den Namen Vannier verweisen.

Ganz zu schweigen davon, daß die Aufschrift auf diesem Stein ausgerechnet AD LAPIDEM CURREBAT OLIM REGINA gelautet habe. Und in manchen Publikationen taucht im Zusammenhang mit der Sängerin Emma Calvé der Hinweis auf, sie habe in Paris in einer Straße namens Cours-la-Reine gewohnt und sogar vor der englischen Königin - auf französisch „reine" - Viktoria gesungen. „Cours-la-Reine", erinnert dieser Ausdruck nicht verdächtig an „à la pierre courait jadis la reine", die französische Version von AD LAPIDEM?

Wir haben besprochen, daß die Prieuré über Verdon in der Provence auf die Stadt Verdun südlich von Stenay hinweist. Dort befinden sich weitere Knotenpunkte. Zum Beispiel ein Ort namens Montfaucon. So hieß einer der Kriegswaisen, welche Leblancs Seiltänzerin Dorothée adoptiert hatte: weil er dort aufgefunden wurde. Und in seinem Buch über die Rosenkreuzer geht de Sède auf die Ermordung eines Mannes namens Montfaucon de

Villars ein. Er taucht jedoch bereits im Zusammenhang mit dem Templerprozeß auf: Esquieu de Floyrans, der Renegat, der sich Philipp dem Schönen verkaufte, sei Prior der Komturei von Montfaucon gewesen. So hieß auch der Ort vor den Toren von Paris, wo damals der Galgen stand. Einer der Männer, die dort gehenkt wurden, war Enguerrand de Marigny, Finanzminister Philipps de Schönen und damit ebenfalls in den Templerprozeß verwickelt.

Ebenso erhebt sich in der Gegend von Verdun ein Hügel namens „Le Mort Homme“, der Tote Mann. Der Ort, wo der Abbé Boudet einen Menhir mit einer kopfähnlichen Skulptur fand, heißt „L'Homme Mort“. Einer der Schwiegersöhne der Marquise von Hautpoul hieß Fleury. Und vor Verdun kündet ein Gedenkstein: Ici fut Fleury - hier stand einst das Dorf Fleury. Daß eines der größten und am heißesten umkämpften Forts vor Verdun Douaumont heißt, was sich zu „D M“ abkürzen ließe, sei nur am Rande erwähnt.

Den gleichen Bekanntheitsgrad wie Douaumont genießt das nahegelegene Fort Vaux. Unheimlicherweise gibt es auch hierfür eine Entsprechung in den Prieuré-Unterlagen: Nicolas Fouquet, der Finanzminister Ludwigs XIV., war Vicomte de Vaux - nicht des Vaux bei Verdun, aber trotzdem gibt diese Namensgleichheit zu denken. Zumal Otto Rahn, der Prieuré wohlbekannt, einerseits einen Chronisten des Katharerkreuzzugs namens Vaux-Cernay und andererseits den Geschützdonner von Vaux erwähnt, den der als Junge von einem Kirchturm seiner Heimatstadt Gießen aus gehört hatte. Auch der zweite Namen dieses Mönchs, Cernay, findet sich als Ortsbezeichnung circa fünfundvierzig Kilometer westlich von Verdun wieder.

Montfaucon, der Tote Mann, Fleury, Vaux - schon diese Aufzählung wäre beeindrukkend. Aber die Reihe ist noch nicht zu Ende. Wenn man um Verdun einen Kreis mit einem Radius von fünfzig Kilometern zieht, findet man noch weitere Ortsbezeichnungen, die sich dieser oder ähnlicher Form in der Gegend von Rennes-le-Château wiederfinden: Laval und Lavallée - der entsprechende Ort bei Rennes-le-Château heißt Laval-Dieu, Arc - gleich ausgesprochen wie Arques, Joyeuse - gleich geschrieben wie die Burg bei Rennes-le-Château, St.-Louis, ebenfalls identisch, Forêt de la Reine (Wald der Königin) bei Verdun, La Source de la Reine (Quelle der Königin) bei Rennes-les-Bains, La Serpe bei Verdun und La Serpent bei Rennes-le-Château. Nicht einmal Rennes selbst fehlt: allerdings heißt der Ort vor Verdun „Va-Rennes“. Genauso gibt es Ortsnamen, welche direkt oder indirekt auf die Templer hinweisen: Doncourt-aux-Templiers bei Verdun und Les Tipliés bei Rennes-le-Château.

Bisweilen haben diese Ortsbezeichnungen vor Verdun nicht nur ein Pendant im Raum Rennes-le-Château, sondern direkt mit dem Anliegen der Prieuré zu tun. Südlich von Stenay gibt es einen Ort namens La Madeleine. Dicht daneben liegen die Quellen von St.-Clair. Eine zufällige Namensgleichheit mit der heiligen Maria Magdalena und Pierre Plantard de St.-Clair? Vielleicht. Aber warum muß ein Wald in dieser Gegend, weniger als zwanzig Kilometer südlich von Verdun, ausgerechnet „Bois du Prieuré“ heißen?

Diese Übereinstimmungen sind so frappant, daß sie sofort ins Auge fallen. Der Ortsname Béthincourt hingegen, ebenfalls in der Gegend von Verdun gelegen, weckt nicht auf

Anhieb Assoziationen, zumindest nicht außerhalb Spaniens. Denn ein gewisser Jean IV. de Bethencourt nahm Anfang des 15. Jahrhunderts die Insel Teneriffa im Namen Spaniens in Besitz. Bethencourt war jedoch gebürtiger Normanne und stammte aus der Gegend von Caux, wo einst die Königin zum Stein lief. Aber das ist nicht die einzige Verbindung zu unserer Geschichte: die Legende läßt ihn ausgerechnet von Renaud de Montauban abstammen.

Die Kanarischen Inseln, zu denen Teneriffa gehört, heißen auf französisch „Canaries" und erinnern damit lautlich an „canard", die Ente. Eine solche Ente läßt Chérisey auftauchen, in einem reichlich ungewöhnlichen Kontext: Charlot kauft einen roten Schwimmring in Form einer Ente und begibt sich mit diesem - wohlgemerkt: in aufgeblasenem Zustand! - in ein Reisebüro, um sich nach Flugverbindungen zu einer anderen Insel - also über das Wasser - zu erkundigen. Diese absurde Szene kann Chérisey nur bewußt eingeschoben haben.

Über diese Ente sowie diverse weitere Hinweise spielt er auf einen anderen Wasservogel an, die Gans. Und ein Brettspiel, in Frankreich und Spanien wesentlich bekannter als bei uns, das sich „Jeu de l'oie" nennt: das Gänsespiel. Die Teilnehmer folgen dabei einem spiralartigen Weg; die Anzahl der Schritte wird durch einen Würfel bestimmt. Jeder Mitspieler muß versuchen, als erster das Ziel zu erreichen. Einzelne Spielfelder beeinflussen seine Geschwindigkeit: er macht Rast in einem Gasthaus, fällt in einen Brunnen oder kommt ins Gefängnis und muß eine oder mehrere Runden aussetzen. Er gelangt auf eine Brücke, die ihn auf ein korrespondierendes Feld vorrücken oder zurückmarschieren läßt. Er verirrt sich in einem Labyrinth und wird aufgehalten. Wenn er auf eines der Felder mit einer Gans gelangt, macht er einen Sprung bis zum nächsten Feld mit Gans.

Die Handlung von „Circuit" ist ein „Jeu de l'oie". Charlot bricht auf, um eine Mission zu erfüllen, er wird mit Hindernissen und Anregungen konfrontiert. Manche Episoden nehmen direkt auf einzelne Felder des „Jeu de l'oie" bezug. Sie sind daran zu erkennen, daß sie ansonsten keinerlei Sinn ergeben. Denn was soll die banale Anekdote, daß sich in Fort-Marlyck eine Kolonie von Matrosen beziehungsweise Fischern befunden habe, welche die Erlaubnis hatte, Gänse zu züchten?

Noch bedeutungsloser erscheint der Hinweis, daß es in Kanada, auf französisch Canada, eine ähnliche Gemeinschaft gegeben habe, welche heute noch existiere. Diese Information ist lächerlich - es sei denn, man verbindet die Gänse mit dem „Jeu de l'oie" und Kanada (Cana-da) mit den Kanaren (Cana-ries). Fort Marlyck ist also ein „Gänsefeld". Warum sollte Charlot eine Käsekugel in ein Weihwasserbecken fallen lassen, wenn nicht als Anspielung auf den Brunnen des „Jeu de l'oie"? Und wenn ein Fluß seit fünfhundert Jahren ausgetrocknet ist, so hat die Brücke, welche Charlot überquert, nur symbolische Bedeutung. Diese Szene spielt sich in Las Palmas ab, auf Deutsch „die Palmen". Davon wiederum leitet sich der französische Ausdruck für Schwimmhäute ab: pieds palmés. Damit die Anspielung gewiß nicht untergeht, verwendet Chérisey genau diesen Ausdruck im Zusammenhang mit Schwimmflossen. Las Palmas ist damit ein weiteres Gänsefeld.

Einige Felder von Chériseys „Jeu de l'oie" befinden sich auf dem französischen Null-Meridian. Auf die ihm typische - punische - Weise nennt er diese jedoch nicht beim Namen, sondern umschreibt sie. So bezeichnet er das Innere der Pyramide von Cherchell nicht als Labyrinth, sondern als Netz von engen Gängen, die so angelegt sind, daß sie jeder Analyse trotzen. Amiens macht Chérisey zum Gänsefeld, indem er auf die berühmte Legende des heiligen Martin anspielt, der seinen Mantel mit einem Bettler teilt. Denn der heilige Martin ist der Patron der Martini-Gans.

Um festzustellen, daß auch Rennes-le-Château ein Gänsefeld ist, muß man allerdings ein sehr gutes grenzwissenschaftliches Lexikon besitzen. Eine Legende behauptet nämlich, der Dämon Asmodäus habe die Füße einer Gans gehabt.

Bisweilen ist „Circuit" so phantastisch, daß man sich sogar an ein Märchen erinnert fühlt. Allerdings begegnet uns auch hier wieder die Gans, zumindest im französischen Sprachraum. Weil die dortige Version der Grimmschen Märchen sich „Contes de ma Mère l'Oye" nennt. Diese Geschichten sammelte im 17. Jahrhundert ein Schriftsteller namens Charles Perrault, der Bruder des Architekten Claude Perrault[125]. Beide erwähnt Chérisey in „Circuit".

Nur gibt es noch einen dritten Perrault, Pierre, einen kanadischen (cana-dien) Dichter und Regisseur. Einer seiner bekanntesten Filme trägt den Titel „L'Acadie, l'Acadie". Acadie ist der alte Name einer kanadischen Provinz. Aber wenn wir nur einen Buchstaben einfügen, wird daraus „Arcadie", das französische Wort für Arkadien. „L'Acadie, l'Acadie" entstand etwa zur gleichen Zeit wie „Circuit". Wir können daher nicht ausschließen, daß Chérisey den Namen Perrault bewußt einbaute, um auf diese Koinzidenz hinzuweisen.

Was er jedoch zum Zeitpunkt der Abfassung von „Circuit" nicht wissen konnte, war der Name des Mannes, welcher das Bauwerk entwerfen sollte, das die von der Prieuré so geliebte Bibliothèque Nationale im Herzen von Paris ersetzen würde. Der Architekt der neuen Bibliothèque Nationale, die erst Ende der neunziger Jahre und damit ein Vierteljahrhundert nach „Circuit" vollendet werden sollte, heißt nämlich ebenfalls Perrault!

Dieses Kapitel wurde bei Béthincourt in der Gegend von Verdun begonnen, dort soll es auch enden: einige Kilometer südöstlich von Béthincourt befindet sich eine Erhebung namens „Côte de l'Oie" - der Gänsehügel.

---

[125] Charles Perrault, französischer Schriftsteller, geboren 1628, verstorben 1703. Herausgeber der Märchensammlung „Contes de ma mere l'Oye" (1697); und Claude, Bruder von Charles, französischer Architekt, geboren 1613, verstorben 1688. Er schuf u.a. die Ostfassade des Louvre (1667-74).

Kapitel 7: Die Evangelien nach Chérisey

Rex Mundi

Als Pierre Plantard 1979 verkündete, die beiden Evangeliumsabschriften seien gefälscht, es handle sich um Kopien aus der Hand Chériseys, tat er dies aus freien Stücken. Er war nicht in die Enge getrieben worden, es lagen keine Beweise für ihre fehlende Authentizität vor, er stellte seine Behauptung als Tatsache in den Raum. Und sie wurde von Philippe de Chérisey bestätigt. Warum? Was veranlaßte zwei intelligente Menschen dazu, erst mühsam solche Dokumente zu erstellen, unter Erfindung eines unlösbaren Codes, darauf gewisse Theorien aufzubauen - und dann ihre Authentizität abzustreiten?

Die einzige logische Antwort ist, daß sie just diese Frage provozieren wollten. Wenn genau diese Texte ausgewählt und bearbeitet wurden, dann müssen sie etwas enthalten, das für die Prieuré von Bedeutung ist.

Untersuchen wir als erstes den äußeren Aspekt der Abschriften. Der längere Text, aus dem man die „Bergère"-Botschaft herausdestilliert hat, bildet einen kompakten Block: die einzelnen Worte gehen ohne Abstand ineinander über, am Ende einer Zeile begonnene Worte werden ohne Rücksicht auf Trennregeln in der nächsten Zeile weitergeführt. Unten rechts befindet sich eine stilisierte Windrose - bezeichnet ist nur der Norden, mit einem Pfeil und dem Buchstaben „N": „ailé au nord" läßt grüßen. Links dieses Pfeils stehen die Buchstaben „NO", rechts „IS". Diese vier Buchstaben bilden das Wort SION - aber nur, wenn man das Blatt umdreht, es „à l'envers" betrachtet.

Einige Buchstaben dieses blockartigen Textes sind wesentlich kleiner geschrieben als die anderen. In der vorgegebenen Reihenfolge bilden sie den Begriff REX MUNDI: der König der Welt.

Daß sich dieser Titel in dem Text verbirgt, ist kein Geheimnis. Aber aus unbekannten Gründen hat er nie die Kontroverse ausgelöst, die man eigentlich erwarten sollte. Denn wer ist der König der Welt?

Esoteriker in der Tradition von René Guénon sehen im König der Welt den Herrscher der unterirdischen Stadt Agartha, die sich irgendwo im Himalaja-Massiv befinden soll. Von dort aus greife der König der Welt ordnend in die Geschicke der Menschheit ein. Einige der Exegeten der Texte, die mit der Prieuré de Sion zu tun haben, machen den letzten Schritt und identifizieren den „König der Welt" mit dem Erben der Merowinger.

Für andere hingegen ist der REX MUNDI identisch mit dem negativen Schöpfergott der Katharer. Nicht nur gnostische Evangelien, sondern sogar das Matthäusevangelium geben ihnen recht. Es ist die Rede von der Versuchung Jesu in der Wüste (Mt 4/8-11): Der Teufel zeigt Jesus von einem hohen Berg aus die Herrlichkeiten der Welt und bietet sie ihm an, unter der Bedingung, daß Jesus vor ihm niederfällt und ihn verehrt. Jesus lachte ihn nicht aus. Er gab ihm lediglich zu erkennen, daß ihn diese Aussicht, König der Welt zu werden, nicht lockte. Angesichts des Todes sagte er wörtlich, sein Reich sei nicht von dieser Welt (Joh. 18/36).

REX

JESVSEVRGOANTCESEXATPESPASCSHAEVENJTTBETHQANTAMVRAT
FVERAOTIAZA·VVSMORTYVVSQVEMMSVSCTYTAVITIYESVSFEACERVNT
LAVIEM·TTEAENAPMTBTETOMARTHAHMINISTRRABATLHAZARVSO
VEROVNXVSERATTEXATSCOVMLENTATLVSCVJMMARTALERGOACHCEP
TILKTBRAMYNNGENTTJNARATPFTSTICIQPRETTOVSTETVNEXTTPE
APESTERVAETEXTESRSTICAYPIIRTSNSVTSPEPAESERTPTETAOMBESTM
PLFTTAESTEEXVNGETNTTOAAEREATXALTERGOVRNVMEXAGTSCTPVHL
TSETVTXTVAAXISCARJORTISQVIYERATCVHMTRAATTTVRVSQTVAREHOCCVN
HENVTVMNONXVENVITGRECENPATSAENAARVSETAAATVMESGTE
GENTES? AIXTNVFEMHOECNONQVSTAAEEGAENTSPERRTTNEBEAT
AACVTMSEAQVHINFVRELRTETLOVCVIOSHCAHENSECAQVAEMVTTTEBA
NMTVRPOTRABETEATXTTEJRGOTESHVSSTNEPTLLAMVNTTXAIERMS
EPVLGTVRAEMSEAESERVNETILLQVAPAVPSERESENHTMSEMPGERHA
HEMTTSNOBLTISCVMFMEAVTETMNONSESMPERHAVBENSCJOGNO
VILTEROTZVRBAMVQLTAEXTMVAACTSTQVTATLOLTCESTXETVENE
ARVNTNONNPROTEPRTESVMETANTVMMSEAVTLVZARVMPVTAER
EKNTHVEMRSVSCTAOVTTAMORRTVTSCPOGTTAVRERVNTAHVTEMP
RVTNCTPESSACERCAOTVMVMTETLAZCARVMTNATERFTCTIRENTQ
LVTAMVLVTTPROPQTERTVHXVMAHTHGNTCXVGTAZETSNETCRCA
AEBANTTTNTESVM

M U N D I

NO IS

JÉSV. MEDÈLA. VVLNÉRVM + SPES. VNA. PŒNITENTIVM.
PER. MAGDALÀNÆ. LACRYMAS + PECCATA. NOSTRA. DILVAS.

Der lange Evangelientext über den Besuch Jesu in Bethanien Die kleinen und hochgestellten Buchstaben (hier durch Umkreisung hervorgehoben) bilden die Worte REX MUNDI - König der Welt. Die zahlreichen Unregelmäßigkeiten sollen sich mit einem komplizierten Code auf den sogenannten »Bergère«-Text reduzieren lassen, der gleichzeitig ein Anagramm zum stehenden Grabstein der Marquise von Hautpoul darstelle.

Im Zusammenhang mit der Stadt Agartha fällt oft auch der Name einer zweiten: Shamballa. Shamballa sei eine weitere Quelle okkulten Wissens, deren Anhänger jedoch den Pfad zur linken Hand einschlugen. Shamballa wird als die Wiege des Tantrismus betrachtet, einer religiösen Bewegung, die Erkenntnis mit okkultem Wissen und dem Erlangen von weltlicher Macht gleichsetzt, was durch Zaubersprüche und sexualmagische Praktiken erreicht werden soll.

Aber es gibt zwei Versionen über den Zusammenhang zwischen Agartha und Shamballa. Laut der ersten trennten sich die Wege beider Städte nach einem Krieg, die zweite macht Agartha zu einem Synonym von Shamballa. Und diese Gleichsetzung läßt den „König der Welt" Guénons endgültig in einem etwas dubiosen Licht erscheinen. Er wird vom Hüter der Synarchie[126] zu einem schwarzen Magier. Schon das Konzept des Königs der Welt an sich wirkt bedenklich. Anstatt den Menschen auf sein eigenes Selbst zurückzuführen, projektiert es Hoffnungen nach außen. Eine der Gnosis völlig widersprechende Geisteshaltung und daher nicht im Sinne der Prieuré.

Die Ähre und das Grab

Im zweiten, wesentlich kürzereren Manuskript bilden die hochgestellten Buchstaben den Satz A DAGOBERT II ROI ET A SION EST CE TRESOR ET IL EST LA MORT. Im Gegensatz zum ersten weist dieses Manuskript einen äußerst unregelmäßigen Rand auf, der jedoch nichts mit der Länge der Wörter zu tun hat: der Umbruch erfolgt ohne Rücksicht auf das Wortende. Erst die letzten vier Zeilen bilden ebenfalls einen Block, jedoch einen relativ schmalen, am linken Blattrand, so daß rechts reichlich Platz bleibt. Die letzten Buchstaben dieses Blocks bilden in senkrechter Anordnung das Wort SION. Zur Bestätigung steht darunter noch eine Art Siegel mit den Buchstaben PS - Prieuré de Sion. Rechts von diesem Block stehen untereinander die Worte REDIS, BLES und SOLIS SACERDOTIBUS.

Diese Worte sind am bedeutungsvollsten. SOLIS SACERDOTIBUS gehört zum Text, nicht jedoch die Worte REDIS und BLES. REDIS könnte ein Querverweis auf REDDIS - REGIS - CELLIS - ARCIS sein, die Aufschrift auf dem Grabstein der Marquise de Hautpoul. Wichtiger ist der Ausdruck BLES. Was hat dieses französische Wort für Getreide inmitten eines lateinischen Textes zu bedeuten?

Wenn wir den Text selbst untersuchen - eine Mühe, die sich die wenigsten machen -, so stellen wir fest, daß dieses Wort „Getreide" schlicht sein Leitmotiv darstellt. Er schildert nämlich die Episode, wie Jesus in Begleitung seiner Jünger an einem Sabbat über die Felder wandelt (Mk 2/23-26, Mt 12/1-4, Lk 6/1-4). Als die Jünger hungrig werden, brechen sie Ähren ab und essen die Körner. Die Pharisäer sind entsetzt: dies verstoße gegen das Gebot der Sabbatruhe. Aber Jesus beruft sich auf David, der mit seinen Gefährten in einer ähnlichen Notlage sogar in den Tempel eingedrungen sei und die Schaubrote gegessen habe, die *nurfürdiePriester* , SOLIS SACERDOTIBUS, bestimmt waren.[127]

126 Der Ausdruck Synarchie ist eigentlich nur ein Synonym für Oligarchie: Herrschaft von wenigen über viele. Er wird speziell von esoterischen Kreisen verwendet, im „positiven" Sinne: diese Herrschaft von wenigen über viele sei völlig in Ordnung, wenn es sich nur um die „richtige" Minderheit handle.

127 Jesus bezieht sich dabei auf das erste Buch Samuel (1 Sam 21/6).

Auch die hervorgehobenen Worte SOLIS SACERDOTIBUS können mit Getreide in Verbindung gebracht werden. SOLIS kann sich zwar von „solus“ (allein) ableiten, aber genauso von „sol“ (Sonne) oder „solum“ (Boden oder Erdreich). Beide haben mit Saatgut insofern zu tun, daß sie für dessen Gedeihen unabdingbar sind.

In der Nähe der früheren Römersiedlung von Enserune, zwischen Narbonne und Béziers gelegen und damit nicht allzu weit von Rennes-le-Château entfernt, findet man diese beiden Komponenten vereinigt. Von der Anhöhe des „Oppidum“ aus erblickt man Felder, die wie die Speichen eines Rades in einem konzentrischen Kreis zusammenlaufen beziehungsweise wie Sonnenstrahlen von diesem ausgehen. Die offizielle Erklärung lautet, die Felder folgten den im 13. Jahrhundert angelegten Entwässerungskanälen. Nur hat man in den vergangenen siebenhundert Jahren Tausende von Seen trockengelegt, ohne daß dies einen Einfluß auf die heutige Anordnung der Felder ausübte.

Dieses Wortfeld Getreide ist für die Prieuré so wichtig, daß sie tatsächlich bei allen passenden und unpassenden Gelegenheiten darauf zurückgreift. Zu den „Fehlern“ auf dem Grabstein der Marquise von Hautpoul gehört eine „falsche“ Trennung, welche REQUIES*CATIN* PACE zu CATIN macht. Wenn wir diese Methode auf dem Grabstein weiterführen, stellen wir fest, daß der Name der Marquise, ABLES, ebenfalls das Wort BLES enthält.

Genauso weist die Prieuré immer wieder auf die 7. Kreuzwegstation hin. Dem Vernehmen nach spricht sie von St.-Sulpice. In Wirklichkeit hingegen geht es ihr um Rennes-le-Château. Denn dort befindet sich auf der Rückwand der Kirche ein Wandgemälde, das Jesus auf einem kleinen Hügel zeigt, umringt von Mühseligen und Beladenen. So scheint zumindest der Text darunter zu besagen: VENEZ A MOI VOUS TOUS QUI SOUFFREZ QUI ETE*S ACCABLES* ET JE VOUS SOULAGERAI. Und genau unter den Worten ETES ACCABLES ist die 7. Kreuzwegstation angebracht. Bei näherer Betrachtung wird aus ETES ACCABLES auf punische Weise SAC A BLES - Getreidesack. Ein solcher erscheint ironischerweise tatsächlich auf dem Bild.

Bezeichnend ist zudem, daß Boudet in „La vraie langue celtique“ immer wieder in irgendeinem Kontext auf die Wortfelder Getreide, Korn, Ähren, Silo oder Ernte zurückkommt. Er behauptet sogar, die Hauptaufgabe der Druiden habe in Wirklichkeit darin bestanden, Getreide auszuteilen. Ein Menhir stelle ein Korn dar, während ein Kreis von Menhiren oder ein runder Menhir mit Brot gleichzusetzen sei.

Zu guter letzt übernimmt auch Chérisey diesen Ausdruck BLES wörtlich: „grignoter nos blés“ - „unser Getreide knabbern“. Der Ausdruck ist übertragen zu verstehen, es geht um eine junge Frau, die sich im Hause ihrer Verwandten einnisten und auf deren Kosten leben möchte. Der Ausdruck „grignoter nos blés“ in der Bedeutung von „schmarotzen“ ist jedoch recht unidiomatisch. Er wurde bewußt eingesetzt, weil er hervorsticht.

Und die Frau, auf die er sich bezieht, heißt Sibylle. Es gibt keinen weiblichen Vornamen, der mehr an die Fruchtbarkeitsgöttin Cybele erinnert. Ironischerweise hieß so die Mutter der heiligen Roseline.

Kommen wir nun zurück auf den blockförmigen langen REX-MUNDI-Text. Uns fehlt noch der Inhalt. Es handelt sich um eine Passage aus dem Johannesevangelium (Joh 12/1-11), den Besuch Jesu in Bethanien. Während Martha das Essen zubereitet und aufträgt, salbt Maria die Füße Jesu. Als Judas Ischariot sich darüber ausläßt, daß man die Essenzen leicht hätte verkaufen können, weist Jesus ihn darauf hin, daß die Salben bereits für seine Grablegung bestimmt seien. Der Evangelist betont, daß zahlreiche Menschen nach Bethanien gekommen waren, um den von den Toten erweckten Lazarus zu betrachten. Darauf beschlossen die Priester, auch Lazarus zu töten, weil er der Anlaß für zahlreiche Bekehrungen war.

In diesem zweiten Text geht es also um den Tod. Und um Gräber: aufgrund seines doppelten Todes wird Lazarus sowohl in Bethanien als auch in Marseille ein Grab zugeschrieben. Auch seine Schwester Maria Magdalena wird mit zwei Gräbern in Verbindung gebracht. Während die katholische Kirche ihre Reliquien in Vézelay verehrt, ist sie der griechischen Überlieferung nach in Ephesus begraben.

Andererseits geht es auch um die Auferstehung. Lazarus war von den Toten erweckt worden, und Maria Magdalena ist die erste namentlich genannte Zeugin der Auferstehung Jesu (Mt 28/9, Mk 16/9, Lk 24/10).

Auf den ersten Blick haben die beiden Texte nichts miteinander zu tun. Auf den zweiten gehören sie zusammen. Aus jedem einzelnen Korn, das in der Erde begraben wird, entsteht eine Ähre, in der sich zahlreiche Körner befinden. Der Tod beendet nicht, sondern ist der Anfang für etwas Neues, Besseres.

Schon die Mysterien von Eleusis hatten eine Ähre zum Sinnbild erwählt. Der Adept oder Initiand stirbt einen symbolischen Tod, um als neuer Mensch wiedergeboren zu werden. Damit verliert der Tod seine Schrecken.

Die Theorie, daß die beiden Evangeliumsabschriften Chériseys auf die der Göttin Demeter geweihten Mysterien von Eleusis anspielen, bestätigt Chérisey in „Circuit“: er erwähnt sie wörtlich. Die Losungsworte der Mysterien hätten wie folgt gelautet: CERCLE - EPI - CHIEN, auf Deutsch: Kreis - Ähre - Hund.

Das Wort CERCLE muß sich in diesem Zusammenhang auf den Steinkreis beziehen, den Boudet als Sinnbild für Brot interpretiert. Wobei er nicht ganz unrecht hat. Die kultischen Steinkreise werden von manchen Historikern als Symbol für das Auge der Großen Mutter betrachtet, die natürlich für die Fruchtbarkeit der umliegenden Felder sorgen sollte.

EPI, die Ähre, haben wir soeben als Symbol der Demeter kennnengelernt. Ein paar Seiten später erwähnt Chérisey „la vierge céleste et son épi à la main“ - die himmlische Jungfrau mit der Ähre in der Hand. Wenn sein Leser den Leblanc-Roman „La comtesse de Cagliostro“ gelesen hat, weiß er, daß sich das Sternbild des Großen Bären auf der Erde wiederfindet, da die sieben Abteien von Caux so angeordnet sind. Als Inversion hierzu wurde die himmlische Jungfrau mit der Ähre in der Hand zwar in Gestalt einer Statue auf der Erde verehrt, ist jedoch auch am Firmament zu finden: in Gestalt des Sternbilds Jungfrau mit seinem Hauptstern Spica, zu deutsch Ähre.

Aber auch das Sternbild des Großen Bären selbst hat mit diesem Aspekt von Begräbnis und Wiedergeburt zu tun. Die Bären galten genauso als das Symbol der Erneuerung wie das Korn. Die Menschen sahen den Bären bei Wintereinbruch in einer Höhle verschwinden und diese im nächsten Frühjahr in Begleitung eines Jungen wieder verlassen. Die Fruchtbarkeit des Bären und eine dunkle Höhle verbanden sich im Volksglauben mit dem Ritual von Wiedergeburt und Auferstehung. So trugen die Priesterinnen der Göttin Artemis den Titel „Bärenjungfrauen“: weil sie sich in gelbe Gewänder hüllten und Bären nachahmten.

Es gibt sogar mehr als eine direkte Verbindung zwischen dem Großen Bären und dem Korn. Die von Abbé Boudet so geliebte englische Sprache bezeichnet den Großen Bären heute noch als „Plough“, den Pflug. Das Altertum nannte den Großen Bären „septem triones“, die sieben Dreschochsen, wie Pierre Plantard eigens hervorhebt. Der Ausdruck „septentrional“ für „nördlich“ leitet sich davon ab.

Die Eleusischen Mysterien waren nicht die einzigen der Antike, die mit Korn, Tod und Wiedergeburt zu tun hatten. An zahlreichen Orten zwischen Griechenland und dem Zweistromland feierten die Menschen alljährlich Tod und Wiedergeburt eines jugendlichen Korngottes, Adonis, Attis oder Tammuz genannt. Im alten Rom wurde seine Passion im gleichen Zeitraum wie die Christi gefeiert: um den 25. März. Bis ins 3. Jahrhundert nach Christus befand sich eine Kultstätte des Adonis in Bethlehem, dem legendären Geburtsort Jesu. Bethlehem bedeutet in der Übersetzung ausgerechnet „Haus des Brotes“. Kein Wunder, daß manche das „Vaterunser“ mit seiner Bitte um das tägliche Brot für vorchristlich halten.

Auch das letzte Losungswort Chériseys, CHIEN, der Hund, hat mit dem Tod zu tun. Im Zusammenhang mit den Mysterien der Isis erinnert er unwillkürlich an den Schakal Anubis der ägyptischen Mythologie, den Hüter der Schwelle des Totenreiches. Daneben bewacht der Hund jedoch auch die Unterwelt der alten Germanen und die der Griechen. Vergessen wir auch nicht, daß es einen „Hundsstern“ gibt, den hellsten Fixstern, auch Sirius genannt, um den sich zahlreiche Mythen spinnen.[128] In Altägypten wurde er als „Sothis“ mit dem alljährlichen Steigen des Nils in Verbindung gebracht und somit zu einem Symbol der Fruchtbarkeit[129]. Während der „Hundstage“, der Zeit zwischen dem 23. Juli und dem 24. August, geht der Sirius zusammen mit der Sonne auf.

Schon diese Analogien sind beeindruckend. Aber sie lassen sich noch krönen. Daß die Kanarischen Inseln mit den Hesperiden assoziiert werden, haben wir bereits besprochen. Daß die Mutter der Hesperiden die Venus alias Luzifer war, ebenfalls. Nicht jedoch, daß sich der Name „Kanarische Inseln“ vom lateinischen „canis“, dem Hund, ableitet.

Aber unsere Indizienkette ist noch nicht zu Ende. Im Osten versteht man unter dem Begriff Hund des Mondes nichts anderes als die Venus, wie sie auch auf diversen Flaggen neben dem Halbmond auftaucht. Mit diesem im wahrsten Sinne des Wortes „mysteriösen“ Hund schließt Chérisey die Kette Hesperiden - Phosphoros - Luzifer - Venus endgültig.

---

[128] In jüngster Zeit erst erlangte er durch den Massenmord oder -selbstmord der Sekte „Ordre du Temple solaire“ wieder eine traurige Berühmtheit. Die „Reise zum Sirius“ war im Sektenjargon gleichbedeutend mit Selbstmord.

[129] Interessant ist auch, daß Sirius / Sothis bei den Ägyptern noch einen dritten Namen hatte: SEPT - das Wort, das auf dem Grabstein der Marquise de Hautpoul auftaucht und auf das wir bereits im Zusammenhang mit dem ägyptischen Gott Seth eingegangen sind.

Kapitel 8 - Analogie und Inversion (III)

Die Schlange und das Horn

Wir haben besprochen, daß REX MUNDI, der König der Welt, ein äußerst zweischneidiges Symbol ist. Nur haben wir genauso festgestellt, daß die Prieuré für solche Aspekte eine Vorliebe hat. Sonst würde sie der Schlange keinen so hohen Stellenwert einräumen - „Le Serpent Rouge“ ist lediglich die Spitze eines Eisbergs.

Daß die Schlange sehr ambivalent ist, bedarf wohl kaum einer Diskussion. In den östlichen Religionen ist sie ein Symbol der Erleuchtung - Buddha selbst wird gerne mit einer Kobra dargestellt. Die christliche Apokalypse hingegen setzt den Teufel mit der Schlange gleich (Offb 12/9).

In der Genesis hingegen rät die Schlange den Menschen zwar, entgegen dem göttlichen Gebot die Frucht vom Baum der Erkenntnis zu essen, wird jedoch keinesfalls mit dem Teufel identifiziert. Das Johannesevangelium (Joh 3/14) sieht die eherne Schlange des Moses (Num 21/9), der Generationen von Juden Rauchopfer dargebracht hatten (2 Kön [4 Kön] 18/4), sogar als eine Ankündigung des Messias. Jesus selbst empfiehlt seinen Jüngern, schlau wie die Schlangen zu handeln (Mt 10/16).

Die gnostischen Schriften sind sich bezüglich der Rolle der Schlange genausowenig einig. Die „Interrogatio Iohannis“ setzt sie mit dem Teufel gleich, dem Herrn der Welt, welcher die Menschen zur Erbsünde verführte: sprich Sexualität. In anderen gnostischen Interpretationen verkörpert die Schlange das Prinzip der göttlichen Weisheit. Aufgrund ihrer regelmäßigen Häutung wurde sie auch zum Symbol der Unsterblichkeit.

Widersprüchlich ist die Schlange zudem bezüglich ihres Geschlechts. Eigentlich sollte sie, als Verkörperung der Erdströmungen, das Geschlecht der Erde selbst annehmen, die traditionell als weiblich gilt. Nur wird sie aufgrund ihrer suggestiven Form auch als phallisches Symbol gesehen.

Genauso zwiespältig in bezug auf Gut und Böse beziehungsweise Männlich und Weiblich ist der Stier beziehungsweise jedes andere gehörnte Tier. Üblicherweise assoziiert das Christentum Hörner mit dem Teufel. Auf der anderen Seite wird Moses nicht nur mit der ehernen Schlange, sondern auch mit Hörnern dargestellt. Dies befremdet nur denjenigen, der die Bibel nicht genau kennt. Denn die Regieanweisung hierfür findet sich im alttestamentlichen Buch Exodus wieder (Ex 34/30-35). Die Hörner scheinen eine Art Ehrenzeichen zu sein, weil Moses mit Gott gesprochen hatte. Auch im Lied vom „guten König Dagobert“ kommt der Ausdruck „gehörnt“ vor - allerdings bezieht er sich da auf einen betrogenen Ehemann.

Was das Geschlecht angeht, so haben wir die Neigung, ein gehörntes Tier als typische Verkörperung männlicher Potenz zu sehen. In allen alten Religionen findet man gehörnte Fruchtbarkeitsgötter, vom arkadischen Pan bis zum keltischen Cernunnos. Das Horn, dieses phallische Symbol, kann jedoch auch hohl sein, zum Füllhorn werden - und damit weibliche Züge annehmen. Die Ägypter pflegten die Göttin Hathor in Gestalt einer Kuh zu verehren. Zahlreiche andere Völker taten ein Ähnliches. Chérisey hält es für bezeichnend, daß in der Astrologie das Sternzeichen Stier vom Planeten Venus beherrscht wird. Ein

Lichteffekt führt dazu, daß sogar der Planet Venus selbst Hörner zu haben scheint, wie schon von Bergerac konstatiert.

Das Christentum übernahm diese Komponenten. Warum sonst ist ausgerechnet der Monat Mai, unter dem Sternzeichen des Stieres stehend, dem Rosenkranz und damit der Jungfrau Maria geweiht? Bezeichnend ist auch, daß an der wundersamen Auffindung von Marienstatuen, von denen fromme Legenden berichten, fast immer ein Stier oder ein Ochse beteiligt ist.

Genauso ambivalent wie die Schlange oder der Stier ist auch Venus beziehungsweise Luzifer. Sowohl Venus als auch Hesperus sind eindeutig weiblich. Dennoch wird Luzifer gängigerweise als männlicher Teufel dargestellt. Allerdings haben wir bereits untersucht, daß seine „Verteufelung" kaum eine Basis hat: sowohl Jesus als auch die Jungfrau Maria werden mit ihm identifiziert. Nur sehen wir genau an diesem Beispiel, daß sein Geschlecht als Stern sehr undefiniert ist. In den Kulturen des Zweistromlands hatte man sich die Angelegenheit vereinfacht: das dortige Pendant der Venus, die Göttin Ischtar, wird am Morgen als Mann, am Abend als Frau verehrt.

Die Prieuré scheint dieser Ansicht durch die Erschaffung des Hermaphroditen David Myriam / Myriam David zuzustimmen. Bei ihrem Großmeister Victor Hugo ist Luzifer selbst männlich. Aber aus einer der Federn, die bei seinem Sturz am Rande des Abgrunds niedersank, erschafft Gott einen Engel namens „Liberté", die Freiheit. Und dieser Engel ist weiblich - und schön wie der Abendstern, ein Originalzitat aus „La fin de Satan".

Ein weiterer Beweis für die Doppeldeutigkeit, welche die Prieuré mit Luzifer verbindet, ist ausgerechnet der heilige Eligius beziehungsweise der hohe Stellenwert, den sie diesem einräumt. Häufig findet man den heiligen Eligius nämlich mit dem Bein eines Pferdes in der Hand dargestellt. Die Legende behauptet, er pflegte als Schmied störrischen Pferden das Bein auszureißen, um es dann in aller Ruhe zu beschlagen. Nach getaner Arbeit fügte er es wieder ein, ohne daß auch nur eine Narbe zurückblieb. Nur ist eine Sache, die so eindeutig einen „Pferdefuß" hat, verdächtig. Genauso wie das Schmiedehandwerk selbst. Ein Vergleich der alten Legenden ergibt, daß alle Schmiede hinken, vom germanischen Wieland bis zum römischen Vulkan und griechischen Hephaistos. Wie der bockbeinige Teufel.

Hephaistos hat sogar eine ähnliche Geschichte wie Luzifer. Denn sein Hinken rühre daher, daß Zeus ihn aus dem Olymp stieß und er sich beim Aufprall auf die Erde verletzte. Ist Hephaistos also mit Luzifer gleichzusetzen? Nur bedingt. Denn wir wissen, hinter Luzifer steht die Venus-Aphrodite. Und wie sollte der rußbefleckte Schmied mit der Göttin der Schönheit identisch sein? Die Legende fand einen Ausweg: sie stellte ausgerechnet dem Hephaistos die Göttin Venus-Aphrodite als Gemahlin bei.

Die Rebellen

In der Bibel findet die Sintflut lange nach der Vertreibung aus dem Paradies statt, als Strafe für irgendwelche nicht näher definierte Vergehen (Gen 6/5-6). In der griechischen Mythologie hingegen ist sie - zumindest in einer Version - die unmittelbare göttliche Reaktion auf die Tat des Prometheus: den Menschen das Feuer aus dem Himmel zu holen.

Und dessen Sohn Deukalion baut die Arche auf eine Warnung seines Vaters hin, nicht aufgrund einer himmlischen Eingebung.

Anscheinend reichte die Kraft der Götter nicht aus, den Menschen das Feuer wieder wegzunehmen. Das weist darauf hin, daß Prometheus nicht nur das Feuer an sich, sondern das Geheimnis um seine Entstehung weitergab - die Erkenntnis. Die Götter bestraften Prometheus für seine Tat gebührend. Er wird an einen Felsen geschmiedet und erleidet unsägliche Qualen, bis Herakles ihn schließlich befreit. Die Mythologie der alten Griechen läßt also eine ewige Verdammnis nicht zu.

Auch das Alte Testament verurteilt Rebellen nicht unbedingt. Jakob trotzt dem Engel seinen Segen ab und erhält einen neuen Namen, Israel, weil er sich Gott gegenüber stark und tapfer erwiesen hat, so sagt das Alte Testament wörtlich (Gen 32/28). Jakob hatte schon einmal gewagt und gewonnen: als er mit einem Linsengericht seinem Bruder Esau dessen Erstgeburtsrecht abgekauft hatte und seinen Vater überlistete (Gen 27/1-30). Diesmal kann er von sich behaupten, Gott von Angesicht zu Angesicht gesehen zu haben. Diesen Kampf stellte Delacroix in St.-Sulpice dar, ein Gemälde, auf das die Prieuré immer wieder hinweist. Chérisey zitiert nicht nur die entsprechende Bibelstelle, sondern vergleicht seinen Helden Charlot einmal direkt mit Jakob.

Wir haben bereits einen weiteren „Rebellen“ kennengelernt: Luzifer. Sehr sinnig, daß die Überlieferung ihn mit Prometheus verbindet: Prometheus war als Bruder des Atlas der Schwager von dessen Gattin Hesperus - alias Luzifer. Eine leider sehr verstümmelte Passage bei Bergerac läßt erahnen, daß dieser sogar Prometheus mit Luzifer identifizierte.

Allerdings soll es für letzteren keine Gnade geben. Ausgerechnet Jesus werden solche Worte in den Mund gelegt (Mt 25/41).

Die These, daß am Ende der Zeiten alle Wesen zu Gott zurückfinden, verurteilte die Kirche als gnostisch, obwohl nicht alle Gnostiker ihr zustimmten und obwohl sie im 3. Jahrhundert von Origenes[130], einem der größten christlichen Theologen, vertreten worden war.

Eschenbach scheint diese Diskussion nachzuvollziehen. Denn zum Schluß der Erzählung gesteht Parzivals Onkel Trevrizent, daß er Parzival gegenüber nicht aufrichtig war. Seine Lüge habe darin bestanden, daß er über das Schicksal der ursprünglichen Wächter des Grals nicht die Wahrheit sagte: die Engel, welche sich im Kampf zwischen Luzifer und der Dreifaltigkeit neutral verhalten hatten. Sie seien nicht wieder in die Huld Gottes aufgenommen worden - sie wurden verdammt in alle Ewigkeit.

Wenn schon den neutralen Engeln kein besseres Schicksal beschieden war, kann man sich unschwer das von Luzifer selbst ausmalen.

Dieses späte Geständnis Trevrizents ergibt jedoch keinen Sinn. Wenn Gott keine Gnade kennt, warum gab er dann Parzival eine zweite Chance, die Gralsburg zu betreten und die entscheidende Frage zu stellen? Trevrizent ist der Meinung, Parzival habe Gott die Erfüllung seines Wunsches abgetrotzt. Wenn das stimmt, ist Parzival ein zweiter Luzifer - aber mit mehr Erfolg. Dieser Vergleich taucht bei Eschenbach sogar wörtlich auf. Bei ih-

[130] Origenes, griechischer Kirchenlehrer, geboren um 185, verstorben im Jahre 254. Er hatte Schwierigkeiten mit der Kirchenobrigkeit, weil er sich unter Berufung auf das Mathäusevangelium (Mt 19/12) selbst kastriert hatte. Als Exeget verglich er den griechischen Bibeltext der Septuaginta mit dem hebräischen Urtext sowie anderen griechischen Übersetzungen.

rer ersten Begegnung hatte Trevrizent Parzival gewarnt, er möge sich das Schicksal Luzifers vor Augen halten. Parzival hatte diese Warnung in den Wind geschlagen und war so zum Erlöser des Reiches geworden.

Victor Hugo geht ebenfalls davon aus, daß die gefallenen Engel wieder aufgenommen werden - sogar der Anführer Luzifer selbst. Denn solange Gott einen Gegner hat, genau das bedeutet das Wort Satan, ist er nicht unendlich, erfüllt seine Liebe nicht das gesamte Universum.

Die Erlösung von dem Bösen

In J. R. Tolkiens wunderbarem Märchen „Der Herr der Ringe" geht es um einen Ring, der geheimnisvolle Kräfte besitzt: er macht seinen Träger unsichtbar. Auf der anderen Seite bewirkt er, daß jeder, der ihn eine gewisse Zeit in seiner Obhut hat, unmerklich von ihm abhängig wird, nicht mehr ohne ihn leben kann und zudem nach der Herrschaft über alle Kreaturen strebt, sich also zum Herrscher der Welt machen möchte.

Der Herr des Ringes beziehungsweise der Ringe - es gibt noch weitere Ringe, die aber alle von der Kraft des Meisterringes abhängen - verkörpert bei Tolkien das Böse, und diese Eigenschaft hat er auch seinen Ringen schon bei der Herstellung eingeimpft. Deshalb muß der Meisterring vernichtet werden, im Herzen eines Vulkans. Nur so können die in ihn gebannten Kräfte des Bösen relativ gefahrlos abgeleitet werden.

Die Quintessenz der Geschichte ist, daß ein Gegenstand, der seinen Ursprung im Bösen hat, von diesem beeinflußt wird. Wenn der Gral mit dem Smaragd aus der Krone eines negativen Luzifer identisch war, mußte er von den bösen Gedanken seines früheren Besitzers durchdrungen sein. Selbst wenn er später durch das Blut des Erlösers geläutert wurde - mit dem Tod Jesu hörte das Böse bekanntlich nicht auf zu wirken.

Im „Kreuzzug gegen den Gral" zitiert Otto Rahn eine Legende, der zufolge die Kreuzritter des Nordens bei der Belagerung von Montségur die Absicht hatten, den Gral wieder in die Krone Luzifers, ihres Herrn, einzufügen. In diesem Fall stellt sich die Frage, was die Katharer mit ihm planten. Später revidierte Otto Rahn seine Meinung und gab Luzifer beziehungsweise Luzbel oder Lucibel, wie ihn die Katharer genannt haben sollen, einen sehr positiven Anstrich. Der Name Luzbel scheint eine Verbindung aus Luzifer und dem Lichtgott Belinos - oder Belissena? - darzustellen.

Von einer anderen Warte betrachtet, steht Luzifer zwischen dem der Materie verhafteten Schöpfergott und den Menschen und ist sogar ein Werkzeug des Gottes der Liebe. Nicht umsonst betrachtet eine katharische Überlieferung Luzifer als den Bruder Jesu.[131] Beide sehen ihre Aufgabe darin, die Schranke zwischen den Menschen und dem Göttlichen niederzureißen.

[131] Sie können sich hierbei sogar auf Psalm 109 (in manchen Ausgaben 110) stützen. In Vers 3 sagt Gott über den Messias, er habe ihn im Mutterschoße vor Luzifer gezeugt (ex utero ante luciferum genui te). Es darf uns nicht verwundern, daß es für diesen Vers noch eine weniger anrüchige Übersetzung gibt: Wie aus einer Scheide steigt Dir der Tau Deiner Jugend auf (quasi de vulva orietur tibi ros adulescentiae tuae). Hier können sich die Exegeten darauf berufen, daß der Psalmist lediglich von der Morgenröte spricht. Aber wie erklären sie das Buch Hiob, das sogar Satan zu den Söhnen Gottes zählt (Jiob 1/6)?

Baigent, Leigh und Lincoln sind auf ein Gedicht von Charles Péguy[132] gestoßen, das sie mit der Prieuré de Sion in Verbindung bringen. Vielleicht haben sie mit dieser Vermutung recht. Nur haben sie die Tragweite nicht erkannt: denn dieses Gedicht besagt, daß das Kreuz von Lothringen sowohl das Wappen Jesu als auch das des Satans sei.

Die Israeliten jagten alljährlich einen Ziegenbock in die Wüste, dem sie symbolisch die Sünden des ganzen Volkes aufgeladen hatten (Lev 16/8, 20-21). Wenn Jesus um unserer Sünden willen stellvertretend am Kreuz starb, was ist das Lamm Gottes dann anderes als der Sündenbock des Neuen Testaments? Chérisey deutet sogar eine Verbindung zwischen Christus und dem bockbeinigen Gott Pan an.

Angesichts der Tatsache, daß sich Jesus selbst mit der ehernen Schlange des Moses vergleicht (Joh 3/14), vereinigt er die beiden markantesten Züge der christlichen Teufelsvorstellung: Schlange und Bock. Warum also nicht den nächsten Schritt vollziehen und ihn mit der Schlange des Paradieses in Verbindung bringen, wie es schon die frühchristliche Sekte der Ophiten taten?

Dicht bei Rennes-le-Château, zwischen Alet und Montazels, gibt es einen Ort, der früher als die Felsen von Cascabel bezeichnet wurde. Patrick Ferté interpretiert dies als Zusammenziehung von Cascade belle, dem schönen Wasserfall - wegen eines kleinen Baches, der dort fließt. Aber vierzig Kilometer südlich von Rennes-le-Château, jenseits der spanischen Grenze, versteht man unter „cascabel" eine kleine Glocke, und unter dem Begriff „serpiente de cascabel" eine Klapperschlange. Und ein besonnter Felsen bietet sich als Ruheplatz für diese Tiere an. Heute heißt dieser Ort Ste.-Croix, das Heilige Kreuz; hier befänden sich noch die Ruinen einer alten Kirche. Die Schlange und das Heilige Kreuz: für manche Menschen eine Unvereinbarkeit. Kein Wunder, daß es dort gespukt haben soll.

Diese Namensgebung ist kurios und konnte von der Prieuré nicht beeinflußt werden. Dafür spielt sie auf das alchimistische Symbol der gekreuzigten Schlange an, indem sie Nicolas Flamel, der an einem 17. Januar eine Transmutation in Silber durchführte, zu ihrem Großmeister macht: Er verdankte seine Erkenntnisse dem sogenannten Buch Abrahams des Juden, wo sich eine solche Illustration an markanter Stelle wiederfindet.

Aber wenn weder seine Manifestationen Bock und Schlange noch Luzifer selbst a priori mit dem Bösen identisch sind, wo bleibt dann das Böse? Die Frage beantwortet sich bereits, wenn man das Alte Testament aufschlägt. Eine Sammlung von Geschichten über Inzest, Inzucht, Ehebruch, Prostitution, Vergewaltigung, Mord, Plünderung.[133] Das Böse ist unter uns.

Bei Chérisey beginnt das Teuflische noch früher: wörtlich bei der Distanz, die den Priester vom Pfarrer und den Bürger vom Beamten trennt, bei dem, was Ketzertum zur Seele einer neuen Religion werden läßt und aus einer Revolution das Fundament eines neuen Staates macht.

Auch jede beliebige Tageszeitung wird von der Präsenz des Bösen in der Welt überzeugen. Wir scheinen uns in einer Spirale der Gewalt und Gegengewalt zu befinden. Keiner ist bereit, die andere Wange hinzuhalten. Aber von der Logik her ist der Anspruch des Jesus von Nazareth unanfechtbar. Seine Freunde zu lieben ist einfach. Es bedarf auch kei-

---

132 Charles Peguy (1873 - 1914), französischer Schriftsteller, versuchte, Sozialismus und christliche Mystik zu verbinden.

133 Als Paradebeispiel sei nur das Buch der Richter, Kapitel 19 bis 21, genannt.

ner großen Anstrengung, um Gutes mit Gutem zu vergelten. Aber nur wer seine Feinde liebt, kann die Polarität zwischen Gut und Böse letztendlich aufheben. Und damit auch den Dualismus überwinden. Der erste Schritt der Gnostiker ist die Erkenntnis dieser Binsenweisheit. Der zweite ist ihre Verwirklichung.

Diese Diskussion über Gut und Böse, die Differenzierung zwischen Luzifer und dem Bösen an sich ist im übrigen keine müßige philosophische Abhandlung. Sie greift direkt ein Anliegen des Marquis de Chérisey auf. Er sagt wörtlich, wie man sogar den Teufel besiegt: durch die Liebe, die man ihm entgegenbringt.

Victor Hugo, laut Prieuré ein weiterer ihrer Großmeister, führt dies weiter aus. Liberté, der Engel der Freiheit aus der Feder des Luzifer, liebt ihren Vater und steigt freiwillig in seine Hölle hinab. Sie möchte die Menschen aus der Knechtschaft befreien und bittet ihn um seine Zustimmung. Und er, der bislang das Menschengeschlecht mit Haß verfolgt hatte, überwindet sich selbst und gibt ihr den Auftrag: „Geh!". Mit diesem Wort endet das Stück. Das Ende Satans ist nicht seine Zerstörung, sondern seine Gesinnungsänderung.

Eine Gesinnungsänderung, der es gar nicht bedarf, wenn Luzifer nicht mit dem Bösen identisch ist. Welche von diesen beiden Theorien richtig ist, lassen wir dahingestellt. Wie gesagt: eine biblische Grundlage hat die Rebellion der Engel sowieso nicht. Nur der Sündenfall der Menschen.

Roseline und das dreizehnte Zeichen

Der Tierkreis der Prieuré de Sion hat nicht zwölf, sondern dreizehn Zeichen. Aber eine britische Wissenschaftlerin, Mitglied der Königlichen Astronomischen Gesellschaft, stellte 1995 die Theorie auf, der bisherige Tierkreis stimme nicht mehr, es müsse ein dreizehntes Zeichen eingefügt werden: der Schlangenträger. Die BBC möchte diesem Thema eine ganze Fernsehserie widmen. „Le Serpent Rouge", welche genau diesen vorgeschlagenen Tierkreis beschreibt, stammt erwiesenermaßen aus dem Jahre 1967 und ist somit beinahe dreißig Jahre alt. Wie kam die Prieuré schon damals dazu, einen solchen Tierkreis zu postulieren?

Diese Frage könnte auch umgestellt werden: Warum hat der herkömmliche Tierkreis eigentlich *nicht* dreizehn Zeichen? Um die Antwort ist wohl niemand verlegen: weil die Zahl Dreizehn Unglück bringt. Anscheinend stimmt die Prieuré diesem Vorurteil genausowenig zu wie den herkömmlichen Vorstellungen bezüglich des Judas und des Luzifer.

Das geht nicht nur aus „Le Serpent Rouge" hervor. Victor Hugo, Großmeister der Prieuré, gibt seinem Jerusalem nicht zwölf Pforten, wie die Apokalypse dem himmlischen Jerusalem (Offb 21/12), sondern dreizehn. Ein anderer Großmeister, Nicolas Flamel, verfügte in seinem Testament, daß als Gegenleistung für eine Schenkung an die Kirche alljährlich dreizehn Blinde eine Prozession durch Paris unternehmen sollten. Angesichts der Bedeutung, welche die Prieuré dem Wortfeld Getreide einerseits und der englischen Sprache andererseits einräumt, ist es zudem fast unglaublich, daß diese unter einem „Baker's Dozen", wörtlich dem Dutzend eines Bäckers, ausgerechnet dreizehn Stück versteht. Und warum trinken Chériseys Protagonisten gerade im dreizehnten Kapitel von „Circuit" dreizehn Flaschen Champagner? Der wichtigste Hinweis Chériseys auf die Dreizehn ist punisch: ein Vergleich der Kanarischen Inseln mit den sieben Sternen des Großen Bären. Ein Blick in den Atlas zeigt, daß es in Wirklichkeit dreizehn Inseln sind.

Es heißt, die Zahl der Apostel weise auf die zwölf Stämme Israels hin (Mt 19/28). Louis Vazart spricht jedoch im Brustton der Überzeugung von dreizehn Stämmen. Und er hat recht: die Nachkommen von Jakobs Sohn Joseph werden in die Stämme Manasse und Ephraim unterteilt (Jos 14/4). Selbst wer nur die Kinder Jakobs berücksichtigen möchte, wird eines Besseren belehrt: auch diese waren dreizehn - seine Tochter Dina wird gerne ignoriert (Gen 30/21).

Eine der Begründungen für den schlechten Ruf der Zahl Dreizehn ist ausgerechnet die Tatsache, daß Jesus und seine Jünger zusammen dreizehn waren und einer aus der Gruppe ihn verraten sollte. Aber haben wir nicht gesehen, daß dieser Dreizehnte eine für die christliche Philosophie unumgängliche Aufgabe zu erfüllen hatte?

Wir müssen die Gründe für die Verteufelung der Zahl Dreizehn also anderswo suchen. Daß der Mond über Ebbe und Flut auf die Erde Einfluß nimmt, ist jedermann bekannt. Daß der Mond seine vier Phasen in achtundzwanzig Tagen durchläuft, ebenfalls. Es besteht kein Zusammenhang zwischen den Mondphasen und einem weiblichen Zyklus, der ebenfalls achtundzwanzig Tage beträgt. Aber diese Gemeinsamkeit war einer der Gründe dafür, daß der Mond in den meisten Kulturen als weiblich gilt. Und damit auch die Zahl Dreizehn: der Mond durchläuft jedes Jahr dreizehn Zyklen.

Auf jeden Fall war der Mond das Symbol der Diana beziehungsweise Artemis. Obwohl diese als Hekate als Schutzherrin der Hexen gilt, blieb dem Mond die „Verteufelung“ erspart, wie die Mondsichel zu Füßen der Madonna beweist. Nicht jedoch der Zahl Dreizehn.

Interessanterweise soll sich dieser unglückbringende Einfluß der Dreizehn verstärken, wenn sie als Datum mit dem Freitag zusammenfällt: dem Tag der Venus. Artemis selbst war nicht nur die keusche Jägerin, als die sie in Delos verehrt wurde. In Ephesus, ihrem berühmtesten Kultort, weist sie alle Merkmale einer Liebes- und Fruchtbarkeitsgöttin auf. Sprich: Artemis und Venus - und damit Luzifer - sind identisch. Nun wissen wir, warum der Prieuré auch an der Rehabilitierung der Zahl Dreizehn liegt.

Kapitel 9 - Die Schwarzen Madonnen

Der 17. Januar

Wir haben bereits gesehen, daß Chérisey den Schauplatz der Handlung von „Circuit", die Kanarischen Inseln, bewußt gewählt hat: aufgrund ihrer Anklänge an die Hesperiden und damit Venus und Luzifer. Es darf uns daher auch nicht erstaunen, daß sich diese Handlung ausgerechnet um die Weihnachtsfeiertage und somit unter dem Sternzeichen des Steinbocks abspielt. Und zum Jahreswechsel 1968, eine Zahl, welche aus den uns wohlbekannten Ziffern 6/9, 8 und 1 zusammengesetzt ist.

Allerdings mag es befremden, daß Chériseys Protagonisten, Anne und Charlot, die Inseln bereits vor dem 17. Januar wieder verlassen. Würde man nicht erwarten, daß sich gerade dieser Tag durch entscheidende Ereignisse auszeichnet? Diese Abweichung von der Ideologie der Prieuré verlangt eine Erklärung.

Bemerkenswert ist, daß im Text selbst weniger der 17. Januar als der 6. hervorgehoben wird. An diesem Tag sei der Planet Saturn, der Herrscher des Sternzeichens Steinbock, am mächtigsten. Die Ereignisse, die sich an diesem 6. Januar abspielen, werden ausgerechnet im 17. Kapitel von „Circuit" beschrieben, das nach der entsprechenden (17.) Tarotkarte den Titel „L'Etoile", der Stern, trägt. Eindeutig eine Anspielung auf den Stern, dem die drei Weisen aus dem Morgenland folgten.

Wenn auch in „Circuit" an diesem Tag weniger die Ankunft der Heiligen Drei Könige als ein Geburtstag gefeiert wird: der von Guérin, Sohn der Gräfin Cagliostro und Arsène Lupins. Chérisey gibt dem Leser den Hinweis, daß der 6. Januar gleichzeitig der Namenstag Guérins ist. Wenn der Leser nun eine Heiligenlegende zur Hand nimmt, so wird er mit Erstaunen feststellen, daß dieser heilige Guérin ausgerechnet Bischof der Schweizer Diözese Sion war. Dadurch ist bewiesen, daß sich die Prieuré mit diesem 6. Januar identifiziert.

Dennoch fehlt uns noch die Verbindung zum 17. Sie ist „punischer" Art und arbeitet mit dem beschriebenen Prinzip, etwas zu behaupten, das anhand der vorliegenden Unterlagen nachweisbar falsch ist. Chérisey bezeichnet Guérin nämlich als Angelsachsen, obwohl sein Vater Franzose und seine Mutter französisch-italienischer Abstammung ist.

Ein Hinweis, wo des Rätsels Lösung zu finden ist: im angelsächsischen Raum. Denn dort feierte man die Heiligen Drei Könige bis 1752 an einem Tag, der auf dem Kontinent seit 1582 bereits dem 17. Januar entsprach. Die Erklärung hierfür liegt in der Gregorianischen Kalenderreform, die in Großbritannien wesentlich später als auf dem Kontinent eingeführt wurde. Noch heute heißt der 17. Januar dort „Old Twelfth Night", die ehemalige zwölfte Nacht - gemeint ist nach Weihnachten.

Wobei das Datum von Weihnachten genauso relativiert werden muß. Denn erst im Jahre 354 legte der Bischof von Rom es auf den 25. Dezember, so daß es mit den Feierlichkeiten zur Geburt des Mithras, des vorchristlichen Lichtgottes aus dem Iran, zusammenfiel. Auch Sol Invictus, die unbesiegte Sonne, deren Kult mit dem des Mithras vermischt wurde, feierte ihre Wiedergeburt am 25. Dezember, kurz nach der Wintersonnenwende.

Auf diese Art sollte vermutlich den Anhängern dieser weit verbreiteten Religionen der Übertritt zum Christentum schmackhaft gemacht werden.

Vor 354 wurde Weihnachten an einem anderen Tag gefeiert: ausgerechnet am 6. Januar. Die Ostkirche hält heute noch an diesem Datum fest. Allerdings war auch der 6. Januar nicht zufällig gewählt. Schon bei den alten Ägyptern hatte dieser Tag im Zusammenhang mit dem Mythos um Tod und Wiedergeburt des Osiris eine Bedeutung.

Bedeutungsvoll ist, daß manche Feste zwar verlegt wurden, das alte Datum jedoch unter einem neuen Namen weiterhin gefeiert wurde. Der 6. Januar wurde nach 354 zur Epiphanie, dem Fest der Erscheinung Christi. Und zum Tag, an dem sich seine Kraft zum ersten Mal manifestiert haben soll: anläßlich der Hochzeit zu Kana, über die Transmutation von Wasser in Wein (Joh 2/9).

Lichtmeß, das vierzig Tage nach Weihnachten gefeiert wird, rückte durch die Verschiebung von Weihnachten vom 14. auf den 2. Februar. Am 14. Februar wird nunmehr des heiligen Valentin gedacht, zur Freude aller Gärtnereien. Aber schon die alten Römer feierten diesen Tag mit Blumen - zu Ehren der Göttin Juno.

Der heilige Valentin war ein römischer Märtyrer, der zur Zeit des Kaisers Claudius lebte und zum Patron der Bienenzucht wurde. Die Biene ist uns im Laufe dieser Abhandlung schon mehrmals begegnet. Was es mit ihr auf sich hat, werden wir gleich erfahren.

Dafür müssen wir zuerst untersuchen, was sich hinter dem Lichtmeßfest eigentlich verbirgt. Denn an diesem Tag feiert die Kirche zwei Feste: die Präsentation Jesu und die Reinigung Marias, die beide im Tempel von Jerusalem stattfanden. Jesus als Erstgeborener war dem Herrn geweiht und mußte durch ein Opfer ausgelöst werden (Ex 13/2 u. a.). Und eine Frau, die ein Kind geboren hatte, galt vierzig Tage lang als unrein und unterzog sich dann einer Reinigungszeremonie im Tempel (Lev 12/8).

Nur erklärt weder der eine noch der andere Anlaß den Namen Lichtmeß. Wenn er sich auf Jesus als das Licht der Welt bezieht, wie die orthodoxe Erläuterung[134] behauptet: warum lautet dann die volle Bezeichnung „*Mariä* Lichtmeß“? Auch hat das Lichtmeßfest in seiner ursprünglichen Form, Festa Candelarum, Fest der Kerzen, weder mit Licht oder Heiligkeit im allgemeinen, sondern konkret mit Kerzen zu tun. Das Volk habe an diesem Tag Umzüge mit Kerzen veranstaltet - in Rom allerdings bereits im 5. Jahrhundert vor Christus, zu Ehren der Göttin Ceres[135].

Das Lichtmeß fest

Auf jeden Fall scheint das Lichtmeßfest für die Prieuré und die von ihr inspirierten Autoren von Bedeutung zu sein. Gérard de Sède weist in „Les Templiers sont parmi nous“ darauf hin, daß eines der aus dem Mittelalter stammenden Graffiti von Gisors sich auf das Lichtmeßfest bezieht. Und auf was spielt Chérisey an, wenn nicht auf die Reinigungszeremonie Marias, als er die Verbindung zwischen Rennes-les-Bains und Rennes-le-Château darin sieht, daß man ein Bad (bain) nehmen müsse, um zur Burg (château) zu gelangen?

---

[134] Unter Berufung auf Lk 2/32, Joh 1/4, Apg 13/47, die wiederum Querverweise auf diverse Stellen des Alten Testaments darstellen sollen.

[135] Ceres ist lediglich die römische Bezeichnung für die Erdgöttin Demeter, der die Mysterien von Eleusis geweiht waren.

Der Hinweis auf Maria ist in dem Wort „Rennes" zu suchen: weil die Prieuré es mit „reine" (Königin) gleichsetzt.

Daneben beschreibt er ein tatsächlich existierendes Volksfest in Arles-sur-Tech, ganz in der Nähe von Rennes-le-Château gelegen, in dem interessanterweise eine weibliche Gestalt namens Rosetta - eine Anspielung auf Roseline? - und ein Bär vorkommen. Das Datum nennt er nicht: es wird jeweils am Sonntag nach Lichtmeß gefeiert. Ebenso erwähnt er scheinbar beiläufig eine Marienstatue, die 1639 nach einem Schiffsuntergang auf der Kanareninsel Hierro angespült wurde.

Eine Anspielung auf eine wesentlich bekanntere Madonnenfigur der Kanaren: Nuestra Señora de la Candelaria, Unsere Liebe Frau vom Lichtmeßfest, die Anfang des 15. Jahrhunderts an einem Stand Teneriffas aufgefunden wurde. Diese Madonna ist weniger aufgrund ihrer künstlerischen Bedeutung als aufgrund der Legende bekannt, die sich um sie rankt. Obwohl sie nicht besonders dunkelhäutig ist und ihre schwarzen Augen sogar in scharfem Kontrast zu goldblonden Haar stehen, zählen spanische Autoren sie zu den Schwarzen Madonnen.

Zudem sind sie der Meinung, daß die Candelaria ursprünglich von einer Gruppe Templer oder ihren Nachfolgern nach Teneriffa gebracht wurde. Das sehen sie bereits durch ihren Namen bestätigt: Lichtmeß gehört zu den Festen, die laut Regel in allen Templerkomtureien gefeiert wurden.

Daneben gibt es ein merkwürdiges geschichtliches Detail, das gerade aufgrund seiner scheinbaren Bedeutungslosigkeit im Zusammenhang mit diesen Thesen Erwähnung verdient. Ende des 15. Jahrhunderts wurde ein Mann namens Robert Sablé zum Pfarrer der kleinen Felsenkapelle von Achbinico ernannt, wo seinerzeit die Schwarze Madonna von Candelaria verehrt wurde. Dreihundert Jahre vorher hatten die Templer einen Okzitanier namens Robert de Sablé zum Großmeister gewählt. Dieser war vor seinem Eintritt in den Tempel zweimal verheiratet gewesen, vielleicht war er also ein Vorfahre des Pfarrers von Achbinico.

Spätestens mit dieser Nachbarschaft zu den Templern rückt Nuestra Señora de la Candelaria auch neben die Prieuré. Schließlich behauptet diese, für die Gründung des Ordens der Tempelritter verantwortlich zu sein.

Interessant ist auch, daß die Madonnenstatue ausgerechnet am 7. November 1826 auf genauso mysteriöse Weise verschwand, wie sie einst aufgetaucht war: sie sei bei einem verheerenden Unwetter ins Meer gespült worden. Die Jahreszahl enthält die Ziffern 1, 8 und 6, und der 7.11. bildet eine Umkehrung des 17.1.

Mehr noch: zumindest ein Spanier vertritt die These, daß damals nicht das Original verlorenging, sonder eine Kopie, die der offiziellen Version nach noch heute in Adeje, auf der anderen Seite der Insel, verehrt wird. Er ist der Meinung, daß es sich dabei um das Original handelt, das vor dem verhängnisvollen Unwetter gegen die im 16. Jahrhundert hergestellte Kopie ausgetauscht wurde. Der Zufall will es, daß diese Kirche der heiligen Ursula geweiht ist. Diesen Namen übersetzen die Heiligenlegenden mit kleine Bärin oder Bärenstreiterin, was eindeutig an eines der Leitmotive der Prieuré erinnert: die Sternbilder des Großen und Kleinen Bären, die, so wissen wir inzwischen, in der französischen Sprache beide weiblich sind.

Die christliche Ideologie macht die heilige Ursula zur Anführerin von elftausend jungfräulichen Märtyrerinnen, deren Überreste noch heute in Köln verehrt werden.[136] Eine weniger fromme Auslegung hingegen sieht in ihr die Nachfolgerin der germanischen Göttin Ursa oder Hörsel. Nach ihr ist der Hörselberg in Thüringen benannt: der Venusberg der Thannhäuser-Legende.

Interessant ist weiterhin, daß der Spanier, der obige Theorie vertritt, ausgerechnet Emiliano E. Bethencourt heißt und als Nachfahre des Mannes gilt, den wir im Zusammenhang mit dem Gänsespiel kennengelernt haben. Wir werden später verstehen, warum wir diese „Zufälle" nicht unberücksichtigt lassen dürfen.

Es existiert noch ein weiteres Indiz für die Bedeutung, welche die Prieuré dem Lichtmeßfest beimißt: ihr Hinweis auf die merkwürdige Collage des Abbé Saunière. Der untere Teil ist in Text und Bild eindeutig: die Anbetung der Heiligen Drei Könige. Der Gedanke liegt nahe, daß sich auch die obere Zeichnung - das kleine Kind, das von Engeln auf einer Decke davongetragen wird - auf ein Kirchenfest bezieht. Der Text scheint auf den Jahreswechsel hinzuweisen: „Das Jahr 1891 wird in die Ewigkeit getragen."

Wir haben jedoch gesehen, daß mit dem Dreikönigsfest nicht nur der 6., sondern auch der 17. Januar gemeint sein kann. Hat auch der Jahreswechsel neben dem 1. Januar noch eine weitere Bedeutung? Ja. Zeitweise wurde das Jahr von Pfingsten zu Pfingsten gerechnet. Das Kirchenjahr beginnt am ersten Advent, das bäuerliche Jahr in manchen Gegenden Anfang Februar: Knechte und Mägde traten eine neue Stelle am Tag nach Lichtmeß an.

Die Zeichnung selbst scheint letzteres zu bestätigen. Das Kind hält nämlich eine Kerze in der Hand. Es gibt zwei Feste im katholischen Kirchenjahr, die einerseits mit Kerzen zu tun haben und andererseits dicht aufeinanderfolgen: Lichtmeß, am 2. Februar, und das Fest des heiligen Blasius, ein Tag später. Aber um welches der beiden Feste geht es?

Im spanischen Ort Almonacid del Marquesado führt eine Gruppe von Männern am 2. und 3. Februar Tänze auf, die bis zu einer Art Extase führen sollen. Dieses Fest nennt sich „La Endiablada". Dieser Ausdruck erinnert nicht nur an „diablo", der Teufel, sondern leitet sich auch von ihm ab. Was es damit auf sich hat, besprechen wir noch. „La Endiablada" sei auf die Hirten zurückzuführen, welche während der Reinigungszeremonie Marias durch ihre Tänze die Blicke der Profanen von der Jungfrau ablenken wollten. Während die Tänzer jedoch am 2. Februar eine Kappe tragen, tauschen sie diese am 3. gegen eine mitrenähnliche Kopfbedeckung aus, zu Ehren des Bischofs Blasius.

Und obwohl der heilige Blasius bereits im 4. Jahrhundert gelebt haben soll, etablierte sich sein Kult erst nach dem 11. Jahrhundert, parallel zur Verehrung der Madonna. Die berühmte Schwarze Madonna von Vichy befindet sich in einer dem heiligen Blasius geweihten Kirche. Sogar die Grotte von Achbinico auf Teneriffa, wo früher die Madonna von Candelaria verehrt wurde, ist heute eine Kapelle des heiligen Blasius.

Es sieht so aus, als bestände zwischen dem heiligen Blasius und der Jungfrau, sogar speziell dem Lichtmeßfest, eine Verbindung. Daß die Prieuré letzerem Bedeutung zumißt, wissen wir inzwischen. Wie steht es mit dem heiligen Blasius? Sie behauptet, zwischen 1918 und 1963 sei der Künstler Jean Cocteau ihr Großmeister gewesen. Und dieser ist in

---

[136] Vergessen wir nicht: die Stadt des heiligen Reinhold, gefeiert am 7.1. Und der Ort, wo bis zum heutigen Tag ein Reliquienschrein vorgezeigt wird, welcher die Gebeine der Heiligen Drei Könige enthalten soll - gefeiert am 6.1. beziehungsweise 17.1.

einer dem heiligen Blasius geweihten Kirche bestattet, St.-Blaise-des-Simples, in Milly-la-Forêt. Die Bedeutung dieses Ortes wird auch von Louis Vazart in seiner Biographie über Dagobert II. betont: dort sei er zum König gekrönt worden.

Gérard de Sède erwähnt eine Sagengestalt namens Blaiseau l'Ardent. Eine der Gralslegenden verleiht Merlin, dem zauberkundigen Ratgeber von König Artus, einen Lehrer namens Blaise. Ein Wort, das ähnlich wie „Blaise" klingt und ebenfalls eine wichtigen Stellenwert in den Prieuré-Unterlagen einnimmt, ist „blésois", das Adjektiv zur Stadt Blois. Einer alten Prophezeiung nach soll ein König von Blois einst in Rom herrschen und gemeinsam mit dem Papst die Reformation der Welt durchführen. Gaston von Orléans hielt sich häufig dort auf. Und nicht umsonst ließ sich Pierre Plantard gerade in Blois zum Großmeister wählen.

Es existiert noch eine Ortsbezeichnung, die an „Blaise" beziehungsweise „blésois" erinnert. Louis Vazart weist darauf hin, daß Sigebert IV., der Sohn König Dagoberts, nach seiner Flucht in der Nähe von Rennes-les-Bains einen Jagdunfall erlitt. Dieser Unfall habe sich bei einer Quelle namens Blésia ereignet. Und über dieses Wort bringt die Prieuré sogar noch ein weiteres Datum beziehungsweise ein drittes Kirchenfest ins Spiel.

... und seine Begleiter

Denn Blésia werde inzwischen Le Pontet genannt, was Jean-Luc Chaumeil als „kleine Brücke" interpretiert. In einem anderen Zusammenhang zitiert er einen Abschnitt aus einer alten Biographie Dagoberts II., der eine andere Brücke erwähnt, diesmal bei Stenay. Chaumeil macht aus dieser - im Original - eisernen Brücke in seiner Übertragung ebenfalls eine kleine Brücke. Diesen Ausdruck überträgt er auf punische Weise ins Englische: als „bridjet". „Bridjet" wiederum setzt er mit dem Namen Bridget gleich, auch Brigid geschrieben, der englischen Version von Brigitte.

Es gibt zwei bekannte Heilige dieses Namens, Brigitte von Schweden (1303-1373) und Brigitte von Kildare (Irland, ca. 450-525). Die Prieuré meint die irische. Denn immer wieder weist sie auf den eigentlich völlig nebensächlichen Umstand hin, daß auch der Vater Dagoberts II. zu den Heiligen zählt. Und Sigebert III. wird am 1. Februar gefeiert - am gleichen Tag wie Brigitte von Kildare.

Diese heilige Brigitte war jedoch lediglich die Nachfolgerin einer keltischen Göttin namens Brigit, der das Imbolc-Fest Anfang Februar geweiht war. Die heidnische Brigit war eine Tochter von Dagda, dem Vatergott des irischen Feengeschlechts Tuatha de Danaan. Dieser soll einen Kessel besessen haben, der seine Krieger nicht nur auf wundersame Weise mit Nahrung versorgte, sondern sogar wieder zum Leben erwecken konnte - eine frühe Gralsversion.

Die Legende hält diese Verbindung zwischen der heiligen Brigitte und dem Gral aufrecht. Denn der Überlieferung nach soll Brigitte von Kildare ausgerechnet an einem Ort gestorben sein, der mit dem christlichen Heiligen Gral in Verbindung gebracht wird: Glastonbury. Und wie dem Heiligen Gral selbst wird ihr die Vermehrung beziehungsweise Verwandlung von Nahrung zugeschrieben, so die von Wasser in Bier. Eine Überlieferung macht sie zur Patronin der Ritter, die ihre Bräute nach ihr benannten: das englische Wort für Braut, bride, leite sich von ihrem Namen ab. Ein alter irischer Brauch empfiehlt einer

Braut, am Abend vor ihrer Hochzeit die heilige Brigitte einzuladen, auf daß ihr Ehestand mit Kindern gesegnet werde.

Die heilige Brigitte hat also trotz ihres klösterlichen Lebens mit Fruchtbarkeit zu tun. Und mit Rosen. Denn das Rosenkranzgebet, welches dem heiligen Dominik[137] zugeschrieben wird, stammt in seiner ursprünglichen Form von der heiligen Brigitte.

Eine merkwürdige Anekdote verbindet sie sogar mit der heiligen Roseline. Maurice Barrès beschreibt in seinem Buch über den Wallfahrtsort Sion, auf das wir später noch eingehen, eine Darstellung der heiligen Roseline auf dem Totenbett: mit den Abzeichen eines Priesters, welche eine Priorin der Kartäuserinnen in diesem Moment tragen dürfe. Die heilige Brigitte hingegen sei tatsächlich zum Priester geweiht worden. Als sie beim Bischof von Ardagh und Clonmacnoise die Beichte ablegte, erteilte dieser ihr irrtümlich nicht die Absolution, sondern sprach die Konsekration zum Priester aus.

Auf jeden Fall sind die Hinweise der Prieuré auf den 1. Februar, über die heilige Brigitte und den heiligen Sigebert, der letzte Beweis dafür, daß sie diesem Zeitpunkt und somit dem Lichtmeßfest Bedeutung zumißt. Warum?

Kehren wir zu unserem Ausgangspunkt zurück.

Lichtmeß ist auf das römische Festa Candelarum zurückzuführen und hatte ursprünglich konkret mit Kerzen zu tun, und das lange vor der Zeitenwende. Zumindest in Bayern war es bis in jüngste Zeit üblich, an diesem Tag die Kerzen für das gesamte Jahr zu kaufen. Genau diesen Aspekt hebt Chérisey hervor. Seine Heldin Roseline übte zahlreiche Gelegenheitsjobs aus. Als sie tot ist, sieht ihr ehemaliger Geliebter Charlot sie jedoch in der Erinnerung nie als die Animateurin oder Schauspielerin, als die er sie kennengelernt hatte, sondern als „gentille marchande de bougies“, als freundliche Kerzenverkäuferin.

Zu den interessantesten Legenden um diverse ehemalige Templerkomtureien, die der spanische Autor Alarcón gesammelt hat, gehört die von Nuestra Señora de las Abejas von Santocraz, Unsere Liebe Frau der Bienen. Diese sei in einem hohlen Eichenstamm gefunden worden, der auch einen Bienenschwarm beherbergte. Und die Madonna weigerte sich hinfort, eine andere Beleuchtung als Kerzen aus reinem Bienenwachs zu dulden. Wer mit einer Öllampe vor sie trat, blieb zur Strafe so lange versteinert stehen, bis das Licht ausging. Auch andere Schwarze Madonnen hätten Wachskerzen allen anderen vorgezogen.

Wenn wir die Rolle der Schwarzen Madonnen als Nachfolgerinnen der alten Fruchtbarkeitsgöttinnen berücksichtigen, ist der Grund hierfür unschwer zu erkennen. Gibt es ein besseres Symbol für die unerschöpfliche Fruchtbarkeit einer allmächtigen Mutter als die Bienenkönigin? Ironischerweise bilden die Fenster der Kirche von Alet, wo früher ein Cybeletempel stand, heute noch ein Hexagramm. Und wenn dieses Hexagramm auch Davidstern genannt wird und als Siegel Salomons sogar in „Le Serpent Rouge“ vorkommt: wichtig ist für die Prieuré lediglich, daß es in seinem Inneren eine Bienenwabe bildet.

Der Ursprung des lateinischen Wortes „cera“ für Wachs ist unklar, es soll sich eventuell um ein Lehnwort aus dem Griechischen handeln. Wäre es nicht logischer, „cera“ mit Ceres, der römischen Göttin für die Fruchtbarkeit der Felder, zu verbinden?

---

[137] Dominik de Guzman (1170 - 1221), Gründer des Dominikanerordens, dem später die Inquisition übertragen wurde.

Die Biene in ihrer Wabe ist auch das Symbol, welches sich der von Louis Vazart gegründete „Cercle St. Dagobert II“ zum Emblem gewählt hat. Dies nicht nur deshalb, weil die Biene neben der Kröte ein Wahrzeichen der merowingischen Dynastie war. Die Biene sei immer schon das Abzeichen einer „société savante“ gewesen, einer Gemeinschaft, die sich mit Wissen beschäftigt.

Allerdings nicht um Wissen, das man mittels Büchern erwerben kann: die von der Biene hergestellten Produkte, sowohl der Honig als auch die Wabe, trotzen jeder Analyse; ihre Entstehung kann im Labor nicht nachvollzogen werden. Zur Zeit des heiligen Bernhard gab es noch keine Laboratorien. Dennoch scheint er zur gleichen Erkenntnis gekommen sein: er verglich den Heiligen Geist selbst mit einer Biene.

Damit haben wir den letztendlichen Grund gefunden, warum die Prieuré dem Lichtmeßfest solche Bedeutung zumißt. Der Heilige Geist steht für ultimative Erkenntnis, innere Erleuchtung: Gnosis.

Notre-Dame des Cross

Wir haben in einem früheren Kapitel die verschiedenen Erläuterungen zur sogenannten „Schrift D M“ und einen eventuellen Zusammenhang mit Nostradamus beziehungsweise einem Roman von Maurice Leblanc behandelt. Eine Erklärung fehlt uns noch. Für Yves Lierre nämlich bezieht sich diese „Schrift D M“ auf Deorum Mater, die unter vielen Namen verehrte Mutter der Götter. Die Tatsache, daß die - eventuell von der Prieuré selbst verfaßte - umstrittene Stublein-Publikation eine ihr geweihte Stele abbildet, die ausgerechnet in Alet stand, scheint seine These zu bestätigen.

Der klassische römische Dichter Lucius Apuleius gab der Göttin Isis folgende Beinamen: Mutter alles Bestehenden, Herrscherin über die Elemente, Königin der Toten und der Unsterblichen, angebetet vom gesamten Weltall, unter verschiedenen Formen und verschiedenen Namen: Pallas Athene, Venus von Baphos, Prosperina, Ceres, Juno, Hekate. Nur die Ägypter würden ihren wahren Namen kennen: die Königin Isis.

Später umschrieben die Litaneien die Jungfrau Maria als Königin des Himmels auf ähnlich poetische Weise: Arche des Bundes, geistliche Rose, Sitz der Weisheit, vortreffliches Gefäß der Andacht, Quelle aller Freuden, um nur einige zu nennen.

Gérard de Nervals[138] Novelle „Aurélia“, auf welche die Prieuré immer wieder hinweisen läßt, verbindet diese beiden Komponenten. Er läßt die Göttin sagen: „Ich bin identisch mit Maria, identisch mit Deiner Mutter, identisch mit der Frau, die Du in verschiedenen Formen immer geliebt hast ... Bald wirst Du mich so sehen, wie ich wirklich bin.“ Die ewige Isis erscheine ihm bisweilen in Gestalt der antiken Venus, bisweilen auch mit den Zügen der Jungfrau der Christen. Auch erwähnt Nerval wörtlich die duftenden Wälder von Baphos.

Diese Synthese greift „Le Serpent Rouge“ wieder auf: die Initiierten würden den wahren Namen derjenigen kennen, welche bei den einen einst Isis hieß und bei den anderen Magdalena. Dieser Name laute „Notre-Dame des Cross“ - unsere Liebe Frau vom Kreuz beziehungsweise der Kreuze.

---

[138] Gérard de Nerval, eigentlich Gérard Labrunie (1808 - 1855), französischer Schriftsteller und Lyriker mit Neigung zu Okkultismus und Mystik.

Die Bedeutung dieses Namens wird auch von Chérisey hervorgehoben, durch einen punischen Hinweis. Er läßt nämlich einen Mann namens Voluta auftreten. Voluta ist die spanische Bezeichnung für die spiralförmigen Ornamente, in der Fachsprache Voluten genannt, welche die sogenannten ionischen Säulenkapitelle schmücken. Auf Französisch nennt man sie schlicht „crosse".

Unser Abbé Boudet bestätigt, daß in der Nähe von Caunes tatsächlich eine Marienkapelle oder -statue mit einem ähnlichen Namen existiert: Notre-Dame du Cros. Er benützt den Ort als Illustration seiner These, die meisten keltischen Ortsnamen leiteten sich in Wirklichkeit aus dem Englischen ab.

Was bedeutet dieser Ausdruck wirklich? Da die Gemälde von Eugène Delacroix (des Kreuzes) ebenfalls in der Ideologie der Prieuré eine wichtige Rolle spielen, ist man versucht, bei „des Cross" zuerst an ihn zu denken, wie schon beim „Bergère"-Text, zumal es im 19. Jahrhundert noch einen weiteren Maler dieses Namens gab, Henri Edmond Delacroix, der sich selbst Henri Cross nannte - und ausgerechnet an einem Ort namens St.-Clair starb.

Wer jedoch schon einmal einen Urlaub in Irland verbracht hat und sich etwas für die Kultur des Landes interessiert, der weiß, daß wir bei der Beschreibung der heiligen Brigitte einen wichtigen Aspekt nicht berücksichtigt haben. Denn in Irland findet man in jedem Souvenirladen merkwürdig geformte Binsenkreuze, die nach ihr benannt sind. Bei diesem „St. Brigid's Cross" handelt es sich jedoch nicht um ein übliches Kruzifix, sondern um ein gleichschenkliges Kreuz, das zudem auf eine besondere Form verflochten wird: die einzelnen Balken sind jeweils um eine Balkenbreite versetzt. Der Volksglaube assoziiert die heilige Brigitte nicht nur mit einem Kreuz, sondern rückt sie direkt in die Nähe der Madonnen: sie trägt den Beinamen „Maria der Gälen".

Die heilige Brigitte ist also lediglich eine weitere Manifestation der Madonna - und damit der alten Muttergöttinnen. Daß wir diese Verbindung mit Irland nicht ignorieren dürfen, zeigt allein die Tatsache, daß Dagobert II., der Brennpunkt der Prieuré-Ideologie, gerade dort die Jahre verbrachte, die ihn formten. Mehr noch: seine erste Gemahlin Mathilde sei eine Verwandte der heiligen Brigitte gewesen.

Gelangte mit ihm ihre Verehrung auch in das fränkische Reich? Denn das Kreuz, welches die Iren nach der heiligen Brigitte benannt haben, wird in Bayern als Trudenkreuz bezeichnet und soll vor Hexen und Druden schützen. Unter diesem Begriff verstand man im Mittelalter - meist bösartige - weibliche Nachtgeister.[139]

Wer im Zusammenhang mit der heiligen Brigitte noch konkret den Aspekt der Wiedergeburt vermißt: auch dieser ist nicht weit zu suchen. Denn der Bruder der legendären heidnischen Brigitte, Angus Mag Og, soll in einem neolithischen Erdhügel in der Grafschaft Meath gelebt haben, welcher den Namen Newgrange trägt.[140] Newgrange besteht aus einem langen Korridor und einer inneren Kammer und wurde vor circa

139 Als weiterer Schutzzauber gegen die Truden oder Druden galt der sogenannte Drudenfuß. Dieser ist nichts anderes als das Pentagramm - der Venus. Allerdings waren die Truden nicht immer bösartig. Denn vor der Verteufelung der alten Religionen stellten sie das Gefolge der guten Göttin Holda dar - die Frau Holle des Märchens. Vermutlich sollte der Drudenfuß also ursprünglich diese Truden nicht abwehren, sondern anlokken. Wurde er später durch das Trudenkreuz ersetzt?

140 Ironischerweise hat der Name mit Feldbestellung und damit Getreide beziehungsweise Fruchtbarkeit zu tun: Grange ist ein anderer Name für Farm.

aus einem langen Korridor und einer inneren Kammer und wurde vor circa fünftausend Jahren erbaut.

Die offizielle Theorie lautet, an solchen Orten hätten Begräbnisse stattgefunden, aber diese Meinung ist nicht unumstritten. In jedem Bau dieser Art wurden zwar menschliche Überreste gefunden, aber zu viele, um von nur einer Person zu stammen, und zu wenige, um ihn als eine Begräbnisstätte für einen ganzen Klan erscheinen zu lassen. Wenn es sich um die Grabstätten von Fürsten handelt, müßte es zudem wesentlich mehr von ihnen geben.

Und warum sind diese Bauten alle so angelegt, daß am Tag der Sonnenwende das Licht der aufgehenden Sonne genau in das Innere der Kammer fällt? Newgrange orientiert sich an der Wintersonnenwende; über der Tür befindet sich extra eine Öffnung, welche das Licht bündelt.

Es sieht eher so aus, als hätten in diesen Kammern Riten über Tod und Wiedergeburt stattgefunden. Das Kloster Slane, wo Dagobert II. aufwuchs, liegt im übrigen weniger als zehn Kilometer von Newgrange entfernt.

Angesichts dieser Zusammenhänge erscheint es nicht mehr verwunderlich, daß die Prieuré unter den vielen Kirchen von Paris ausgerechnet die Bedeutung von St.-Sulpice mit seinem Gnomon hervorhebt.

Notre-Dame du Temple

Daß einige Autoren die kanarische Madonna von Candelaria auf die Templer zurückführen, haben wir bereits erwähnt. Sie ist nicht die einzige. Alarcón weist nach, daß sehr viele der Schwarzen Madonnen in Spanien mit den Templern zu tun haben: sie wurden von einem Templer aufgefunden oder in einer Komturei verehrt, bisweilen weist auch nur die räumliche Nähe darauf hin, daß den dort ansässigen Templern der Schutz der Wallfahrer oblag.

Ähnliches trifft auch auf Frankreich zu. In der Champagne stößt man einige Kilometer östlich der relativ gut erhaltenen Komturei Avalleur auf den Marienwallfahrtsort Notre-Dame du Chêne, Unsere Liebe Frau von der Eiche. Die archaische Statue erweckt den Eindruck, ohne menschliche Beeinflussung direkt aus einem Stück Holz herausgewachsen zu sein. Die These, daß es sich um einen alten Kultort handelt, wird durch das Vorhandensein eines Brunnens, gefaßt in einer Grotte, bestätigt.

Die Prieuré scheint die Templer sogar direkt mit den Vorgängerinnen der Schwarzen Madonnen verbinden zu wollen, den alten Erd- und Muttergöttinnen. In „Circuit" vergleicht ein Mann namens David Leroy - die Umkehrung von le roi David, König David - seine Mutter mit dem Schoß der Erde, in den er einst zurückkehren wird. Diese Mutter wird als uralt beschrieben, trägt jedoch andererseits einen neuen Minirock. Uralt und ewig jung, wie die Mutter Erde und die weiblichen Gottheiten, in deren Form sie verehrt wird. Ihr pailettenbesetzter Schleier erinnert nicht nur an den der Isis, Chérisey vergleicht ihn sogar mit dem Firmament.

Und diese Frau macht er zur ehemaligen Präsidentin des Roten Kreuzes. Wenn man den Begriff umstellt, invertiert, wird die Verbindung zu den Templern eindeutig: die Herrin einer Vereinigung, die nicht mehr existiert und als Symbol ein rotes Kreuz auf weißem

Grund führt: der Orden der Tempelherren. Auch Maurice Leblancs Protagonistinnen Coralie und Dorothée waren während des Ersten Weltkriegs Krankenschwestern des Roten Kreuzes.

Gérard de Sède läßt das gleiche Thema anklingen. In „Les Templiers sont parmi nous“ kommt er beiläufig auf eine kleine Anekdote zu sprechen die, isoliert betrachtet, keinerlei Sinn ergibt: Bevor König Salomon auf dem Berg Moria seinen Tempel errichten ließ, befand sich dort ein Feld, das von zwei Brüdern gemeinsam und einträchtig bearbeitet wurde. Zur Erntezeit war jeder bestrebt, dem anderen einen größeren Anteil der Garben zukommen zu lassen. Im Klartext: der Tempelberg von Jerusalem hat mit Getreide zu tun.

Wenn man will, kann man sogar das blonde Haar der mandeläugigen Schwarzen Madonna von Candelaria mit Getreide vergleichen, wie es aus dem dunklen Acker sprießt. Ist diese Assoziation der Grund, daß der Freimaurer Mozart seiner Pamina das blonde Haar in Verbindung mit schwarzen Augen verlieh?[141] Chériseys Roseline, welche diese körperlichen Attribute teilt, hält zudem in einer Schlüsselszene einen Apfel aus Nubien in der Hand, also vom schwarzen Kontinent, Sie stammt aus Rodez, was Chérisey ermöglicht, sie als „Rodézienne“ zu bezeichnen - ein Homophon zu „Rhodésienne“, Rhodesierin. Das bestätigt unsere These, daß Chérisey sie über ihren Verlobten Solly Mann alias König Salomon zur dunklen Königin von Saba machen möchte, der Salomon das Hohelied der Liebe gewidmet haben soll.

Salomon verehrte jedoch nicht nur die Königin von Saba, sondern auch die Göttin Astarte, wie in der Bibel nachzulesen (1 Kön [3 Kön] 11/5). Und die Erben von Salomons Tempelberg waren die Ritter des Templerordens.

Die Theorie, die Templer hätten einer Fruchtbarkeitsgöttin gehuldigt, wie sie in der Antike unter dem Namen Magna Mater, Demeter, Ceres, Cybele oder Artemis verehrt wurde, ist nicht neu. Schon allein der achteckige Artemistempel von Ephesus wirkt suggestiv, wenn man die Form zahlreicher Templerkirchen berücksichtigt.[142] Diese Darlegungen haben einen logischen Fehler: sie sind, zumindest ohne weitere Erläuterungen, unvereinbar mit dem Keuschheitsgebot des Tempels. Beim Prozeß gegen die Templer wurde zwar die Anklage der Homosexualität erhoben, aber nicht die sonstiger Ausschweifungen. Es ist nämlich unbestreitbar, daß es die etwas anrüchigen Aspekte der Verehrung der Großen Mutter gab, zum Beispiel die Tempelprostitution. Oder die Sitte, daß sich jede Frau einmal im Jahr für Geld einem beliebigen Fremden hingeben mußte, um dann den Lohn für ihre Dienste der Göttin zu opfern.

Ursprünglich stand ein anderer Gedanke hinter dieser Assoziation der Großen Göttin mit der käuflichen Liebe. Bei den Gnostikern verkörpert eine weibliche Gestalt namens Sophia die göttliche Weisheit. Sie wird einer Prostituierten gleichgestellt, weil die göttli-

[141] Denn Getreide beziehungsweise konkret die Ähre hat auch eine wichtige Funktion in der Ideologie der Freimaurer. Eines ihrer - inzwischen nicht mehr so - geheimen Kennworte lautet „Sebboleth“. Es stammt aus dem Buch der Richter (Ri 12/6) und bedeutet nichts anderes als Ähre. Im übrigen ist das „Ährenthema“ auch in der Kirche von Rennes-le-Château verborgen: schon mehrere Autoren sind darauf eingegangen, daß die Finger der Maria Magdalena auf dem Altarbild sich auf eine sehr seltsame Art kreuzen. Nur fiel ihnen nicht auf, daß sie verblüffend an eine Ähre erinnern.

[142] Kirchen, welche die Templer selbst errichten ließen, waren meist rund oder polygonförmig, wie die wichtigsten Kirchen Jerusalems. Originalkirchen der Templer kann man heute noch in London und Laon (Nordfrankreich) besichtigen.

che Weisheit allen zugänglich ist, die sie besitzen wollen. Ein etwas drastischer Vergleich, aber nicht unlogisch. Und typisch für die gnostischen Dualisten.

Abgesehen davon war auch der römische Tempel der Vesta rund. Ihre Priesterinnen, die Vestalinnen, wirken auf den ersten Blick wie ein Gegenpol zu den Priesterinnen der Großen Göttin. Wenn sie sich mit einem Mann einließen, wurden sie lebendig eingemauert. Aber dennoch gehörte es zu ihren Aufgaben, an den Fruchtbarkeitsriten teilzunehmen.

Es gab neben der Jungfrau Maria nur zwei weibliche Heilige, die laut Regel in allen Templerkomtureien gefeiert werden mußten. Die eine war Katharina von Alexandrien, deren Name mit „die allzeit Reine" übersetzt wird. Die andere war Maria Magdalena - die Nachfolgerin der Venus.

Chérisey greift diesen doppelten Aspekt wieder auf. Daß der Name Sibylle, den er einer seiner Protagonistinnen verleiht, starke Anklänge an die Muttergöttin Cybele hat, wissen wir inzwischen. Und einmal vergleicht er ihr Gesicht mit dem einer Hure, an einer anderen Stelle sagt er, sie wirke so unschuldig, daß man ihr ohne weiteres die heilige Kommunion ohne Beichte reichen würde.

Auch der Grabstein der Marquise de Hautpoul wiederholt die doppelte Natur der Großen Mutter: CATIN - die Hure und der Gral. Ramón Hervas hat im alten Irland eine ähnliche Doppeldeutigkeit gefunden: das Wort Tara habe sowohl die Venus als auch den Gral bezeichnet. Angesichts der Tatsache, daß die Iren die Nonne Brigitte von Kildare mit Fruchtbarkeit assoziieren, kein allzu abwegiger Gedanke. Ironischerweise hat sogar der männliche Nationalheilige Irlands, St. Patrick, mit dem Heiligen Gral zu tun. Denn sein Namenstag, der 17. März, ist gleichzeitig der des Joseph von Arimathäa, welcher den Gral auf die Britischen Inseln gebracht haben soll.

Wir haben gesehen, daß die Mysterien von Eleusis ein Ritual um Tod und Wiedergeburt darstellten. Das trifft auf alle antiken Mysterien zu. Chériseys Roseline ist in einen Autounfall verwickelt, bei dem ihr Beifahrer Charlot schwer verletzt wird und sie selbst umkommt. In einer Vision kündigt sie Charlot an, daß er in drei Tagen aus dem Koma erwachen werde; sie benützt dabei den Ausdruck „renaître", wiedergeboren werden. Dann läßt sie Charlot einige Schritte in das Reich der Toten machen. Aber plötzlich taucht sie wieder auf, nennt sich jedoch Dionysos, auf Deutsch: doppelt geboren. Eine eindeutige Anspielung auf den antiken Gott des Weines, dem ebenfalls ein ekstatischer Kult um Tod und Wiedergeburt geweiht war. Hat das im Mittelalter weit verbreitete Sprichwort „Saufen wie ein Templer" einen realen Hintergrund? Handelte es sich um kultische Gelage?

In „Les templiers sont parmi nous" geht Gérard de Sède auf den berüchtigten Roncelin de Fos ein, ein Templer, dem geheime Statuten und ein Initiationsritus zugeschrieben werden. Manuskripte über diese sogenannte „Feuertaufe" seien später in der Bibliothek des Vatikans aufgefunden und veröffentlicht worden. Ihre Echtheit ist umstritten. Was für die Prieuré recht irrelevant ist. Ihr geht es genauso um die Stadt Fos-sur-Mer an sich. Daß sie inzwischen ein riesiges Industriegebiet mit dem Schwerpunkt Eisen- und Stahlproduktion umfaßt, mag im ersten Moment ernüchternd wirken. Aber genau aus diesem Grund wird dort, wie auch in Lothringen, der Namenstag des Patrons der Schmiede ausgiebig gefeiert: des heiligen Eligius.

Bei einem Rundgang durch die Burg fallen merkwürdige Vertiefungen in dem weichen Stein auf. Archäologen gehen davon aus, daß die älteren, aus der Zeit vor dem 11. Jahrhundert, als Getreidesilos benutzt wurden. Die länglichen Einschnitte hingegen seien im 11. oder 12. Jahrhundert als Gräber benützt worden: ausgerechnet zur Zeit der Templer. Die Geschichte von Fos scheint also eines der Leitmotive der Prieuré beziehungsweise der antiken Mysterien, die Verbindung von Getreide und Tod, wiederholen zu wollen.

Zur Entstehung des Namens „Fos" gibt es zwei Theorien. Die eine führt ihn auf das lateinische „fossa" und einen Kanal aus der Römerzeit zurück, die andere leitet ihn vom griechischen Wort „phos" für Licht ab, das auch in dem selbsttätig leuchtenden Mineral Phosphor weiterlebt. Und in Phosphoros alias Luzifer.

Das Wildschwein und der Apfel

Das kleine Kind auf Saunières Collage hält einen runden Gegenstand in der Hand. Nur ist nicht eindeutig erkennbar, um was sich dabei handelt. In Frage kämen sowohl die Weltkugel als auch eine Frucht. Oder aber die Verbindung von beiden. Denn die bekannteste Darstellung einer Weltkugel, die zu den Insignien des Heiligen Römischen Reiches Deutscher Nation gehört, wird ausgerechnet Reichsapfel genannt. Er soll die kaiserliche Weltherrschaft symbolisieren. Beziehungsweise die des Christentums: die Weltkugel wird von einem Kreuz gekrönt.

Wenn man berücksichtigt, daß die Kirche erst Ende des 20. Jahrhunderts Galilei rehabilitierte, erscheint dieses Symbol reichlich ungewöhnlich. Der Reichsapfel entstand in der zweiten Hälfte des 12. Jahrhunderts. Wer hatte damals den ketzerischen Gedanken, die Welt als Kugel darzustellen? Genauso merkwürdig ist, daß diese Kugel ausgerechnet mit einem Apfel verglichen wird. So stellte das Mittelalter die Frucht des Baumes der Versuchung dar. Dennoch gibt es Madonnenstatuen, die einen solchen Apfel in der Hand halten.[143]

Schon im Zusammenhang mit dem Deckblatt von Boudets „La langue celtique" haben wir gesehen, daß der Apfelbaum beziehungsweise Apfel bei der Prieuré einen wichtigen Stellenwert einnimmt. Sogar in den „Bergère"-Text hat sie die Äpfel eingebaut. In „Circuit" tauchen Äpfel in allen möglichen Zusammenhängen auf. Noch wichtiger ist jedoch, daß Chérisey gleichzeitig immer wieder über Linden spricht und dann ganz beiläufig erwähnt, daß es zwischen der Linde und dem Apfelbaum Analogien gibt. Fazit: er spricht von Linden und meint Äpfel.[144]

Die griechische Sage vom Urteil des Paris erzählt, wie dieser unter drei Göttinnen die schönste aussuchen und ihr einen goldenen Apfel überreichen sollte. Allerdings ist sowohl Bergerac als auch Chérisey aufgefallen, daß diese Szene sehr an den Sündenfall erinnert. Der Apfel ist damit ein genauso ambivalentes Symbol wie die Schlange und das Horn.

Als wir den Zusammenhang zwischen den Kanarischen Inseln und den Hesperiden besprochen haben, blieb ein Aspekt unerwähnt. Die Hesperiden hüteten nämlich der Sage

---

143 Natürlich könnte man auch hier sagen, die Madonna reiche als „gehorsame Eva" diesen Apfel unversehrt zurück.

144 Wobei Apfel und Linde sogar eine Gemeinsamkeit haben: beide sind Symbole der Göttin Venus. Aus gutem Grund: wenn man einen Apfel quer, also entlang seinem Äquator, aufschneidet, stellt das Kerngehäuse ein Pentagramm dar. Und die Blüten der Linde sind bei den Bienen sehr beliebt.

nach die goldenen Äpfel der Hera. Der Raub dieser Äpfel gehörte zu den zwölf Aufgaben, welche das Delphische Orakel dem Halbgott Herakles auferlegt hatte.

Nur ist dies nicht die einzige Verbindung zwischen Herakles und unserer Geschichte. Wir haben ihn bereits als Befreier des Prometheus kennengelernt. Genauso gehörte er zu den Argonauten, die unter Jason aufbrachen, um das Goldene Vlies zu erobern. Dieses den Göttern geweihte Widderfell identifizierten die Alchimisten mit dem Stein der Weisen, dem auch die Prieuré nachstrebt. Sonst hätte sie nicht gerade Nicolas Flamel zu ihrem Großmeister gemacht.

So darf es uns nicht verwundern, daß Herakles sogar in „Le Serpent Rouge" namentlich erwähnt wird - ausgerechnet in der Strophe, die dem Sternzeichen Jungfrau gewidmet ist. Der Grund hierfür ist in der zwölften und schwierigsten der ihm gestellten Aufgaben zu suchen: dem Abstieg in das Reich der Toten. Dort herrschte Persephone, auch Prosperina genannt, die Tochter der Ceres, der die Mysterien von Eleusis geweiht waren. Zum Beweis, daß er dort gewesen war, sollte er den Wachhund Zerberus mit sich ans Licht des Tages bringen. Chériseys Codeworte „Ähre" und „Hund" sind also auch als Anspielung auf Herakles zu verstehen.

Die vierte Aufgabe des Herakles bestand darin, einen wilden Eber zu bändigen. Auch Boudet erwähnt diese Heldentat, in dem Kapitel, welches er der Wildschweinjagd widmet. Die zutraulichen Tiere, die sich heutzutage in den Wildgehegen tummeln und für die Speisekarte des nahegelegenen Restaurants auf der Warteliste stehen, lassen es nicht vermuten, daß einst zu ihrer Überwindung ein Halbgott nötig war. Oder daß ein Gott in jugendlicher Schönheit, Attis beziehungsweise Adonis, der Legende nach von einem Wildschwein getötet wurde. Nicht umsonst galt im Mittelalter die Jagd auf Wildschweine als die gefährlichste überhaupt: es ereigneten sich dabei zahlreiche Unfälle. Auch in der Heraldik war das Wildschwein aufgrund seines Kampfesmutes beliebt. So führt ausgerechnet die Stadt Fos seit dem 12. Jahrhundert ein Wildschwein in ihrem Wappen. Mitte des 15. Jahrhunderts gehörte der weiße Eber zu den persönlichen Abzeichen des englischen Königs Richards III.

Daß Philipp der Schöne, König von Frankreich, am 29. November 1314 in seinem Schloß Fontainebleau starb, kann in den Geschichtsbüchern nachgelesen werden. Nur die Todesursache scheint etwas unklar. Er sei auf der Jagd gegen einen Baum geschleudert worden, eine unbekannte Krankheit habe ihm in kurzer Zeit die Lebenskraft entzogen, er habe einen Schlaganfall erlitten und sei an dessen Folgen gestorben.

Gérard de Sède greift die Version des Jagdunfalls auf und wird konkret: ein Wildschwein habe ihn vom Pferd stürzen lassen. Er erwähnt sogar eine Quelle, laut der Dagobert II. auf der Wildschweinjagd ermordet wurde. Ein gleiches Schicksal ließ er dem Marquis de B. zustoßen, dem Protagonisten seines Buches „La race fabuleuse" und dem Vernehmen nach ein Merowinger. Laut einer alten Geschichte Britanniens hatte König Artus drei Söhne; einer davon wurde von einem magischen Wildschwein getötet. Sigebert IV. erlitt beinahe ein ähnliches Schicksal, einer Version nach sinnigerweise in der Nähe von Ebersheim. Gerettet hat ihn ausgerechnet ein Mann namens Arbogast, übersetzt mit Geist des Ebers. Gérard de Sède zitiert in „La race fabuleuse" einen Klassiker, der die Arkadier und somit auch die laut Prieuré von diesen abstammenden Merowinger mit Wildschweinen verglichen habe. Der Tod Philipps des Schönen durch ein Wildschwein erscheint daher als eine Art ausgleichende Gerechtigkeit; schließlich handelte es sich um einen Nachkommen der Karolinger und den Henker des Templerordens, mit dem die Prieuré und damit auch die Merowinger in Verbindung standen. Der Unfall Sigeberts hingegen erscheint widersinnig, ebenso wie der Tod des Marquis de B. Der Marquis de B. wurde zwar erschossen - ob Unfall oder Mord, bleibt offen -, aber hätte ihn sein Totemtier der Ideologie der Prieuré nach nicht beschützen müssen?

Einen ähnlichen Widerspruch haben Historiker und Anthropologen im Verhalten zahlreicher alter Kulturen entdeckt. Das Tier, das als Verkörperung einer bestimmten Gottheit gilt, ist gleichzeitig das bevorzugte Opfertier für diese Gottheit. Sprich: der Gott wird sich paradoxerweise selbst geopfert. Wenn man will, eine weitere Art der Überwindung des Dualismus.

Aber warum gerade das Schwein?

Östliche Überlieferungen sehen das Wildschwein als Emblem der höchsten Priesterklasse. Bisweilen habe sogar das Hausschwein diese Rolle übernommen. Der ägyptische Gott Seth riß in Gestalt eines Ebers seinem Gegner Horus ein Auge heraus. Keltische Stämme machten das Wildschwein zu ihrem Kriegsemblem. In verschiedenen Gegenden Europas betrachteten die Menschen das Schwein beziehungsweise den Eber zur Saatzeit oder während der Ernte als eine Verkörperung des Korngeistes. Schon im alten Rom wurden der Getreidegöttin Ceres Schweine geopfert.

Louis Vazart geht in „Abrégé de l'histoire des Francs“ auch auf die Etymologie des Wortes Verdun ein und leitet es ab von „Wehr“ und „Dun“. Dun bedeute Hügel oder Anhöhe und finde sich in Ortsbezeichnungen in ganz Europa wieder. Im gleichen Abschnitt erklärt er die Herkunft der Ortsbezeichnungen Sedun, Sedan und Sion: alle drei stammten von Sau-den beziehungsweise Saen-den ab und bedeuteten in der Übersetzung Hügel der Schweine oder Wildschweine.

Eine erstaunliche Behauptung. Möchte Vazart die Methode Boudet ad absurdum führen? Ist es nicht weitaus wahrscheinlicher, daß ein Ort namens Sion auf das biblische Zion zurückzuführen ist? Oder sollte man die Frage umgekehrt stellen? Führt vielleicht die Prieuré, entgegen ihrer offiziellen Gründungsgeschichte, ihren Namen nicht auf Sion, sondern auf das Wildschwein zurück?

Von Bedeutung ist in diesem Zusammenhang auch Vazarts Erklärung des Wortes „Dun“: im Hinblick auf das schottische Hügelfort Dunadd, die Hauptstadt des im 5. Jahrhundert gegründeten keltischen Königreiches Dalriada. Von den Verteidigungsanlagen des Hügelforts ist kaum mehr etwas zu sehen; die letzten Hinweise auf seine früheren Bewohner sind einige Vertiefungen und Schriftzeichen, die in den Fels geschlagen wurden. Die einzige gegenständliche Zeichnung stellt ausgerechnet ein Wildschwein dar. Die Gründer von Dalriada seien Einwanderer aus Irland gewesen, sie sollen den „Stone of Destiny“ mitgebracht haben, der Legende nach der Stein Jakobs.

Sion, der Hügel der Wildschweine, Dunadd mit dem Eber und der Schicksalsstein Jakobs - und dessen Ausspruch TERRIBILIS EST LOCUS ISTE über dem Kirchentor von Rennes-le-Château. Aber der Kreis kann noch erweitert werden. Michael Baigent und Richard Leigh stießen im westlichen Schottland auf merkwürdige Grabplatten, welche bezeugen, daß die Legenden über ein Weiterbestehen des verbotenen Templerordens in

Schottland einen wahren Kern haben könnten.[145] Diese Grabplatten befinden sich alle in der Gegend von Dunadd. Kilmartin, dessen Steine sie für die interessantesten halten, liegt nur einige Meilen nördlich der alten Hügelfestung. Diese Gegend zeichnet sich zudem durch eine Anzahl vorgeschichtlicher „cairns" aus: steinerne Hügel über merkwürdigen Kammern. Das Schwein als unberechenbare Gefahr und als Opfer der Ceres, als Korngeist und als Synonym für Sion, als Wappentier von Dunadd und von Fos ... Angesichts dieser Wandelbarkeit ist man versucht, das Schwein mit einem weiteren universellen Symbol in Verbindung zu bringen: dem Heiligen Gral. Es gibt sogar mehrere Hinweise auf diese Identität. Der irische Vatergott Dagda, Vater der keltischen Brigitte und Besitzer des Kessels der Erneuerung, besaß auch zwei wundersame Schweine, von denen das eine immer im Begriff war, gebraten zu werden, das andere permanent gemästet wurde. Das erinnert verdächtig an den Gral in seiner Rolle als unerschöpflicher Nahrungsspender. Eine Legende besagt, es sei der Genuß von Schweinefleisch gewesen, welcher seinem Volk, den Tuatha de Danaan, ewige Jugend verlieh. Und noch Eschenbach beschreibt seine Gralsbotin Cundry nicht nur als dicht behaart, sondern verleiht ihr sogar Eberzähne.

Aber wie immer wäre die Beweiskette, daß die Prieuré hier einen Zusammenhang wittert, nicht vollständig, gäbe sie uns nicht noch einen verdeckten Hinweis über ihr wichtigstes Datum: den 17. Januar. Denn der heilige Antonius wird oft mit einem Schwein dargestellt; so beschreibt ihn auch Chérisey. Einer Version nach hat dies mit den Versuchungen zu tun, denen er ausgesetzt war. Die christlichen Gleichnisse bringen das Schwein gerne mit Völlerei und Sinnlichkeit in Verbindung. Völlerei ist jedoch nur möglich, wo infolge großer Fruchtbarkeit Überfluß herrscht.

Über das Schwein schließt sich der Kreis zum Lichtmeßfest und den Schwarzen Madonnen. Ein weiterer Heiliger, den man bisweilen mit einem Schwein abgebildet findet, ist ausgerechnet der heilige Blasius.

Baal, der Teufel und die Große Göttin

Wir haben besprochen, daß die Prieuré dem Halbgott Herakles eine wichtige Rolle einräumt. Und das, obwohl schon Herodot diesen mit dem phönizischen Gott Melkart gleichsetzt, der besonders in der Stadt Tyrus verehrt wurde. Das Alte Testament nennt ihn Baal.

Üblicherweise gilt Baal als die absolute Antithese des alttestamentlichen Jahwe. Nur ist dies nur bedingt wahr. Es stimmt, in den Tempeln des Baal-Moloch wurden Menschenopfer dargebracht. Aber sind die Gewohnheiten Jahwes unblutiger?

Der Auszug aus Ägypten begann mit der Opferung der ägyptischen Erstgeburt (Ex 12/29). Und wurde die dem Herrn geweihte Erstgeburt der Juden schon immer durch ein Tieropfer ausgelöst (Ex 13/2)? War der Tod des erstgeborenen Sohnes von König David und Bathseba wirklich die Strafe Gottes, weil David für den Tod von Bathsebas erstem Gatten verantwortlich war? (2 Sam 12/14). Aber was konnte das unschuldige Kind dafür? Genauso heißt es, daß Gott den bedingungslosen Gehorsam Abrahams prüfen wollte, als er ihm befahl, seinen einzigen Sohn Isaak zu opfern (Gen 22/1, 12). Abraham scheint sich über dieses Ansinnen des Herrn keinesfalls gewundert zu haben. Bezeichnend ist auch,

---

[145] Siehe Fußnote 1.

daß Gott das Opfer Kains, die Früchte des Feldes, ablehnt, hingegen Wohlgefallen am blutigen Opfer Abels findet (Gen 4/4-5).

Basiert nicht das Christentum an sich auf der kosmischen Opferung eines Erstgeborenen, dessen Lebensweg mit der Opferung der Neugeborenen von Bethlehem und seiner Umgebung beginnt (Mt 2/16)? Wie konnten sich Himmel und Erde über den Geburt des menschgewordenen Gottes freuen, wenn gleichzeitig das Wehklagen der Mütter der gemordeten Kinder zu eben diesem Himmel aufstieg? Ausgerechnet der Maler Poussin scheint sich diese Frage gestellt zu haben. Sein Gemälde zu diesem Thema ist von einer ungeheueren Aussagekraft und stellt „Die Schäfer von Arkadien" bei weitem in den Schatten.

Gerade auf dem Berg Moria, wo die Opferung Isaaks stattfinden sollte, ließ Salomon später seinen Tempel errichten. Die Bibel berichtet, der König von Tyrus, also der Verehrer Baals, habe ihn dabei unterstützt.[146] Das wirft eine unangenehme Frage auf. Duldete Baal andere Götter neben sich oder war Hiram von Tyrus der Meinung, in Jerusalem werde Baal verehrt? Nicht einmal unter einem anderen Namen, denn das Wort „Baal" an sich bedeutet nur „der Herr", die allgemein übliche Bezeichnung für den Gott des Alten Testaments.

Erstaunlich ist, daß sich der Baalskult trotz seiner unangenehmen Komponenten so lange halten konnte.[147] Noch im dritten Jahrhundert, also kurz bevor das Christentum zur Staatsreligion wurde, verehrte der römische Kaiser Heliogabal Baal in Gestalt eines schwarzen Steines.

Daß der Ausspruch Jakobs TERRIBILIS EST LOCUS ISTE über der Kirchentür von Rennes-le-Château mit einem Stein zu tun hat, wissen wir inzwischen. Weniger bekannt ist, daß der Name, den Jakob diesem Ort verlieh, Beth-El, sich einer Theorie nach zur generellen Bezeichnung für kultische Steine entwickelte: der Ausdruck „Bätyl" leite sich von „Bethel" ab.

Natürlich ist dies nicht das einzige Indiz, welches den Baalskult mit unserem Thema verbindet. Denn laut Gérard de Sède besteht kein Zweifel daran, daß sich der Name des Dorfes Baâlon, in der Nähe von Stenay gelegen, von Baal ableitet.

Der Baal Heliogabals war nicht der einzige Gott, der in Gestalt eines Steines verehrt wurde. Die meisten dieser kultischen Steine waren jedoch ursprünglich der Großen Muttergöttin geweiht; erst später wurden sie aufgrund ihrer suggestiven phallischen Form mit männlichen Göttern assoziiert. Schon de Sède wies darauf hin, daß Notre-Dame von Avioth ganz in der Nähe von Baâlon liegt.

Der Kult der Großen Göttin ging auch nicht völlig unter, er wurde nur vom Kult der neuen männlichen Gottheiten in den Hintergrund gedrängt.

Der bekannteste weibliche Gegenpol zu Baal war im Mittelmeerraum unter dem Namen Tanit bekannt. Die berühmte Marienwallfahrtskirche von El Puig bei Valencia (Spanien) erhebe sich auf einem ehemaligen Heiligtum der Tanit. In einer ebenfalls der Jungfrau Maria geweihten Kirche im englischen Charlton-on-Otmoor steht ein Kreuz, für das die Gemeinde aus unerfindlichen Gründen das weibliche Personalpronomen „sie" benützt

---

[146] Siehe 1 Kön [3 Kön] 5/8 und 2 Chr 2/12-13

[147] Die gräßlichsten Szenen sollen sich nicht in Tyrus, sondern in Karthago abgespielt haben, während der Punischen Kriege mit Rom.

und das auf unheimliche Weise dem Tanit-Symbol ähnelt: kleines Kopfteil, kurzer Querbalken und sich nach unten stark verbreiternd.

Der Tanit wurden ebenfalls einst Menschenopfer dargebracht. Aber andererseits erinnert ihr Symbol verblüffend an das ägyptische Ankh-Kreuz oder Henkelkreuz, das Sinnbild des Lebens. Und das Kreuz von Charlton-on-Otmoor ist das ganze Jahr über mit grünen Zweigen umkleidet.

Wir haben im Schauplatz der „Endiablada" einen Ort kennengelernt, wo die Madonna mit dem Teufel selbst eine merkwürdige Symbiose eingegangen ist. Er ist nicht der einzige. So soll der Weinberg, welcher die „Liebfrauenmilch" liefert, vom Teufel angepflanzt worden sein.

Ein weiteres Beispiel liefert Chérisey: den sogenannten Teufel von Vauvert, ein Begriff, der in Frankreich sprichwörtlich geworden ist - auch Bergerac benützt ihn. Er bezieht sich auf einen Ort, der nicht genau lokalisierbar, aber auf jeden Fall weit entfernt ist. Aus diesem Grund begeht Chérisey einen „punischen" Irrtum, wenn er ihn in Paris ansiedelt. Später teilt er beiläufig mit, wo der Teufel von Vauvert zu suchen ist: in der kleinen Stadt dieses Namens im Rhônetal, im Mittelalter ein bedeutendes Marienwallfahrtszentrum auf dem Weg nach Santiago de Compostela.

Damals führte man dort, wie in anderen Städten auch, zur Erbauung der Pilger Mysterienspiele auf, Szenen aus der Bibel. Zur Auflockerung gab es dazwischen die „diableries", Possen um einen überlisteten Teufel. Und die „diableries" von Vauvert müssen so beeindruckend gewesen sein, daß sie sprichwörtlich wurden.

Das Marienheiligtum soll bereits im 8. Jahrhundert existiert haben, also zu einer Zeit, als die Marienverehrung noch recht ungebräuchlich war - ihr Wegbereiter war der heilige Bernhard, der im 12. Jahrhundert lebte und wirkte. Aber das Dorf Posquières, aus dem das heutige Vauvert entstand, läßt sich zurückführen bis in die Römerzeit. Vermuten wir getrost, daß dies auch für die Verehrung einer weiblichen Gottheit gilt.

In einem berühmten spanischen Wallfahrtsort küssen die Gläubigen noch heute andächtig einen kultischen Stein: in Saragossa, im Heiligtum von Nuestra Señora del Pilar, Unserer Lieben Frau vom Pfeiler. Diesen Pfeiler, eine Säule aus Jaspis, soll die Jungfrau Maria bei einem persönlichen Besuch, also keiner Erscheinung, im Jahre 40 n. Chr. dem Apostel Jakobus übergeben haben. Wen erstaunt es, daß die zugehörige Madonnenstatue den Namen „la morenita" trägt: die kleine Schwarze?

Die Verehrung des Pfeilers ist zwar schon sehr alt, aber der Grundstein für die heute noch existierende barocke Basilika wurde erst 1681 gelegt. Dem aufmerksamen Leser wird dieses Datum bekannt vorkommen: es steht auch auf dem Grabstein der Marquise von Hautpoul. Ironischerweise hatte genau tausend Jahre vor dieser Grundsteinlegung, 681, das Konzil von Toledo alle Gläubigen, die nicht von der Verehrung der Dolmen und kultischen Steine ablassen wollten, mit dem Kirchenbann bedroht. Im Jahr, in dem Sigebert IV. in Rennes-le-Château angekommen sein soll.

An manchen Orten schloß die Verehrung der Madonna die der kultischen Steine ein - im wahrsten Sinne des Wortes. Nachdem Revolutionäre 1794 die Madonnenfigur von Le Puy verbrannt hatten, fand sich in der Asche ein mit Hieroglyphen bedeckter Stein. Alarcón sieht zudem eine direkte Verbindung zwischen der legendären orientalischen Herkunft zahlreicher Madonnenfiguren und der Tatsache, daß die kultischen Steine speziell in Kleinasien und Nordafrika schon seit Urzeiten angebetet wurden. Vermutlich waren die ältesten Steine Meteoriten und wurden deshalb als göttlich verehrt, weil sie vom Himmel gefallen waren. Wie der Stein der Cybele von Pessinus oder der Legende nach die Diana von Ephesus.

Auf diese Herkunft aus fremden Ländern weist auch eine Legende über Stonehenge hin: die Steine des legendären Druiden-Heiligtums von Stonehenge stammten ursprünglich aus Afrika. Sie seien über Irland nach England gelangt, wie auch der Schicksalsstein unter dem Krönungssitz von Westminster. Vielleicht handelt es sich um Nachahmungen der orientalischen Kultstätten, deren Beschreibung aus dem Orient nach Europa gelangt war.

Daß die Prieuré dieser Ansicht zustimmt, ersieht man an der Bedeutung, die sie dem Buch des Abbé Boudet zumißt. Nicht nur, daß dieses von einem Cromlech handelt, also einem Kreis von Menhiren: es identifiziert auch die Kelten der Britischen Inseln mit den Puniern Nordafrikas.

Wolfram von Eschenbach war kein Gelehrter. Aus diesem Grund sind die meisten Forscher der Meinung, daß er mit dem Ausdruck, mit dem er den Gral bezeichnete, „lapsit exillis“, in Wirklichkeit „lapis ex coelis“ meinte: den Stein vom Himmel, also einen Meteoriten. Das würde Eschenbachs Gral endgültig in die Nähe der Legende rücken, welche den Gral mit dem Smaragd aus der Krone Luzifers gleichsetzt, der ebenfalls zur Erde fiel.

Der Kreis schließt sich, wenn man in Betracht zieht, daß einer der Hauptanziehungspunkte des Baalstempels von Tyrus ausgerechnet ein riesiger Smaragd war. Die These, daß der „Gral“ der Stadt Genua mit diesem Smaragd zu tun hat, ist leider nicht belegbar. Der „sacro catino“ der Genueser ist kein Edelstein, sondern besteht aus Glas - allerdings aus grünlichem. Trotzdem ist interessant, daß er aus dieser Gegend stammen soll. Seine Geschichte kann über Guillaume von Tyrus, einen Chronisten der Kreuzzüge, bis zur Eroberung der Stadt Cäsarea durch die fränkischen Ritter zurückgeführt werden.

Das Netz der Analogien, das sich bereits zwischen Seth, Jesus, Judas, dem Morgenstern, Luzifer und der Jungfrau gespannt hat, verdichtet sich durch diese Querverweise zu Baal, seinen weiblichen Vorbildern und den kultischen Steinen noch mehr. Zugegeben: sie mögen auf den ersten Blick schockieren. Nur verschwinden sie nicht dadurch, daß wir sie ignorieren. Es würden sich wesentlich weniger Christen in den Netzen fundamentalistischer Sekten verfangen, wenn sie die Grundlagen, auch die etwas anrüchigen, ihres Glaubens kennen würden, wenn uns der Katechismus weniger das Glauben als das Analysieren lehren würde.

Wer solche Diskussionen für ketzerisch oder gar blasphemisch hält, gleicht den Menschen des Mittelalters, welche zu Pestzeiten Katzen verbrannten, weil sie gesehen hatten, daß diese sich mit dem Ausbreiten der Krankheit stark vermehrten. Daß dies auf den gleichzeitigen Anstieg der Nagetierpopulation zurückzuführen war, sahen sie nicht. Daß die Katzen das beste Mittel gegen Ratten und Mäuse und damit die Verbreitung der Pest waren, ebensowenig.

La Salette

Der Abbé Saunière soll ein inniger Marienverehrer gewesen sein. Gérard de Sède zitiert in „Rennes-le-Château" einen Satz aus seinen Predigten: „Wenn ihr zu eurem Verderben euren Glauben, eure Taufe und die Kirche verleugnen solltet, so beschwöre ich euch dennoch: Achtet und ehret die Gute Jungfrau!"

De Sède interpretiert diese Aussage Saunières als Zeichen seiner Verehrung des Ewig-Weiblichen, jenseits aller konfessionellen Schranken. Das könnte stimmen. Im gleichen Absatz erwähnt de Sède jedoch auch die nicht unumstrittene Marienerscheinung von La Salette 1846 und daß Saunière ein eifriger Verfechter der Echtheit dieses Ereignisses gewesen sei. Einige Seiten später kommt er auf La Salette zurück, indem er bestreitet, daß Emma Calvé, deren ursprünglicher Name Calvet lautete, eine Verwandte der Seherin von La Salette war: diese habe nicht Calvet, sondern Calvat geheißen. Aber schon in „L'or de Rennes" hatte er das Thema La Salette angesprochen. Den Ausschlag gibt, daß auch Chérisey La Salette erwähnt, jedoch, wie üblich, versteckt.[148]

Was ist an der Marienerscheinung von La Salette so bedeutsam? Eigentlich nichts, außer, daß sie sogar in kirchlichen Kreisen äußerst umstritten war. Aber obwohl einer der beiden Protagonisten, zum Zeitpunkt der Erscheinung ein kleiner Junge, seine ursprüngliche Aussage zurückgenommen hatte, verlor der Ort seine Anziehungskraft auf Pilger nicht. Und einige der Details um diese Marienerscheinung weisen erstaunliche Parallelen zu dem Themenkreis auf, in dem sich die Prieuré bewegt.

Interessant ist bereits der Name der Seherin, Mélanie. Er bedeutet die Schwarze oder die Dunkelhäutige. Manche Regionen Griechenlands verehrten die Erdgöttin Demeter als Melaina. Die Farbe Schwarz bezieht sich auf die Trauer, die sie für ihre in der Unterwelt verschwundene Tochter Persephone angelegt hatte. Mélanie wurde am 7. November 1831 geboren, also an einem 7.11. Eine der wichtigsten Quellen, auf die sich ihr Biograph Jean G. Bardet bezieht, wurde am 7.11. 1908 fertiggestellt. Eine spätere Marienerscheinung, die jedoch unter Umständen von den Ereignissen in La Salette ausgelöst wurde, fand sogar an einem 17. Januar statt: 1871, in Pontmain. Auf diese Erscheinung weist de Sède in „L'or de Rennes" eigens hin.

Diverse Publikationen bezeichnen Mélanie Calvat als „la bergère de La Salette", die Schäferin von La Salette; erstaunlich, daß noch niemand sie mit der Schäferin des „Bergère"-Textes identifiziert hat. Sie wurde später Nonne; ihr Ordensname war Schwester Marie de la Croix, Marie vom Kreuze. Der Ausdruck erinnert verdächtig an Notre-Dame des Cross. Einer der namentlich genannten hohen Kleriker, welche die Marienerscheinung nicht anerkannten, war ein Kardinal namens Perraud, gleich auszusprechen wie Perrault.

Heute markieren vierzehn Kreuze die Stationen der Marienerscheinung. Vierzehn Kreuze weist auch der übliche Kreuzweg über die Passion Jesu auf. Aber ein Kreuzweg zu Ehren der Muttergottes ist eine neuartige Idee. Chaumeil zitiert einen geheimnisvollen

[148] Zwischen den Hotelbetten von Charlot und Anne befindet sich eine Art Ablage, die er als „la salette" bezeichnet und auf der nacheinander verschiedene Gegenstände abgestellt werden. Zuerst scheint es so, als käme es auf diese Gegenstände an: die berühmte Käsekugel, eine Blume, einen herzförmigen Stein. Das ist ein Irrtum. Bedeutsam ist die mehrmalige Wiederholung von „la salette". Falls dieses Wort tatsächlich existiert, dann ist es zumindest so selten, daß man es in den gängigen Lexika vergeblich sucht.

Führer von St.-Sulpice, laut dem wir die Erfindung des Kreuzweges der heiligen Brigitte zu verdanken haben. Ob diese Aussage stimmt ist unwesentlich. Von Bedeutung ist lediglich die Assoziation eines Kreuzweges mit einer Frau durch einen Schriftsteller, der Verbindungen zur Prieuré hatte.

Auf die Marienerscheinung selbst wollen wir nicht eingehen. Was er von solchen Manifestationen hält, muß jeder selbst entscheiden. Der eine mag von den zahlreichen Ungereimtheiten abgestoßen werden, dem anderen werden sie das Wunder nur noch herrlicher erscheinen lassen.

Es gibt eine kleine Geschichte um zwei Männer, von denen der eine dem anderen ein wundersames Ereignis berichtet: ein Holzfäller habe vor seiner Tür einen Säugling gefunden. Damit das Kind nicht verhungere, ließ Gott ein Wunder geschehen: dem Holzfäller wuchsen Brüste. Der andere wundert sich: wäre es nicht einfacher gewesen, wenn Gott dem Holzfäller etwas Geld zur Verfügung gestellt hätte, um eine Amme zu mieten? Der erste begreift diese Einstellung nicht: Warum sollte Gott gutes Geld ausgeben, wenn er den gleichen Effekt mit Hilfe eines Wunders erzielen kann?

Wunder sind billig. Genauso billig ist die Autobiographie der Mélanie Calvat. Unter dem Vorwand, ihre eigene Unbotmäßigkeit zu schildern, stellt sie ihre Mutter als herzloses Monster dar. Vielleicht hatte die Frau tatsächlich Schwierigkeiten, mit dem introvertierten Kind fertigzuwerden. Noch mehr als ein halbes Jahrhundert später hat Mélanie keine Einzelheit vergessen und schildert genüßlich Strafen für Vergehen, die eigentlich gar keine sind. Zumindest nicht in dieser Version - der einzig überlieferten. Sie klagt nie direkt an, sie beteuert laufend, wie sehr sie ihre Mutter geliebt habe und wie unendlich sie die laufende Zurückweisung schmerzte. Doch über die Betonung ihrer Intimität mit dem Jesusknaben - denn würde dieser mit einer Unwürdigen verkehren? - läßt sie keinen Zweifel daran, wo die Schuld zu suchen ist.

Dieser Hintergrund verschafft uns weitere Einblicke in den Charakter Bérenger Saunières. Wer an dieser Autobiographie der Mélanie Calvat, an diesem Gemisch von falscher Sentimentalität, Heuchelei und Selbstgerechtigkeit, Gefallen findet, dessen eigene Geisteshaltung muß in die gleiche Richtung tendieren. Wenn Saunières Verehrung des Ewig-Weiblichen sich auf diesen Aspekt beschränkte, dann war es nicht weit her mit dieser. Und der gleiche Mann soll seine Haushälterin zu seiner Vertrauten gemacht haben, soll ein inniges Verhältnis zu der Operndiva Emma Calvé unterhalten haben?

Bezeichnenderweise wirkt auch das Verhalten der Madonna den Kindern gegenüber etwas uneinsichtig. Während sie dem einen etwas erklärte, hörte der andere nichts. So wurde das sogenannte Geheimnis von La Salette ratenweise vergeben. Diese Methode wirkt suspekt. Sie hat nämlich den großen Vorteil, daß sich die Kinder bei einem eventuellen Kreuzverhör nicht widersprechen konnten. Die Aussagen Mélanies betreffen die Trauer der Gottesmutter über die Sünden der Menschen und den baldigen Untergang der Welt. Solche Endzeitprophezeiungen sind nichts Neues.

Interessanter ist das Gespräch der Madonna mit ihrem kleinen Gefährten Maximin. Ihm gegenüber habe sie angegeben, der wahre König Frankreichs sei ein Abkömmling des Märtyrerkönigs. Dies interpretierten manche als Hinweis auf das Entkommen Ludwigs XVII. aus dem Tempel. Andererseits liest man, daß Maximin auf genauere Befragung hin lediglich der damals herrschende König Louis Philippe[149] ein Begriff war. Die Aussage Maximins könnte sich also ebensogut auf die Nachfahren eines anderen Königs und Märtyrers beziehen: Dagoberts II.

Wie das Kind zu seiner Aussage kam, wissen wir nicht. Die einfachste Antwort auf diese Frage wäre, die Prieuré mit dieser suspekten Marienerscheinung in Verbindung zu bringen. Das würde gleichzeitig erklären, warum sie auf dieses Ereignis anspielt. Und es würde beweisen, daß sie zumindest Mitte des 19. Jahrhunderts bereits existierte. Aber diese Lösung erscheint unbefriedigend. Es bietet sich eine weitere Theorie an, die gleichzeitig einfach und grandios ist.

---

149 Louis Philippe I. (1773 - 1850), der Sohn von Philippe Egalité, dankt 1848 ab.

Kapitel 10 - Die Prieuré de Sion

Plantard & Co.

Schon die Autoren von „Der Heilige Gral und seine Erben" berichten von ihren Schwierigkeiten, die Originalschriften der Prieuré, wie sie in den fünfziger Jahren in der Bibliothèque Nationale hinterlegt wurden, in die Hände zu bekommen. Wer sie verfaßte, wissen wir nicht. Ihre Autoren versteckten sich entweder hinter den Phantasienamen mit Anspielungen auf die Geographie von Rennes-le-Château oder benützten die Namen von unlängst Verstorbenen und entzogen sich auf diese Weise eventuellen Nachforschungen.

Damit folgen sie dem Beispiel Saunières, der angegeben hatte, von der verstorbenen Gräfin von Chambord, geborene Erzherzogin von Österreich und Witwe des französischen Thronprätendenten, ein größeres Legat erhalten zu haben. Diese Behauptung war nicht zu widerlegen, andererseits aber auch nicht nachweisbar.

Es ist sogar fast unmöglich, in die „offiziellen" Klassiker der Affäre Rennes-le-Château Einblick zu nehmen, Bücher, die irgendwann einmal tatsächlich im Buchhandel erhältlich waren. Dazu gehören die frühen Veröffentlichungen von Gérard de Sède. Obwohl alle späteren Autoren sich auf diese beziehen, existiert keine Neuauflage. Gérard de Sède stellte zwar 1988 ein weiteres Buch über Rennes-le-Château vor, scheint aber kein Interesse an der weiteren Verbreitung von „L'or de Rennes", „Les Templiers sont parmi nous" und „La race fabuleuse" zu haben.

Hat de Sède Angst, sich zu wiederholen, oder möchte er sich den Vorwurf der Wankelmütigkeit ersparen? Die legendäre Geschichte der Sugambrer, ihre Abstammung vom jüdischen Stamm Benjamin, die Wanderung nach Arkadien, ihre Geschichte nach dem Fall Trojas, der Ursprung der Merowinger, die Theorie, daß Sigebert IV. den Mördern seines Vaters entkam und in Rennes-le-Château aufwuchs, die er 1988 „zur Belustigung des Lesers" anführt und als Mythos brandmarkt, läßt er 1973 in „La race fabuleuse" seinen Marquis de B. vorbringen. Pierre Plantard, den er in „Les Templiers sont parmi nous" als Experten für hermetische Archäologie ausführlich befragt und zitiert, erscheint in „Rennes-le-Château" in einem ganz anderen Licht.

Festhalten an einer Meinung, die sich inzwischen als falsch herausgestellt hat, ist nicht Heroismus, sondern Dummheit. Aber wenn de Sède seine Theorien inzwischen revidiert haben sollte, wäre eine kurze Erklärung wesentlich plausibler als das strikte Ignorieren seiner früheren Aussagen. Selbst wenn er in erster Linie an der Verbreitung seiner neuen Bücher anstatt an den früheren Werken interessiert ist - bereits der pekuniäre Aspekt sollte ihn von der Notwendigkeit überzeugen, dem interessierten Publikum mitzuteilen, wie damals alles begann.

Wenn schon die Neuauflage von Henri Boudets „La vraie langue celtique" nach einhundert Jahren ein solcher Erfolg war, wie würde dann erst ein Buch aufgenommen, das mit Recht von sich behaupten kann, der eigentliche Auslöser für Bestseller wie „Der Heilige Gral und seine Erben" und „Das Vermächtnis des Messias" gewesen zu sein?

Unklar ist jedoch, wie ernst die Anschuldigungen der Unseriösität gegenüber seinen früheren Quellen zu nehmen sind. Bisweilen hat man den Eindruck, als spielten sich alle, die sich seit geraumer Zeit im Dunstkreis der Prieuré bewegen, gegenseitig die Bälle zu. Während de Sède Jean-Luc Chaumeil beschuldigt, 1973 in der Zeitschrift „Charivari" zu Fotografien des in Rumänien gefundenen Schatzes der Merowinger eine erfundene Geschichte über eine unterirdische Schatzkammer in der Schweiz fabriziert zu haben, wirft Chaumeil beziehungsweise ein von ihm zitierter Jesuitenpater de Sède umgekehrt vor, zwei fotografische Aufnahmen in seinem Buch „L'or de Rennes" retuschiert zu haben.

Die dritte Kreuzwegstation von Rennes-le-Château interpretiert de Sède nämlich als Aufforderung, niederzuknien und einen Stein aufzuheben. Auf dem Bild sieht es tatsächlich so aus, als wolle der kniende Jesus einen weißen Stein aufheben. Nur handelt es sich in Wirklichkeit um einen Lichteffekt auf dem dunklen Holz des Kreuzes. Das zweite Bild ist noch eindeutiger. Es stellt das Kriegerdenkmal von Couiza dar und trägt die lakonische Unterschrift: „Der Tote Mann zeigt auf den Stein." Ein halb liegender Soldat umklammert mit der rechten Hand sein Gewehr; de Sèdes Bild erweckt den Eindruck, als weise sein Zeigefinger auf einen runden Gegenstand, was laut Chaumeil nicht stimmt. Nur läßt sich auch hier die Abweichung durch ein Spiel von Licht und Schatten erklären. Die einzige Wirkung von Chaumeils Kritik ist, das Thema der beiden Bilder, den *Stein*, noch mehr zu betonen. Zusammen mit dem *TotenMann* , dem Hügel vor Verdun, ist der Hinweis auf die Umgebung von Stenay unübersehbar.

Und was liegt daran, ob der sogenannte westgotische Pfeiler von Rennes-le-Château authentisch oder gefälscht ist? Die Antwort ist einfach: Es geht beiden darum, ihren Lesern die Geschichte dieses Pfeilers und seine Bedeutung nochmals ins Gedächtnis zu rufen: Um seine Inschrift anbringen zu lassen, drehte Saunière nämlich den Stein um. Es handelt sich lediglich um einen weiteren Hinweis auf die Inversion.

Der einzige, der sich, was Kritik angeht, vornehm zurückhält, ist Louis Vazart. Hingegen wird er kritisiert. Das beginnt schon mit der Widmung seines „Abrégé" an Henri de Lénoncourt alias Henri Lobineau[150]. Laut de Sède hat Henri Lobineau gar nie existiert und konnte Lénoncourt nicht am 29. Mai 1978 in seinem fünfundachtzigsten Lebensjahr gestorben sein, da er am 5. Januar 1872 geboren wurde und 1978 schon lange tot war. Diese Angaben kann der durchschnittliche Leser nicht nachprüfen. Wenn er jedoch im Besitz des „Abrégé" ist, wird er erstaunt feststellen, daß Vazart gar nicht vom fünfundachtzigsten, sondern vom siebenundachtzigsten Lebensjahr spricht, also davon ausgeht, daß Lénoncourt im kritischen Jahr 1891 geboren wurde. Ebenso wichtig scheint die Wiederholung des Namens Lénoncourt an sich: er taucht selbst in den Genealogien auf.

Louis Vazart führt auch an, der Mönch Robert de Thorigny habe 1210 bestätigt, daß der Satz „Et in Arcadia ego" seit altersher der Sinnspruch des Hauses Plantard gewesen sei. De Sède korrigiert ihn: dies sei unmöglich, Thorigny sei bereits 1186 gestorben. Aber an anderer Stelle läßt Vazart keinen Zweifel daran, daß die Genealogie Thorignys von anderen Mönchen fortgeführt wurde und er von seiner Schule spricht. Kam es de Sède lediglich darauf an, die aus den Ziffern 1, 8 und 6 bestehende Zahl 1186 in den Raum zu stellen?

Und wenn de Sède Vazart weiterhin berichtigt, indem er sagt, das Departement Nièvre befinde sich nicht im Bourbonnais, sondern im Nivernais, so betont er lediglich Vazarts

---

[150] Wir haben ihn bereits als Verfasser der Genealogien kennengelernt, auf welche die Prieuré sich stützt.

These, daß bestimmte Zusammenhänge „à envers“ betrachtet werden müssen. Die alte Hauptstadt des Nivernais, von der die Gegend ihren Namen ableitet, heißt nämlich Nevers - was sich durch simple Vertauschung der beiden Anfangsbuchstaben in „envers“ verwandeln läßt.

De Sède weist weiterhin auf einen tatsächlich kapitalen Irrtum in Vazarts „Abrégé“ hin. Dort schreibt Vazart, der Sohn Dagoberts II. sei 681 vor den Häschern Karl Martells in den Languedoc geflohen. Dies ist historisch nicht richtig: Karl Martell[151] war, wie de Sède richtig bemerkt, zu diesem Zeitpunkt noch nicht geboren. In „Dagobert II“ sagt Vazart, bei den Verfolgern Dagoberts II. beziehungsweise Sigeberts IV. habe es sich um die Hausmeier Ebroin und Pippin von Heristal gehandelt. Dieses Buch erschien 1983, fünf Jahre nach dem „Abrégé“, er hatte also die Möglichkeit, diesen Flüchtigkeitsfehler in dem neuen Werk zu berichtigen.

Aber es gibt auch eine Möglichkeit, Fehler in einem Buch direkt zu verbessern: indem man nach der Entdeckung bei weiteren Verkäufen ein Blatt beilegt, auf welchem unter Angabe der Seite auf den Irrtum hingewiesen und die richtige Version angegeben wird. Diese Methode ist Vazart bekannt, er benützt sie auch, und zwar genau auf der Seite, in welcher der irrtümliche Hinweis auf Karl Martell erfolgt. Berichtigt wird jedoch nicht dieser offensichtliche Fehler, sondern der Ort, an dem Sigebert IV. seinen beinahe tödlichen Unfall erlitt. Dieser habe sich im Wald von Aguenau abgespielt, nicht bei der Quelle Blésia.

Gérard de Sède behauptet in „Rennes-le-Château“, eine solche Quelle habe es nie gegeben. Die Frage ist nur: Wer hat sie dann erfunden? Wie kam Jean-Luc Chaumeil dazu, den heutigen Namen dieser Quelle, Le Pontet, mit kleine Brücke und Bridjet zu verbinden?

Der einzige Effekt von de Sèdes Kritik ist, daß die Quelle Blésia umso mehr betont wird.

Todesurteil oder Zufall?

Es soll Geheimgesellschaften geben, welche abtrünnige Mitglieder mit dem Tode bestrafen. Als klassisches Beispiel hierfür wird gerne der bereits erwähnte Abbé Montfaucon de Villars zitiert. Er sei 1675 aufgrund der Veröffentlichung seines Buches „Le comte de Gabalis“, der Graf von Gabalis, umgebracht worden, weil er die Geheimnisse der Rosenkreuzer verraten habe. Man fragt sich jedoch, warum die Rächer in diesem Fall fünf Jahre lang warteten: das Buch erschien nämlich bereits 1670. Dieses Beispiel zeigt bereits, daß wir bei solchen „Fememorden“ Abstriche machen müssen.

Im Umkreis der Prieuré sollen sich ebenfalls merkwürdige Todesfälle ereignet haben. Der Mann namens Fakkar al Islam, der im Februar 1967 neben der Eisenbahntrasse von Melun enthauptet aufgefunden wurde, gehe auf ihr Konto. Berühmtheit erlangt haben auch Pierre Feugère, Gaston de Koker und Louis St.-Maxent. Sie sollen „Le Serpent Rouge“ verfaßt haben und seien dafür Anfang März 1967 gehängt worden. Und was geschah mit

---

[151] Karl Martell, fränkischer Hausmeier (714-41) , geboren um 689, gestorben 741. In der Schlacht vor Poitiers schlug er die Araber zurück und gründete die Dynastie der Karolinger.

Mathieu Paoli, der es im Februar 1973 gewagt hatte, ein Buch über die Prieuré de Sion zu veröffentlichen? Wurde er einige Jahre später in Tel Aviv wegen Spionage erschossen?

Aber die grausige Spur beginnt schon mehr als hundert Jahre früher. Gérard Labrunie, alias Gérard de Nerval, der brillante Übersetzer Goethes und Heines, selbst Schriftsteller, wird im Jahre 1855, noch nicht einmal vierzig Jahre alt, eines Morgens in Paris tot an einer Straßenlaterne hängend aufgefunden. Kurz vor seinem Tod entstand die Novelle „Aurélia", für deren Erwähnung die Prieuré de Sion immer wieder sorgt. Gab der Verfasser sich wirklich selbst den Tod?

Und was ist mit dem Abbé Gélis, dem Pfarrer von Coustassa, mehr oder weniger Nachbar von Bérenger Saunière, der in der Nacht auf den 1. November 1897 ermordet wurde? Gérard de Sède erwähnt noch einen weiteren Pfarrer, den von Niort-de-Sault, der 1732 vom ehemaligen Hauslehrer der Marquise von Hautpoul umgebracht worden sei.

Und Bérenger Saunière selbst? Bestellte Marie Dénarnaud tatsächlich am 12. Januar 1917, also noch vor seinem Schlaganfall, einen Sarg für ihren Herrn? Wurde Georgette Roumens-Talon deswegen in Paris im August 1974 ermordet, weil sie eine Nichte Marie Dénarnauds war und von dieser einige antike Schmuckstücke erhalten hatte? Auch auf den späteren Besitzern von Saunières Anwesen, die daraus ein Hotel machten, schien ein Fluch zu lasten: Noël Corbu kam 1968 bei einem Autounfall um, und sein Nachfolger Henri Buthion sei 1973 beinahe einem Attentat mit einem Maschinengewehr zum Opfer gefallen. Wer war für die drei Toten verantwortlich, die 1956 im Garten der „Villa Béthanie" aufgefunden wurden? Die Untersuchung ergab, daß sie relativ jung gestorben waren, keiner war über vierzig, und daß der Tod durch Erschießen erfolgt war. Die Theorie, daß es sich um Angehörige einer spanischen Widerstandsgruppe gegen Hitler oder Franco handelte, weisen einige Historiker zurück.

Wer versuchte, den Forscher J. Cholley wenn nicht zu ermorden, so doch einzuschüchtern, als er mit weltlicher und kirchlicher Genehmigung 1960 in der Kirche von Rennes-le-Château Untersuchungen anstellte? Während er sich in der Kirche aufhielt, hatte ein Unbekannter einen schweren Holzklotz so über der Türe plaziert, daß er beim Öffnen herabfallen mußte. Cholley wurde beinahe erschlagen und verließ Rennes-le-Château fluchtartig.

Eine detaillierte Untersuchung, welcher dieser Vorfälle auf einen Mordanschlag und welcher auf einen Unfall zurückzuführen ist, wäre schwierig und würde den Rahmen dieser Untersuchung sprengen. Beschränken wir uns darauf, wie im Kriminalroman die Indizien zu untersuchen und die wichtige Frage zu beantworten, wer aus dem entsprechenden Anschlag Gewinn gezogen hat.

Beginnen wir mit den drei Männern, denen die Rote Schlange zugeschrieben wird: Louis St.-Maxent, Gaston Koker und Pierre Feugère. Das Gedicht in der Bibliothèque Nationale war auf den 17. Januar 1967 datiert. Die Wahl des Datums, das auch im Gedicht selbst erwähnt wird, erstaunt wohl niemanden. Bedauerlich ist nur, daß niemand nachprüfen kann, ob es tatsächlich am 17. Januar und in Pontoise, der Geburtsstadt Nicolas Flamels, entstand. Wir können nicht ausschließen, daß diese drei Todesfälle sich in Wirklichkeit unabhängig voneinander ereigneten und im nachhinein propagandistisch ausgenutzt wurden, um dem Gedicht mehr Bedeutung zu verleihen. „Le Serpent Rouge" sei nämlich erst am 20. März offiziell in der Bibliothèque Nationale registriert worden, also nach dem Tod der drei vermutlich-vermeintlichen Autoren.

Jean-Luc Chaumeil gibt zu, daß sein Vater als Mitglied der Kriminalpolizei mit der Affäre Fakkar al Islam, die sich einen Monat vorher abspielte, zu tun hatte. Auch sein Tod war durch die spektakulären Nebenumstände wie dazu geschaffen, Aufsehen zu erregen. Hatte Chaumeil auf diese Weise Zugang zu Informationen, die er beziehungsweise die Prieuré auswerten konnte? Es geht hier nicht um die Verletzung eines Amtsgeheimnisses. Allein die unschuldige Frage nach seltsamen Todesfällen in der Berufspraxis hätte eine umständliche Suche in Zeitungsarchiven erspart.

Wenn die drei Männer tatsächlich wegen der Veröffentlichung der Roten Schlange sterben mußten, warum dann auf so spektakuläre Art? Wäre es für eine allmächtige Geheimgesellschaft nicht einfacher gewesen, drei Unfälle zu inszenieren? Abgeschreckt fühlte sich durch das traurige Schicksal der drei Männer niemand. Im Gegenteil. Die Neugier wurde erst geweckt. Heben wir zudem hervor, daß es kein Außenseiter war, der eine Reihe von merkwürdigen Todesfällen entdeckte und die Prieuré dafür verantwortlich machte. Im Gegenteil: die Hinweise stammen aus den Reihen der Prieuré selbst. Und ob die Ereignisse sich genau in dieser Form abgespielt haben, lassen wir dahingestellt.

Baigent, Leigh und Lincoln wurden im Verlauf ihrer Recherchen immer wieder Publikationen zugespielt. Speziell bei einer fiel ihnen auf, daß Inhalt und Wirkung der Aussage genau entgegengesetzt waren. Dem Text nach handelte es sich um eine diffamierende Kritik an Pierre Plantard und der Prieuré de Sion. Indirekt wurde ihm eine Macht unterstellt, bei der es fraglich ist, ob er sie je besessen hat.

Die gleiche Methode setzt auch Gérard de Sède ein. Wenn er nach seinen neuesten Erkenntnissen den Mythos von Rennes-le-Château für Humbug hält, warum geht er dann so genau auf den Mord an Georgette Roumens-Talon ein? Er ist für den Kontext, in dem er erwähnt wird, völlig belanglos. Wenn Georgette Roumens-Talon umgebracht wurde, weil sie einige westgotische Schmuckstücke des Abbé Saunière besaß, warum weist de Sède dann ausdrücklich darauf hin, daß er diese Objekte gesehen hat? Wenn dieses Wissen so gefährlich ist, wie er vorgibt, müßte er selbst logischerweise der nächste Anwärter auf der Todesliste sein.

Und während er auf der einen Seite die Autorenschaft von St.-Maxent, de Koker und Feugère anzweifelt, teilt er auf der anderen mit, der Schriftsteller Frank Marie habe deren amtliche Totenscheine nicht nur untersucht, sondern veröffentlicht. Das klingt ganz so, als wollte er etwaigen Zweifeln an der Existenz oder der genauen Todesart der drei Männer entgegentreten. De Sède ist es auch, der das Attentat auf Buthion sogar anhand eines Fotos dokumentiert.

Von Buthion scheint eine weitere Information zu stammen, deren Authentizität hinterfragt werden darf. Patrick Ferté beruft sich auf einen Zeitungsartikel vom 5. April 1975, laut dem Buthion, damals Hotelbesitzer in Rennes-le-Château, das Verschwinden einer Statue der heiligen Irmine aus der Kirche meldete. Es erfüllt Ferté nicht mit Mißtrauen, daß die Existenz dieser Statue sonst nirgendwo erwähnt wird, im Gegenteil. Er geht davon aus, daß die Prieuré ausdrücklich auf diese Statue hingewiesen hätte, wenn sie von ihr selbst plaziert worden wäre. Daß in diesem Fall er, Ferté, das unfreiwillige Sprachrohr der Prieuré ist, scheint ihn nicht zu stören.

Patrick Ferté zitiert auch einen Zeitungsartikel, laut dem 1978 ein Gastwirt namens Sauneur in Playa Blanca umgebracht wurde. Der Mord stehe im Zusammenhang mit der Flucht eines gewissen Abbé Cauneille auf die Kanarischen Inseln und einem Manuskript, das mit der Affäre Rennes-le-Château zu tun habe. Aber obwohl es unbestritten ist, daß diese Angelegenheit einige unerklärliche Koinzidenzen aufweist, darf die Existenz dieses Monsieur *Sauneur* in Zweifel gezogen werden. Denn bereits 1971 läßt Philippe de Chérisey in „Circuit" einen Mann namens *Sauveur* auftreten, der ein Restaurant in Playa Blanca auf Lanzarote betreibt. Sein Vorfahre habe nach Ausbruch der Französischen Revolution den Pfarrer von Rennes-les-Bains, Cauneille, nach Spanien begleitet. Charlot erhält die Gelegenheit, ein Dokument aus der Hand dieses Abbé zu lesen - und über seine Schulter auch der Leser von „Circuit". Der einzige Unterschied ist, daß im Roman nicht Sauveur selbst, sondern einer seiner Gäste stirbt.

Es gab eine Zeit, da mag es nützlich gewesen sein, der Prieuré den Anschein der Gefährlichkeit zu geben. Inzwischen hat sie einen solchen Bekanntheitsgrad erreicht, daß sie auf derartige Maßnahmen, die ihr einen düsteren Nimbus verleihen sollen und damit auf das Sensationsbedürfnis der Menschen eingehen, verzichten kann.[152]

Der Hügel der Inspiration - wer inspiriert wen?

In „Der Heilige Gral und seine Erben" erwähnen Baigent, Leigh und Lincoln beiläufig auch den französischen Schriftsteller Maurice Barrès und sein Hauptwerk „La colline inspirée", den Hügel der Inspiration: manche Autoren seien der Ansicht, dieses Werk stelle einen Hinweis auf die Angelegenheit Rennes-le-Château dar; es gäbe einige Parallelen. Da es im Jahre 1912, also noch zu Lebzeiten des Abbé Saunière entstand, ist dies nicht auszuschließen, zumal Barrès nicht nur Maurice Leblanc, sondern auch Emma Calvé gekannt haben soll.

Allerdings führen die englischen Autoren „La colline inspirée" nicht in ihrer umfangreichen Bibliographie auf. Halten sie das Buch für bedeutungslos? Wenn ja, tun sie ihm Unrecht. Zudem scheint zumindest Jean Markale davon auszugehen, daß es sich nicht um einen Roman, sondern einen Tatsachenbericht handelt.

Die Frage „Fiktion oder Wahrheit?" ist jedoch für die Prieuré meist zweitrangig. Der Hintergrund von „La colline inspirée" ist auf jeden Fall authentisch. Der Schauplatz, der Wallfahrtsort Sion in Lothringen, existiert. Und der Name des dort gegründeten Ordens der Chevaliers de Notre-Dame de Sion erinnert sehr an den der Prieuré de Sion. Louis Vazart stellt sogar eine direkte Verbindung her: Bei der Einsetzung eines neuen Großmeisters habe dieser zweimal den Hügel von Sion erklimmen müssen, einmal beschuht, einmal mit bloßen Füßen. Ferté hat in alten Dokumenten tatsächlich eine Variation dieses Brauches gefunden: es sei üblich gewesen, sich bei der Wallfahrt in Sion eines Schuhes zu entledigen. Eine Art Bußübung? Vielleicht. Nur hat der Spanier Alarcón noch eine bessere Erklärung: Bloße Füße können die tellurischen Strömungen besser auffangen - wie die Schlan-

[152] Wenn die Ironie des Schicksals es auch wollte, daß die Prieuré einen Mann namens Philippe Toscan du Plantier als Verleger der Prieuré-Genealogien angab und im Dezember 1996, nach der Fertigstellung dieses Manuskripts, eine Madame Toscan du Plantier in Irland ermordet wurde.

ge.[153] Müssen wir noch erwähnen, daß es sich bei Sion um den Wallfahrtsort einer Schwarzen Madonna handelt?

Gehen wir nun auf die Handlung selbst ein. Es stimmt: die Biographie der Protagonisten weist schon auf den ersten Blick erstaunliche Gemeinsamkeiten mit den Ereignissen in Rennes-le-Château auf. Es handelt sich um drei Brüder, die alle drei die Berufung zum Priester fühlen. Das erinnert unwillkürlich an Bérenger Saunière und seinen Bruder Alfred, einen Jesuiten. Und während Alfred aus seinem Orden ausgeschlossen wurde und über Bérenger zeitweise das Interdikt hing, waren die drei Brüder Baillard exkommuniziert. Sie hatten in Sion eine Sekte gegründet, die sich auf die Visionen eines gewissen Vintras[154] berief und von einem baldigen Ende der Welt ausging. Und sie kümmerten sich genausowenig um das bischöfliche Interdikt wie Saunière. Dieser hatte in der „Villa Béthanie" eine Kapelle improvisiert, als die Dorfbewohner seinen Stellvertreter boykottierten. Die Baillards verwandelten das Refektorium ihres Klosters in eine Kapelle, um für ihre Anhänger dort die Messe in ihrem Stil zu lesen.

Aber schon lange vor dieser Zeit hatten die Baillards Schwierigkeiten mit der kirchlichen Obrigkeit gehabt: Um ihre großartigen Bauvorhaben in Flavigny, Mattaincourt und Ste.-Odile zu verwirklichen, hatten sie unter anderem einen schwunghaften Handel mit Messen getrieben, wie es der Bischof von Carcassonne später Saunière vorwarf. Dafür wurde ihnen die Strafe auferlegt, sich eine Zeitlang in ein Kloster zurückzuziehen, ebenso wie Saunière nach den ersten Scharmützeln mit der kirchlichen Obrigkeit.

Trotzdem können die Vertreter der Theorie, die Renovierung der Kirche von Rennes-le-Château sowie der Bau der „Villa Béthanie" und des Turmes Magdala seien allein über die Einnahmen aus Meßanliegen finanziert worden, an dieser Stelle nicht aufatmen. Die heilige Odilia ist die Patronin des Elsaß, ihre Kirche ist seit Jahrhunderten ein vielbesuchter Wallfahrtsort. Daß dort die Einnahmen aus Messen nur so strömten und die Opferstökke ständig prall gefüllt waren, erscheint einleuchtend. Was hatte dem ein kleiner Landpfarrer im äußersten Süden Frankreichs entgegenzusetzen?

Eine weitere Gemeinsamkeit zwischen den Baillards und Saunière ist ihre Reisefreudigkeit. Die drei Brüder reisten durch ganz Europa, der älteste, Léopold, hatte sogar eine Audienz beim Kaiser in Wien. Saunière seinerseits soll einen Habsburger in Rennes-le-Château empfangen und von einer geborenen Erzherzogin ein Legat erhalten haben. Weiterhin haben Saunière und die Baillards gemeinsam, daß ihnen ihr Besitz offiziell nicht gehörte. Saunière hatte den seinen Marie Dénarnaud überschrieben, Eigentümer des Klosters der Baillards waren fünf ihnen treu ergebene Ordensschwestern. Diese Maßnahme konnte aber nicht verhindern, daß es schließlich an ihre Gläubigerin fällt. Aber deren Spitzname „Noire Marie", die Schwarze Marie, erinnert wiederum an Marie de Nègre. Na-

---

153 Auch ein Kandidat der Freimaurer muß sich im übrigen zuerst des rechten, dann des linken Schuhs und zum Schluß beider Schuhe entledigen.

154 Diesen Pierre-Eugène Vintras gab es tatsächlich. Geboren 1807, berief er sich 1839 auf einen Besuch des Erzengels Michael und gründete eine eigene Religionsgemeinschaft, worauf Papst Gregor XVI. ihn 1841 exkommunizierte. Manche hielten ihn für einen Spinner, andere für einen Satanisten. Vintras starb 1875, aber die von ihm gegründete Sekte soll heute noch existieren. Auf jeden Fall hatte sie Einfluß auf das okkultistisch angehauchte Paris des ausgehenden 19. Jahrhunderts, in dem auch Saunière verkehrte.

türlich darf auch der Schatz nicht fehlen: François Baillard suchte in den Ruinen von Vaudémont nach einem solchen.

Und ganz beiläufig erwähnt Barrès Schlagwörter, die fünfzig Jahre später in der Ideologie der Prieuré de Sion wieder auftauchen. Einige davon haben direkt mit Lothringen zu tun: das alte Austrien, die Gestalt des Gottfried von Bouillon, die Verbindungen zum Hause Habsburg, die Familie der Guise. Andere gehören zum breiteren Spektrum der Themen, die von der Prieuré immer wieder angeschnitten oder berührt werden: die heilige Maria Magdalena, die heilige Roseline, Marie-Antoinette, Ludwig XVII. alias Naundorff, die Jakobsleiter und der Maler Delacroix, ebenso Victor Hugo. Nicht einmal Chériseys Linden fehlen.

Andere Hinweise auf die Ideologie der Prieuré sind subtiler. So heißt eine der Klosterschwestern Lazarine und wird von Vintras Lazare, also Lazarus, genannt: der Bruder der Maria Magdalena. Und Barrès vergleicht Léopold mit einem Schiffbrüchigen auf dem Ozean, der nicht eine Minute von seiner Linie abweicht. Handelt es sich bei diesem Schiffbrüchigen um den „Nautonnier“[155] - so nennt die Prieuré ihren Großmeister - und bei der Linie um den Meridian? Genauso spricht Barrès von Léopold Baillard als dem Priesterkönig von Sion. Mit dem gleichen Titel, „roi-prêtre“, huldigt Louis Vazart dem heiligen Dagobert.

In einer seiner Predigten prophezeit Léopold, daß Lothringen seine Bestimmung noch nicht erfüllt habe, daß es noch einen Sprößling hervorbringen werde. Barrès benützt hierfür weder den Ausdruck „rejeton“ noch „scion“, sondern „pousse“. Nur erinnert dies sehr an Poussin.

Untersuchen wir deshalb den „Bergère“-Text, ob er weitere Elemente mit „La colline inspirée“ teilt: SCHÄFERIN KEINE VERSUCHUNG DASS POUSSIN TENIERS DEN SCHLÜSSEL HÜTEN FRIEDEN 681 DURCH DAS KREUZ UND DIESES PFERD GOTTES ERLEDIGE ICH DIESEN DÄMON VON WÄCHTER IM SÜDEN BLAUE ÄPFEL. Wir haben besprochen, daß es sich bei dem *Kreuz* des Textes um das von Lothringen handelt. Und dort liegt Sion. Bestätigt wird diese Verbindung durch das *Pferd Gottes*. Der Name der drei Brüder, Baillard, ist nicht nur lautgleich mit Bayard, dem magischen Hengst der Haimonssöhne; Barrès geht noch einen Schritt weiter und vergleicht sie direkt mit diesen. Nicht einmal die Schäferin und ihre Versuchung fehlen. Eine der Ordensschwestern - Barrès hebt ausdrücklich hervor, daß sie in ihrer Jugend *Schäferin* war - erliegt nämlich der *Versuchung*: sie wird von Léopold verführt.

In der Einleitung zu diesem Kapitel haben wir bereits gesagt, daß für die Prieuré die Frage, ob „La colline inspirée“ nun ein Roman oder ein Tatsachenbericht ist, akademischer Art ist. Skeptiker mögen davon ausgehen, daß Barrès von der Affäre Rennes-le-Château gehört hatte und die Handlung nach Lothringen verpflanzte. Und daß die Prieuré - wer immer sich hinter diesem Begriff versteckt - fünfzig Jahre später das Thema wieder aufgriff und daraus den Mythos um die Merowinger fabrizierte. Nur sollten sich diese Skeptiker fragen, wie viele Zufälle mitspielen müssen, um diese lückenlose Kombination zu ergeben.

---

155 Nautonnier bedeutet Steuermann. Die lautlichen Anklänge an „Nautik“, Schiffahrtskunde, sind kein Zufall.

Der Rösselsprung

Im Rahmen seiner Umbaumaßnahmen ließ Bérenger Saunière in der Kirche von Rennes-le-Château einen schachbrettartigen Bodenbelag legen. Ursprünglich habe es sich tatsächlich nur um insgesamt vierundsechzig weiße und schwarze Platten gehandelt. Ein weiterer Hinweis auf das Schachspiel ist die dem Vernehmen nach gefälschte Inschrift auf dem Grabstein von Jean Vié, dem Vorgänger des Abbé Boudet in Rennes-les-Bains. Jean Vié soll im Alter von zweiunddreißig Jahren Priester geworden und mit vierundsechzig Jahren gestorben sein. Die Prieuré legt dies als zweiunddreißig „schwarze" und zweiunddreißig „weiße" Jahre aus.

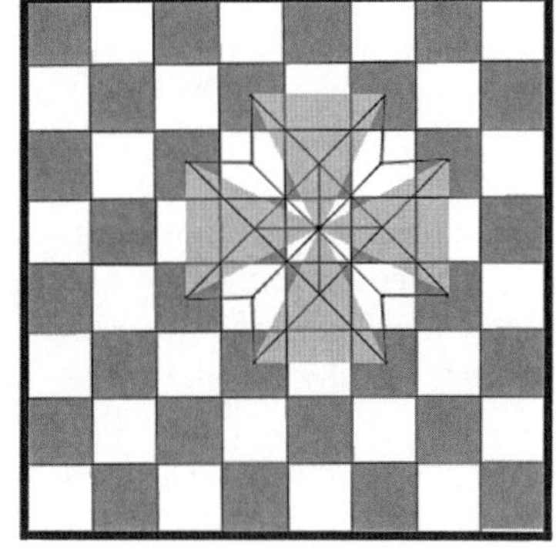

Es heißt, daß man zur Dechiffrierung des „Bergère"-Textes zwei Schachbretter aneinanderlegen muß, um dann mit Hilfe des Rösselsprunges den Text zu rekonstruieren. Unter diesem Begriff des Schachspiels versteht man die Bewegungen des Springers, der meist in Gestalt eines Pferdes dargestellt wird. Angesichts der Bedeutung, welche sie dem „göttlichen Pferd" einräumt, muß dies der Prieuré sehr sinnig erschienen sein. Der Springer ist die einzige Figur, die sich in einem Zug gleichzeitig horizontal beziehungsweise vertikal und diagonal fortbewegen kann. Er darf dabei andere Figuren überspringen, daher sein Name.

Wenn man von einem beliebigen Punkt des Schachbretts aus alle möglichen Zielpunkte des Springers zeichnerisch festhält, ergibt sich ein interessantes Muster: verbindet man jeden Endpunkt mit dem Ausgangspunkt, entsteht das Tatzenkreuz der Templer. Zu dieser Überlegung paßt, daß die Experten des Spiels ausgerechnet Großmeister genannt werden, ein Titel, der sonst den militärischen Orden vorbehalten ist.

Stephen King, einer der erfolgreichsten modernen Autoren von Horrorgeschichten, besitzt die Gabe, durch eine Art geistigen Rösselsprung auf ungewöhnliche Gedankenverbindungen zu kommen; vielleicht erklärt dies bis zu einem bestimmten Grad seine Popularität. Große gefährliche Hunde wurden schon vor ihm literarisch verewigt, vom griechischen Höllenhund Zerberus bis zur Sherlock-Holmes-Geschichte über den Hund von Baskerville. Aber einen sanften und kinderlieben Bernhardiner durch die Tollwut in ein rasendes Monster zu verwandeln, das ist neu. Analog hierzu ist der Mann, der bei Stephen King zum Werwolf wird, nicht ein stadtbekannter Tunichtgut, sondern der Pfarrer.

Die Bewegungen aller anderen Schachfiguren sind linear, also senkrecht, waagrecht und diagonal.

Patrick Ferté scheint in „Arsène Lupin, supérieur inconnu" die lineare Methode vorzuziehen. Er führt eine Unzahl von genealogischen Querverbindungen und Hinweisen in uralten Schriften an, die auf einen Zusammenhang zwischen dem literarischen Werk von Maurice Leblanc und der Angelegenheit Rennes-le-Château schließen lassen. Leblancs Schwester Georgette sei mit dem Dramatiker Maeterlinck liiert gewesen, in dessen Oper „Pelléas und Mélisande" Saunières Freundin Emma Calvé einen ihrer großen Erfolge feierte. Theoretisch hätte Leblanc also Informationen aus erster Hand beziehen können.

Fertés Angaben sind schwer nachprüfbar; die Quellenangaben weisen auf Bücher hin, die teilweise seit Jahrhunderten aus dem Verkehr gezogen sind. Er hat sich allzu sehr in Details vertieft und teilweise den Überblick verloren. Wie sagte Boudet im Zusammenhang mit der chemischen Analyse der Quellwasser von Rennes-les-Bains? Wenn man einen Stoff gewaltsam trennt, kann man zwar die einzelnen Bestandteile entschlüsseln, aber über deren gemeinsame Wirkung nichts mehr aussagen. Es sei besser, sich auf die Untersuchung dieser Wirkung zu verlassen.

In „Le triangle d'or" gesteht Arsène Lupin, daß die Bezeichnung „das goldene Dreieck" in die Irre führe, weil es etwas Geheimnisvolles vorspiegele, wo es doch in Wirklichkeit nur um einen Sandhaufen gehe.

Ferté hat daraus keine Lehre gezogen. Er interpretiert den Namen einer Madame Renaud in „Arsène Lupin, gentleman-cambrioleur" als Anspielung auf „Rennes" und „Aude" und damit auf den Süden Frankreichs. Warum eigentlich? Warum sollte sich dieser Name nicht ganz wörtlich auf Renaud, den heiligen Reiter des göttlichen Schlachtrosses der Ardennen, beziehen? Die Protagonistin von „La demoiselle aux yeux verts", das Fräulein mit den grünen Augen, heißt Aurélie de Bregeac. Ferté macht daraus das Anagramm ELUE BERGE ARCADIE, was er wiederum als ELUE BERGERE D'ARCADIE interpretiert - die auserwählte Schäferin von Arkadien. Wäre es nicht wesentlich einfacher, durch Umstellung von nur einigen Buchstaben eine Anspielung einerseits auf Gérard de Nervals Novelle „Aurélia" und andererseits auf „de Bergerac" zu lesen?

Fertés Interpretation von „L'île aux trente cercueils", die Insel der dreißig Särge, erwähnt, daß diese Insel von einer alten Abtei beherrscht wird, sinnigerweise „Le Prieuré" genannt. Warum übergeht er die wichtige Rolle, welche ein Dolmen, sprich *Stein*, spielt? Im äußersten *Norden* der Insel?

In „L'éclat d'obus" findet er zwar zahlreiche Koinzidenzen, ignoriert jedoch die wesentlichste. Eine Anspielung auf Roseline sieht er ausgerechnet im Namen einer alten Dienstmagd namens Rosalie. Die jugendliche Heldin heißt Elisabeth, trägt also den Namen einer Heiligen, die einerseits mit einem Rosenwunder assoziiert und andererseits in Frankreich am 17.11. gefeiert wird. Warum also nicht Elisabeth mit Roseline identifizieren, zumal Leblancs Elisabeth als Kind mit ihrer Mutter die Heimat Roselines in Südfrankreich besuchte, wie Leblanc eigens hervorhebt?

Der Name der adeligen Familie aus „La demeure mystérieuse" lautet Mélamare. Dieses Wort läßt sich „punisch" in die italienischen Vokabeln „mela", der Apfel, und „mare", das Meer, aufteilen. Daß dieser Name also eine direkte Anspielung auf die Äpfel jenseits des Meeres, die goldenen Äpfel der Hesperiden, darstellen könnte, interessiert Ferté nicht.

Für seine Interpretation von „La Dent d'Hercule Petit-Gris", der Zahn des Hercule Petit-Gris, zieht Ferté Querverbindungen bis zurück ins 14. Jahrhundert, zu einem Roman über die Fee Melusine, zur Königin Blanche, welche im Turm von Neaufles in der Nähe von Gisors residierte und einer gleichnamige Königin von Spanien, die einer Legende nach in Rennes-les-Bains von einer Hautkrankheit geheilt wurde. Seine Schlußfolgerungen krönt Ferté damit, daß es um ein TOMBEAU (auf deutsch Grab) D'ARC (de Triomphe) ginge, was er als Hinweis auf das Grab von Arques auffaßt. Die Erzählung handelt vom Grabmal des Unbekannten Soldaten, das nach dem Ersten Weltkrieg im Arc de Triomphe, dem Triumphbogen von Paris, eingeweiht werden sollte. Es wurden insgesamt acht unidentifizierte Leichname von verschiedenen Schlachtfeldern bestimmt, unter denen der Unbekannte Soldat ausgelost werden sollte. Die Mutter eines gefallenen jungen Mannes versucht, den Körper ihres Sohnes unterzuschieben, auf daß dieser die Huldigung ganz Frankreichs genieße. Diese Geschichte - im Sinne von Erzählung und nicht von Weltgeschichte - kann jeder nachvollziehen. Und jetzt kommt der interessante Teil: der junge Mann war vor Verdun gefallen und im großen Friedhof von Douaumont begraben worden. Diesen überdeutlichen Hinweis auf Nordostfrankreich und „D M“ würdigt Ferté keines Wortes.

Kommen wir zum Roman über die Seiltänzerin Dorothée. Auch hier ignoriert Ferté die wichtigsten und dabei einfachsten Komponenten. Dorothée selbst hat die Gabe, hinter dem äußeren Anschein nach schwierigen Zusammenhängen den gemeinsamen Nenner zu finden, lange, bevor die anderen erkennen, welches Muster an Koinzidenzen sich abzeichnet. Sie verliert nicht den Überblick, im Gegenteil, sie schwebt auf einem Seil über den Ereignissen, im wahrsten Sinne des Wortes. In ihrem kleinen Zirkus spielt sie bisweilen die Hellseherin, wobei sie lediglich die unbewußten Gesten ihres Gegenübers interpretiert. Während ihre Gefährten bei der scheinbaren Erweckung eines Mannes nach einem zweihundertjährigen Schlaf in ehrfüchtigem Schaudern verharren, beginnt Dorothée plötzlich, wie verrückt loszulachen: sie hat sich nicht blenden lassen - und gesehen, daß im Munde des vermeintlichen Zeitgenossen Ludwigs XIV. ein völlig unzeitgemäßer Goldzahn blitzt.

Ferté kompliziert unnötig, indem er den Namen Dorothée mit einem männlichen Heiligen verbindet. Aber wenn er diese Version vorzieht und eine Bedeutung darin sieht, daß Dorothée ein Anagramm zu Théodore darstellt, sollte er den Weg auch zu Ende gehen. Denn die Geschichte des heiligen Theodor ist für unser Thema nicht uninteressant: Er sollte zum Priester der Cybele gemacht werden!

Nach dem Mord an Saunières Kollegen Gélis fand die Polizei im Pfarrhaus von Coustassa ein Zigarettenpapier mit der Aufschrift „Viva Angelina“. Patrick Ferté bezieht diesen Namen Angelina auf ein völlig unbekanntes Mitglied der Familie der Marquise von Hautpoul. Dabei verstecken sich ganz andere Aspekte dahinter. Aus unerfindlichen Gründen soll diese Aufschrift den Untersuchungsrichter veranlaßt haben, die Bordelle nach einer Frau namens Angelina durchkämmen zu lassen. Als er in Narbonne fündig wurde, beteuerte die entsprechende Dame, ihrem Gewerbe unter dem Namen „Heinrich IV.“ nachzugehen, vielleicht aufgrund seines Beinamens: le vert galant, der Schürzenjäger. Nur bedeutet „vert“ auch Grün: die Farbe der Venus!

Unabhängig davon schildert Michel Lamy die Geschichte einer Geheimgesellschaft, die sich „Société Angélique“, englische (im Sinne von engelhafte) Gesellschaft, nannte. Er liefert zudem den interessanten Hinweis, die Mutter Heinrichs IV. habe dieser Gesellschaft angehört. Heinrich IV. ist damit der Sohn einer „engelhaften“ Frau. Dafür wird sein Name später von einer anderen Frau usurpiert, die zwar ebenfalls Engel, Angelina, aber gleichzeitig Hure ist - und über „le vert galant“ mit der Farbe Grün zu tun hat. Diese Geschichte ist fast schon zu bezeichnend, um wahr zu sein: deutlicher läßt sich kaum auf die Venus und die Doppelrolle der Großen Göttin anspielen.

Dieser Michel Lamy versucht, zwischen der Affäre Rennes-le-Château und dem Werk Jules Vernes einen Zusammenhang herzustellen. Leider begeht Lamy ähnliche Fehler wie Ferté. Es ist unbestreitbar, daß sich im Werk sowohl von Leblanc als auch Verne ein wahres Gewirr von Details nachweisen läßt, die im weitesten Sinne auf die Affäre Renes-le-Château und den Schatz des Abbé Saunière anzuspielen scheinen.

Nur: steht dahinter eine konkrete Aussage? Wie setzt sich der Leserkreis der Romane von Jules Verne und Maurice Leblanc zusammen? Handelt es sich nicht um Abenteuerbücher, die speziell jugendliche Leser anziehen? Haben diese das Wissen und das Verständnis, um solche globalen Zusammenhänge zu erfassen? Gleichen diese Analogien nicht den Querverbindungen, wie wir sie in diversen Kapiteln über die Koinzidenz der Ereignisse aufgelistet haben? Scheinen sie nicht allzusehr vom Zufall bestimmt?

Isoliert betrachtet, beweist keine dieser Analogien irgend etwas. In ihrer Gesamtheit bezeugen sie jedoch, daß es Analogien gibt. Und genau das ist der springende Punkt.

Patrick Ferté schreibt, daß Leblancs Roman „L'Aiguille creuse“[156] 1908 und 1909 als Fortsetzungsroman erschien und den Diebstahl der „Mona Lisa“ aus dem Louvre erwähnt - das Gemälde wurde tatsächlich gestohlen. Aber erst am 22. August 1911. Schlüsse zieht er daraus keine. Die sieben Abteien von Caux, welche den Hintergrund für Leblancs „La comtesse de Cagliostro“ bilden, sind wirklich in Form des Sternbilds Großer Bär angeordnet. Diese Tatsache konnte Leblanc in seinen Roman einbauen, beeinflussen konnte er sie nicht. Und wie kam Leblanc dazu, in „Le formidable événement“ beiläufig einen Tunnel unter dem Ärmelkanal zu erwähnen, ein Bauwerk, das erst kurz vor dem Jahre 2000 realisiert wurde?

Auffallend ist auch, daß in den Werken von Maurice Leblanc mehrfach im Wortlaut auf den Begriff Funken, „l'étincelle“, hingewiesen wird. Die Geschichte „Le triangle d'or“ beginnt mit dem Kapitel „La pluie d'étincelles“, der Funkenregen, und endet mit einem Monolog Arsène Lupins über die Bedeutung der Intuition, welche den Funken des Verständnisses entzündet. „L'histoire de l'étincelle“, die Geschichte des Funkens, war eines der bedeutungsvollsten Stücke von Cyrano de Bergerac, das seine Feinde ihm schon zu Lebzeiten geraubt hatten. Noch auf dem Totenbett soll er den völligen Verlust dieses Werkes bedauert haben. Und der Name der Grafschaft, wo laut Gérard de Sède eine Kristallkugel aus dem Grab des merowingischen Königs Childerich aufbewahrt wird, lautete Flintshire.[157] Ein „flintstone“ ist im Englischen ein Feuerstein - mit dem wiederum Funken erzeugt werden. Und der Name des Mannes, der als Kaufhauserpresser Dagobert berühmt wurde, lautet - Arno Funke! Zufall? Genauso wie die Tatsache, daß der Prozeß gegen ihn ausgerechnet an einem 17. Januar (1995) begann?

Michel Lamy erwähnt ausdrücklich, daß es Philippe de Chérisey war, der ihn auf eine mögliche Verbindung zwischen den Romanen von Jules Verne und Rennes-le-Château hinwies. Patrick Ferté gibt an, die Grauen Eminenzen der Prieuré de Sion hätten ihm emp-

---

156 Wörtlich: hohle Nadel, aber in diesem Fall eine geographische Bezeichnung und daher nicht übersetzt.

157 Hiermit möchte ich Gérard de Sède Abbitte leisten. In „Der Mythos der Templer“ bin ich davon ausgegangen, daß „Flintshire“ nicht existiert. Das stimmte - 1995. Aber als de Sède „Les Templiers sont parmi nous“ schrieb, gab es in Nordwales eine kleine Grafschaft dieses Namens.

fohlen, sich mit Maurice Leblanc und Arsène Lupin zu beschäftigen. Anscheinend haben Lamy und Ferté diese Aufforderung so interpretiert, als müßten sie die Geschichten Vernes und Leblancs auf von den Schriftstellern bewußt plazierte Informationen untersuchen.

In „Circuit“ schicken sich Charlot und Anne an, einen Turm zu besichtigen. Sein Fenster ist nicht ohne weiteres einsehbar. Auch sieht man nur Schwärze. Allerdings bleibt unklar, ob es sich um ein unendlich tiefes Verließ oder eine optische Täuschung handelt: weil hinter das Fenster Teerpappe geklebt wurde. Die Tür dieses Turms ist durch ein dreifaches Vorhängeschloß gesichert. Zwei Schlüssel sind unauffindbar, von dem dritten kennt man nicht einmal den Besitzer. Aber es handelt sich um Scheinhindernisse: die Tür ist so wurmstichig, daß sie ohne weiteres aufgebrochen werden kann.

Louis Vazart erwähnt in seiner Biographie Dagoberts II. auch die Kirche St.-Vincent von Carcassonne. Sie habe bei den Berechnungen des Meridians eine Rolle gespielt. Chérisey weist ebenfalls auf diese Kirche hin - ohne ihren richtigen Namen zu nennen. Er spricht von einer Kirche außerhalb der Zitadelle, in deren Turm manche den Gral vermuten. Über diesen kommt er auf die Smaragdenen Tafeln des Hermes Trismegistos zu sprechen, des Dreifach-Großen, die in der Maxime „Wie oben, so unten“ gipfeln. Nicht nur, daß Hermes verdächtig an Hermine erinnert: Hermes, alias Merkur, hieß auch der Bote der Götter, gleichzeitig Gott der Diebe - und Vater des Hermaphroditen.

Wenn man die Kirche besichtigt, stellt man überrascht fest, daß die Andeutung Chériseys wörtlich zu verstehen ist. Dort findet man, wenn nicht die Smaragdenen Tafeln, so doch die Reliquien eines Heiligen mit dem merkwürdigen Namen Hermes. Von Hermes Trismegistos leitet sich der Ausdruck Hermetik[158] ab. Etwas hermetisch Verschlossenes ist absolut luftdicht, im übertragenen Sinne ist das, was Hermes besiegelt, nur für den Eingeweihten verständlich. Der heilige Hermes von Carcassonne scheint diese These Lügen zu strafen. Ein Hermes für alle, ein Hermes in einem Glaskasten, zur gefälligen Betrachtung für jedermann - in einer Kapelle, die ausgerechnet dem heiligen Rochus geweiht ist! Einem Heiligen, der über seinen „falschen“ (17.1.) und seinen „richtigen“ (16.8.) Namenstag die beiden wichtigsten Daten beziehungsweise Ziffern der Prieuré vereinigt.

Seinen Roman „Circuit“ schließt Chérisey mit einigen Zeilen des heiligen Hieronymus[159] über das himmlische Jerusalem ab: die Tore seien aus Kristall, wie es kein reineres gebe. Er spricht jedoch nicht von Jerusalem, sondern von Zion. Die Tore von Zion sind also durchsichtig. Genauso wie die Prieuré de Sion.

Die Philosophie Rudolf Steiners[160] versteht unter dem Begriff „Akascha“ eine Art Weltgedächtnis, in dem alle Ereignisse der Vergangenheit, Gegenwart und Zukunft konzentriert sind. Ebenso die Zusammenhänge zwischen diversen Personen und Geschehnissen. Könnte es sein, daß Leblanc und Verne, ohne es zu wollen, aus dieser „Chronik“ geschöpft haben, als sie ihre Bücher verfaßten? Es ist auffallend, daß Jules Verne und Mau-

---

[158] Hermetik, die ursprüngliche Bedeutung war: Alchimie, Magie. Erst sehr viel später wurde damit eine luftdichte Apparatur bezeichnet.

[159] Der Heilige und Kirchenlehrer Hieronymus (ca. 347 - 420) verfaßte die heute noch gültige „offizielle“lateinische Bibelübersetzung, die Vulgata.

[160] Rudolf Steiner (1861 - 1925), Goetheforscher, schwankte lange zwischen verschiedenen Geheimgesellschaften beziehungsweise okkultistisch angehauchten Gruppen hin und her, bis er 1913 schließlich die Anthroposophische Gesellschaft gründete.

rice Leblanc nicht nur annähernd in der gleichen Epoche lebten, sondern auch Zeitgenossen Saunières waren. Hatten sie aufgrund dieser Gemeinsamkeit einen vielleicht unbewußten, aber direkten Einblick in die Akascha-Chronik und die Ereignisse um Rennes-le-Château?

Wenn das stimmt, so könnte oder müßte es sogar noch weitere Hinweise aus dieser Zeit geben. Und es gibt sie! Es ist schade, daß Philippe de Chérisey nicht mehr unter uns weilt. Bestimmt hätte er irgendwann jemanden dazu veranlaßt, die von ihm laufend angedeuteten Querverbindungen zu Edgar Allan Poe, ebenfalls ein Schriftsteller des 19. Jahrhunderts, genauer zu untersuchen.

Oder das Werk von Robert Louis Stevenson[161]. Schon auf den ersten Blick findet man erstaunliche Gemeinsamkeiten. Die Geschichte von Doktor Jekyll und Mister Hyde - ist sie nicht eine philosophische Abhandlung über den Grundsatz der Dualisten, daß Gut und Böse im Prinzip untrennbar miteinander verbunden sind? Und erst „Die Schatzinsel“ - sie enthält alle Elemente, die auch im Umfeld der Prieuré de Sion auftauchen. Es geht in diesem Buch um einen Schatz, und die Insel, auf welcher er liegt, hat die Form eines aufrecht stehenden Bären. Auf dieser Insel leben zahlreiche wilde Ziegen - ein wahres Arkadien - sowie ein in Ziegenhäute gekleideter Mann, dessen Name sogar an Pan erinnert: Ben Gunn. Einer ihrer Hügel wird Teleskophügel genannt, weil man von dort aus einen guten Ausblick hat - Saunière soll in Rennes-le-Château ein solches Gerät installiert haben. Das Schiff der Schatzsucher heißt Hispaniola, was auf den alten Namen Spaniens, Hispania, hinweist. Unter Hispaniola selbst verstand man die von Kolumbus 1492 entdeckte Insel, die damals von Spanien vereinnahmt wurde und heute aus der Dominikanischen Republik und Haiti besteht. Hier läßt sich ein Querverweis zu weiteren Inseln ziehen, die heute noch zu Spanien gehören: den Kanaren.

Der Name des Piratenkapitäns lautet Silver, zu deutsch Silber, deutet also bereits auf einen Schatz hin. Sein sprechender Papagei stellt den Hinweis auf die Sprache der Vögel dar, die Sprache der Initiierten. Die Unterhaltung zwischen den Piraten belauscht Jim Hawkins in einer Apfelkiste, die zur freien Bedienung für alle auf Deck stand. Der Erzähler betont ausdrücklich, daß es zu dieser Zeit nicht üblich war, sich so um die Gesundheit der Mannschaft zu kümmern. Wäre es nicht einfacher gewesen, Jim Hawkins in einem Beiboot zu verstecken? Wozu der Hinweis auf die Äpfel?

Silver hat ein Bein verloren und hinkt, wie Vulkan, der Gatte der Venus, oder wie Jakob alias Israel nach seinem Kampf mit dem Engel. Einer der Piraten trägt sogar den Namen Israel. Ein anderer heißt Morgan, wie die Schwester des Königs Artus. Versteckt wurde der Schatz ausgerechnet von einem Piratenkapitän namens Flint, zu deutsch Feuerstein. Und am erstaunlichsten: das Leitmotiv im wahrsten Sinne des Wortes, ein Seemannslied, welches den gesamten Roman durchzieht, handelt wenn nicht von siebzehn, so doch von fünfzehn Mann auf einer Insel mit dem sinnigen Namen „des Toten Mannes Kiste“ und einer Flasche Rum![162]

---

[161] Robert Louis Stevenson (1850 - 1894), schottischer Schriftsteller, spezialisiert auf Abenteuerromane, berühmtestes Buch: Die Schatzinsel.

[162] Diese knapp verfehlte Übereinstimmung findet man noch bei zahlreichen anderen Daten, die mit unserer Geschichte in einem wie auch immer gearteten Zusammenhang stehen. Als Beispiel sei hier lediglich der 13. Oktober genannt, an dem Philipp der Schöne alle Templer seines Landes verhaften ließ. In Paris hielt er

Die unzähligen Analogien und Koinzidenzen, die wir bereits aufgezählt haben, beweisen jedoch, daß sich Analogien weder geographisch noch zeitlich festlegen lassen. Das Erdbeben von Kobe in Japan ereignete sich auf den Tag genau ein Jahr nach dem gewaltigen Erdbeben in Los Angeles im Jahre 1994. Kurios, für sich gesehen. Wenn man den Tag berücksichtigt, an dem die beiden Ereignisse stattfanden, kann man nur mehr den Kopf schütteln: es handelt sich um den 17. Januar. Der gleiche Tag, an dem 1991 der Golfkrieg begann.

---

sie in ihrer eigenen Odensburg gefangen, dem Temple. Und just in diesem Temple überführten die Revolutionäre seinen Nachfolger, Ludwig XVI., samt seiner Familie: wiederum an einem 13., wenn auch im August. Im Oktober fand dafür die Hinrichtung seiner Gemahlin Marie-Antoinette statt, an einem 16., also drei Tage nach dem berühmten 13. Er selbst wurde an einem 21. Januar geköpft, also vier Tage nach dem ominösen 17. - und eine Tag vor dem Todestag Saunières. Und Maurice Leblanc legt den Geburtstag seiner Dorothée auf den 14. Oktober. Das Datum hat keinerlei Einfluß auf die Handlung, dennoch ist es eine sinnige Ergänzung der Tracht des Roten Kreuzes.

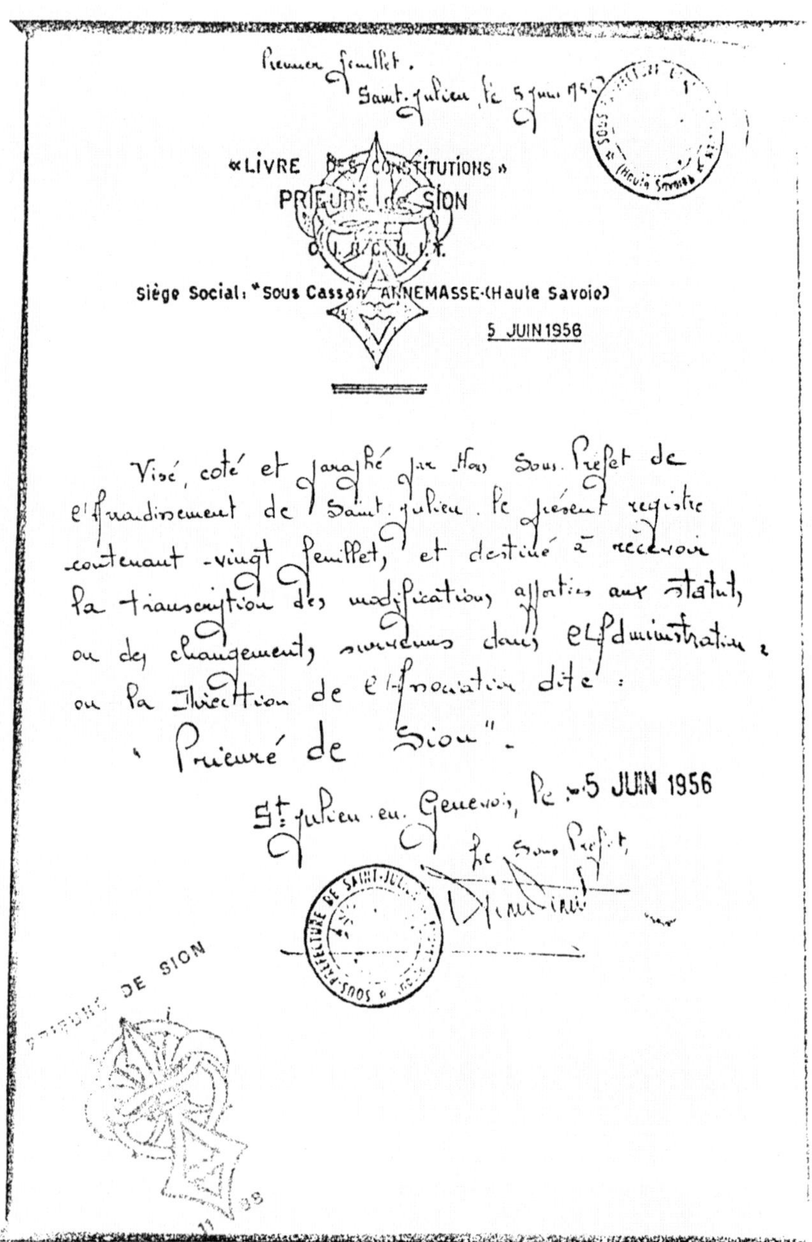

Premier feuillet.

Saint-Julien, le 5 juin 1956

«LIVRE DES CONSTITUTIONS»

PRIEURÉ de SION

C.I.R.C.U.I.T.

Siège Social: "Sous Cassan" ANNEMASSE (Haute Savoie)

5 JUIN 1956

Visé, coté et paraphé par Nous Sous-Préfet de l'Arrondissement de Saint-Julien le présent registre contenant vingt feuillets et destiné à recevoir la transcription des modifications apportées aux statuts ou des changements survenus dans l'Administration ou la Direction de l'Association dite: "Prieuré de Sion".

St Julien en Genevois, le 5 JUIN 1956

Le Sous Préfet,

SOUS-PRÉFECTURE DE SAINT-JULIEN

PRIEURÉ DE SION

Die Bilder dieser und der nächsten zwei Seiten: Der Aufnahmeantrag und die Statuten der Prieuré.

«PRIEURÉ DE SION»

Rose ✝ Croix

Le bureau du conseil
du Prieuré de Sion,
Rennes-le-Château,
le 17.-1-1955

STATUTS

Article I

Il est formé entre les soussignés des présents statuts et les personnes qui y adhéreront et rempliront les conditions ci-après un prieuré qui servira de centre d'études, de méditation.

Article II

L'association prend pour dénomination « Prieuré de Sion », *sous-titre* C.I.R.C.U.I.T.
Son insigne se compose d'un lys blanc, enlacé par un circuit.

Article III

L'association a pour objet la constitution d'un ordre indépendant, destiné à restituer sous une forme moderne, en lui conservant son caractère *traditionaliste*, l'antique chevalerie, qui fut par son action, la promotrice d'un idéal hautement moralisateur et l'élément d'une amélioration constante des règles de vie de la personnalité humaine.

Article IV

La durée de l'association est illimitée.

Article V

L'association a son bureau au domicile du secrétaire.

Article VI

L'association est ouverte à tous.

Les admissions ne sont valables que si elles sont réalisées légalement par trois membres et dans commanderie ayant patente régulière du Conseil. Toutes autres prétendues admissions dans l'association sont frappées d'illégalité. L'acte de candidature est obligatoire par une demande d'admission manuscrite.
Après enquête, le candidat reçoit convocation. Les admissions sont réalisées dans le complément d'un Circuit limité à 121 membres, sans qu'interviennent les distinctions de langue, d'origine sociale, de classe, et indépendamment de toute idéologie politique.

Le membre doit prévoir, pour son passage "Ecuyers", une robe blanche dans un tissu de lin dont les frais d'achat sont à sa charge.

Un membre de l'association contre lequel une sentence a été promulguée par un acte du Conseil, conformément à une décision de l'assemblée générale, peut être suspendu des droits inhérents à la qualité de membre de l'association ou celle relative à ses fonctions, ceci provisoirement ou définitivement.

Cependant il peut faire appel, se justifier ou demander révision de l'acte.

Article VII

Le candidat doit faire abnégation de sa personnalité pour se dévouer au service d'un apostolat hautement moralisateur. En toute circonstance de la vie, son devoir est de faire le bien, de porter assistance . '. d'enseigner la vérité, de défendre les faibles et *les opprimés*.

Article VIII

Un droit d'entrée est payable lors de la demande d'admission. Le montant est fixé par le bureau.
Il est remboursé intégralement en cas d'inadmission mais reste acquis à l'association à partir de l'instant où l'admission a été réalisée.

Article IX

Les membres de l'association reçoivent à leur admission une carte de membre et un insigne distinctif. L'autorisation de port et d'usage de cette carte doit être validée trimestriellement. Cette validation est faite lors des réunions de l'association.

Article X

Toute radiation sera portée à la connaissance du membre par lettre recommandée. Toute démission sera faite de même. Les cotisations en cours sont acquises à l'association pour les démissions et les radiations.

Article XI

L'Assemblée générale se compose de tous les membres de l'association. Elle est constituée par 9 commanderies et une Arche.

Chacune de ces commanderies doit, ainsi que l'Arche, comprendre treize membres.

Article XII

Les membres composent une hiérarchie de 5 degrés :

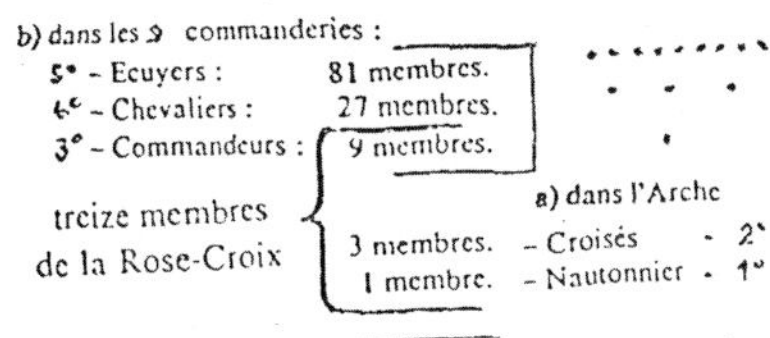

c) - Preux - membres indépendants illimités dit : "Enfants de Saint Vincent"

Article XIII

Le Conseil se compose de quatre membres. élus à la majorité des voix, ayant fonction de :

1) président ;
2) vice-président ;
3) secrétaire ;
4) trésorier ;

Le conseil a charge de recevoir les demandes d'admission, d'informer les candidats des résultats des demandes, de contacter au nom de l'association, selon les vœux exprimés par l'assemblée générale, les personnes de la société et services officiels.

Le conseil ne peut prendre d'engagement important sans en avoir référé à l'assemblée générale et obtenu de cette dernière les pleins pouvoirs.

Le conseil ou le bureau se réunissent sur une convocation du président.

Article XIV

Les ressources de l'association se composent de cotisations, subventions, revenus de ses biens. Elle peut contracter certains engagements financiers : tels prêts, en vue d'achats mobiliers et immobiliers, jugés par l'assemblée générale indispensables à son activité.

En cas de dissolution, l'assemblée générale désignera deux liquidateurs, déterminera leurs pouvoirs et les modalités de leurs opérations.

L'association est représentée en justice par un ou plusieurs hommes de loi, comme un notaire, avoué huissier, avocat, désignés par un ou plusieurs membres de son bureau délégués à cet effet.

Article XV

Conformément au droit commun, le patrimoine de l'association répondra seul des engagements financiers, mobiliers et immobiliers, valablement contractés en son nom, sans qu'aucun des membres de l'association puisse en être tenu responsable.

Toutes les décisions importantes, engageant la responsabilité de l'association, devront être mentionnées sur un registre spécial, portant la numérotation des pages, avec les dates et signatures des membres du conseil. Les comptes rendus de réunion du conseil devront être de même portés sur ce même registre.

Cette même clause étant valable pour les achats ou donations de terrains.

Article XVI

Le trésorier devra constituer de plein accord avec le conseil un fonds de réserve destiné :

1) au paiement des prix de location ou d'achat des locaux que l'association est autorisée à posséder ;

2) au placement mobilier et immobilier, d'achats de terrains et constructions nécessaires à l'accomplissement du but de l'association.

Article XVII

Tous les vœux et propositions élaborés devront obtenir ratification par vote des membres à la majorité absolue des voix.

Des décisions exprimées par l'assemblée générale seront consignées par le nom d'actes.

Article XVIII

Les statuts ne peuvent être modifiés que sur proposition du bureau.

Le conseil appelé à les modifier doit obtenir les deux tiers des voix des membres présents. Ce projet devra être soumis puis ratifié ultérieurement par les assemblées générales des membres.

Article XIX

Le conseil établira un règlement intérieur sous le nom de charte, qui déterminera les conditions de détail propres à assurer l'exécution des présents statuts et l'organisation intérieure : les études, les cérémonies, les réunions diverses, etc.

Rennes-le-Château,

Stanis Bellas,
par autorisation,
portant le titre de patente délivrée par le conseil
le 7 mai 1955

Les admissions ne sont valables que si elles sont réalisées légalement par trois membres et dans commanderie ayant patente régulière du Conseil. Toutes autres prétendues admissions dans l'association sont frappées d'illégalité. L'acte de candidature est obligatoire par une demande d'admission manuscrite.

NOM —
RUE —
VILLE —
CP —

Les conditions ci-dessus sont réputées acceptées dans leur totalité

RECEPTION *au Prieuré de Sion.* DATE

SIGNATURE ET CACHET Le bureau du conseil : DATE

SIGNATURE le candidat, DATE

commanderie:

- Ecuyers :
- Preux :

Kapitel 11 - Die Botschaft

A Dagobert II roi et a Sion est ce Tresor

„Dieser Schatz gehört König Dagobert II. und Sion." Wer Dagobert II. war, wissen wir inzwischen. Aber irgendwann wird sich der Leser im Laufe dieser Abhandlung gefragt haben, was er unter dem Begriff Prieuré de Sion zu verstehen hat. In meinem Buch „Der Mythos der Templer" konnte ich diese heikle Frage als nur bedingt zum Thema gehörend noch geschickt umgehen beziehungsweise an einen Experten weitergeben. Louis Vazart gab auf die Frage, wo sich die Prieuré lokalisieren lasse, die lakonische Antwort: überall und nirgends.

Ganz so einfach kann ich es mir dieses Mal nicht machen. Aber ich muß die Frage differenzieren. Gibt es die Prieuré de Sion? Die Antwort hierauf lautet „ja". Aber wer verbirgt sich hinter dem Begriff? Die älteste Geheimgesellschaft aller Zeiten? Die Hüter des Schatzes der Templer? Eine monarchistische Clique in Frankreich? Ein angloamerikanisches Finanzimperium? Eine Art Geheimdienst zwischen allen Fronten? Oder schlicht und ergreifend ein paar Witzbolde?

In einem vorangegangenen Kapitel habe ich erläutert, warum ich mir nicht vorstellen kann, daß von der Prieuré eine Gefahr ausgeht beziehungsweise daß sie für diverse Morde oder Hinrichtungen verantwortlich ist. Baigent, Leigh und Lincoln standen die Statuten der Prieuré zur Verfügung - sogar in zwei Versionen. Eine davon sollte der 1956 in St.-Julien-en-Genevois bei der offiziellen Registrierung der Prieuré niedergelegten entsprechen. Später wurde ihnen gesagt, diese sei falsch; gleichzeitig erhielten sie ein Exemplar der anscheinend gültigen. In der Mathematik ergibt Minus mit Minus multipliziert Plus. Und wenn die Konstitutionsbücher einer scheinbaren Geheimgesellschaft einem interessierten Forscherteam bereits farblich sortiert zur Auswahl stehen, wirkt dies verdächtig.

Ich glaube nicht an eine Prieuré mit Statuten und Hierarchie, noch weniger an die ulkigen Bezeichnungen, welche sie den einzelnen Graden gegeben hat. Aber ich kann mir gut vorstellen, daß ein gewisser Marquis de Chérisey auf den frommen Eifer von Baigent, Leigh und Lincoln hin amüsiert die aristokratischen Augenbrauen hochzog und meinte: „Statuten der Prieuré? Kein Problem, können wir unseren Freunden beschaffen."

Mit der Prieuré verhält es sich wie mit der Elektrizität oder dem Magnetismus. Man kann sie zwar nicht sehen, aber sie manifestiert sich, auch wenn man den technischen Hintergrund für diese Erscheinungen nicht kennt. In irgendeiner Form muß die Prieuré existieren, ob man an sie glaubt oder nicht. Die von der Prieuré präsentierten Unterlagen zeugen davon, daß mehr als eine Person jahrzehntelang an ihnen gearbeitet hat: die Liste der templerischen Großmeister, die Genealogien, der Code der Evangelien, um nur einige zu nennen. Die von der Prieuré ausgearbeitete parallele Geschichte, man ist versucht zu sagen Kosmogonie, hält den Angriffen stand. Die Prieuré war nie um eine Antwort verlegen, im

Gegenteil, ihre Angaben fügen sich so nahtlos in die Geschichte ein, daß sie dunkle Punkte erklären, die ohne ihr Eingreifen unverständlich erscheinen.[163]

Nur: um was geht es der Prieuré? War das einzige Ziel, in jahrzehntelanger Vorbereitung einen gigantischen Schwindel aufzuziehen, um die Leichtgläubigkeit der Weltöffentlichkeit zu beweisen? Aber 1956 wußte in Frankreich noch niemand, daß Ende der achtziger Jahre drei Engländer das Rätsel von Rennes-le-Château zum Politikum machen würden, und zwar auch im angelsächsischen Raum.

Bei flüchtiger Durchsicht der von der Prieuré inspirierten Unterlagen erhält man den Eindruck, eines der Hauptanliegen der Prieuré sei die Legitimität, speziell in Frankreich, konkret: der Thronanspruch der Merowinger. Allerdings geht sie nicht nur auf ein eventuelles Überleben der Merowinger ein, sondern auch auf die Spekulationen um die Naundorffs und die merkwürdigen Umstände um die Geburt Ludwigs XIV. Wenn der Leser sich nun weiter informiert, wird ihm auffallen, daß sogar die Legitimität Ludwigs XIII. in einem seltsamen Licht erscheint: sein Vater, Heinrich IV., war einerseits geschieden und hatte andererseits einem Edelfräulein namens Henriette d'Entragues ein schriftliches Eheversprechen gegeben, bevor er schließlich die spätere Mutter Ludwigs XIII. heiratete.

Auch der Graf von Chambord, Thronfolger zur Zeit Saunières, war von nicht ganz einwandfreier Herkunft. Sein Vater, der Herzog von Berry, hatte in seiner Jugend eine bürgerliche Engländerin namens Amy Brown geheiratet. Dieser Verbindung entstammten zwei Kinder. Die Ehe wurde gefälligkeitshalber annulliert, und der Herzog vermählte sich standesgemäß mit Marie-Caroline von Neapel, um einen blaublütigen Thronfolger zu zeugen.

Die Prieuré geht jedoch auch auf andere Länder ein. So läßt Chérisey eine Frau namens „la Beltraneja" auftreten. Die historische Beltraneja war Johanna, die Erbin des Thrones von Kastilien[164], die von ihrer Tante entthront wurde, der späteren Isabella der Katholischen. Ebenso kommt Chérisey auf die Frau namens Anna Anderson zu sprechen, die behauptete, die Großfürstin Anastasia von Rußland zu sein, eine Tochter des letzten Zaren. Daneben erwähnt er den englischen König Richard III.[165], bei Shakespeare der böse

---

163 Das gilt im Großen wie im Kleinen. Ein markantes Beispiel ist die beiläufige Angabe von Gérard de Séde, daß sich im 19. Jahrhundert eine Kristallkugel aus dem Grab des Merowingerkönigs Childerich bei Lord Fielding in Downing befunden habe. Wer diese Angabe überprüft, wird feststellen, daß es dort tatsächlich eine Familie mit ähnlichem Namen gibt: Feilding. Und diese Feildings sollen einer Überlieferung nach ausgerechnet von den Habsburgern abstammen - und damit laut Prieuré von den Merowingern. Als Childerichs Schatz im 17. Jahrhundert in Tournai gefunden wurde, gehörte diese Stadt zu den Spanischen Niederlanden und wurde von einem Habsburger verwaltet. Damit nicht genug: George Villiers, Herzog von Buckingham, der als Liebhaber der Königin Anna galt, war mit den Feildings verwandt. Wenn er auch nicht der Vater von Ludwig XIV. gewesen sein kann - er wurde zehn Jahre vor diesem Ereignis ermordet - welch eine Fülle von Koinzidenzen im Zusammenhang mit einem Ort, der so klein ist, daß er nur auf Generalstabkarten auftaucht!

164 Der Beiname Beltraneja war ein Spitzname, der Johanna (1462 - 1530) von den Parteigängern Isabellas verliehen wurde: ihr Vater sei nicht Heinrich IV. von Kastilien gewesen, sondern ein Adeliger namens Beltrán de la Cueva. Unter diesem Vorwand und mittels der Macht, welche Isabella (1474 - 1504) durch ihre Heirat mit Ferdinand von Aragon (1452 - 1516) gewann, gelang ihr die Absetzung Johannas. Spätestens nach der Vertreibung der Mauren aus Spanien und der Entdeckung Amerikas, beide im Jahre 1492, fragte niemand mehr nach der unglücklichen Johanna.

165 Richard III. (1452 - 1485), ließ sich 1483 nach der Enthüllung, daß sein unlängst verstorbener Bruder Eduard IV. (1442 - 1483) in Bigamie gelebt hatte, zum König krönen.

Onkel, welcher seine Neffen entmachtet und ermorden läßt, laut anderen der legitime König, da die Ehe seines Bruders ungültig war und die Kinder aus dieser Verbindung als nicht erbberechtigte Bastarde zu gelten hatten.

De Sède streift eine ähnliche Geschichte: die zweier spanischer Infanten, welche ebenfalls von ihrem Onkel enterbt wurden und zudem den Namen „de la Cerda" trugen, laut de Sède, weil ihr Vater auf den Schultern behaart war.[166] Eine starke Rückenbehaarung schreibt die Legende auch den Merowingern zu.

In Wirklichkeit ist die Familie derer von la Cerda lediglich ein weiterer Hinweis auf die Kanarischen Inseln und damit Hesperus, Venus und Luzifer: Luis de la Cerda wurde 1344 zum König der Kanaren gekrönt. Sollten die Spekulationen um das heilige Blut der Merowinger in Wirklichkeit einen anderen Hintergrund haben?

In „Circuit" beschreibt Chérisey sechs Familien, die in männlicher Linie von den Merowingern abstammten, aber nie eine bedeutende politische Rolle spielten. Sie verhielten sich so, als warteten sie auf eine siebte Familie, welche momentan durch den Impresario Valérien Aries repräsentiert werde. Hinter Valérien Aries, so haben wir festgestellt, verbirgt sich Pierre Plantard. Baigent, Leigh und Lincoln postulieren Pierre Plantard als Thronprätendenten der Merowinger. Aber sie haben die Prieuré-Unterlagen falsch verstanden: er ist lediglich ihr Impresario: Theater- oder Konzertagent, und nicht mehr, obwohl sein berufliches Diplom gleichzeitig seine Geburtsurkunde ist. Der Name Valérien sagt phonetisch-punisch bereits aus, wie diese zu bewerten sind: (ils) valent rien - sie sind nichts wert.

In den Genealogien der Prieuré findet man noch weitere bekannte Namen: Vaudressel und Chérisey. Laut den Genealogien lassen sich diese Familien zurückverfolgen bis in die Zeit vor dem Jahr 1000. Wenn das stimmt, war Philippe Marquis de Chérisey, Graf von Vaudressel, so sein voller Name, ein allerdings sehr entfernter Vetter von Pierre Plantard - und ein Merowinger. Aber jeder Ahnenforscher wird bestätigen, daß es praktisch unmöglich ist, eine nicht herrschende Familie so weit zurückzuverfolgen. Sowohl die siebte Familie als auch der Thronanspruch Pierre Plantards sind also lediglich symbolisch zu sehen.

Es kommt der Prieuré nicht auf die Rasse oder das Geschlecht an, auch wenn de Sède eines seiner Bücher „La race fabuleuse" nannte. Denn darin erwähnt er die wechselvolle Geschichte der Ampullen mit dem Krönungsbalsam der merowingischen Könige - selbst davon gab es mehr als eine. Die älteste, welche das Blut von neununddreißig fränkischen Königen enthalten habe, sei bereits zur Zeit Chlodwigs zerstört worden. Der neununddreißigste fränkische König, Marcomir V., wurde laut der Genealogie Louis Vazarts von seinem Herzog Pharamond abgelöst. Pharamonds Sohn Chlodio adoptierte den Sohn seiner Gattin aus erster Ehe. Und dieser Sohn war Merowech I., der Großvater Chlodwigs und Stammvater der Merowinger. Wie man sieht, von Blutsverwandschaft keine Spur, nicht einmal in den Dokumenten, welche die Prieuré selbst anregte. Denn laut Gérard de Sède ist diese Genealogie auf Pierre Plantards erste Frau zurückzuführen.

Die Prieuré betont, daß die Merowinger auch Vorfahren der Habsburger waren. Zu deren Mottos gehört die geheimnisvolle Buchstabenfolge AEIOU. Dafür gibt es verschiede-

---

[166] Das spanische Wort „cerda" bedeutet: Borste. Ironischerweise gibt es auch das Wort „cerdo", welches Wildschwein bedeutet.

ne Interpretationen: Eine lautet schlicht: „Austria erit in orbe ultima.“ - „Austria wird das Letzte auf dem Erdkreis sein.“ Austria beziehungsweise Österreich bedeutet jedoch lediglich Ostreich. Genauso wie das merowingische Austrien, wie Louis Vazart eigens hervorhebt. Der Prieuré geht es weder um eine bestimmte Dynastie noch eine nationale Identität. Austrien ist für sie das Prinzip des Letzten, des Ewigen.

In „La race fabuleuse“ stellt Gérard de Sède die Überlegung an, ob die ersten Merowinger eventuell Extraterrestrier waren. Da seine Begründung nicht sehr stichhaltig erscheint, liegt die Vermutung nahe, daß er diese These nicht wörtlich meint, sondern auf etwas anderes anspielt, das vom Himmel fiel oder aus dem Himmel kam: den Heiligen Gral. Bestätigt wird diese Theorie dadurch, daß er im gleichen Buch die Suche nach dem „verlorenen König“ mit der Gralssuche gleichsetzt. Diese Legende von einem König, der irgendwann zurückkommen wird, existiert in allen Kulturen. Man denke nur an die Sagen von König Artus, Karl dem Großen und Barbarossa. Die Ismailiten bereiten sich auf die Ankunft des verborgenen Imam vor.[167]

Dagobert II., den die Prieuré zum Stammvater eines verborgenen Königtums macht - nachdem er bereits einmal über das Meer gekommen war, um seine Herrschaft anzutreten -, ist lediglich eine weitere Version dieser Legende. Genauso wie die Wiederkehr Christi in Herrlichkeit.

Auf den ersten Blick mag es verwundern, daß die Prieuré auch die Thesen Otto Rahns in ihr Gedankengebäude einzubauen scheint. Denn dessen zweites Buch, „Luzifers Hofgesind“, entstand mehr oder weniger im Auftrag der nationalsozialistischen Machthaber. Nur hat man an manchen Stellen den Eindruck, als wolle Rahn deren Thesen, speziell die Rassenideologie, ad absurdum führen. So behauptet er, der Gral sei für Feirefiz[168] unsichtbar, weil dieser gemischtrassig sei. Rahn wußte, daß ein Blick in Eschenbachs „Parzival“ dies als Irrtum brandmarken würde: Feirefiz sah den Gral nicht, weil er in diesem Moment noch nicht getauft war.

Generell mußte Rahn klar sein, daß es widersinnig ist, ausgerechnet Eschenbach zum Apostel der Rassenreinheit zu erheben. Nicht nur, daß dieser dem König von Schottland einen Vetter mit schwarzer Haut verleiht; er läßt den Mulatten Feirefiz ausgerechnet die Gralsträgerin Repanse de Schoye heiraten - mit dem Segen der ganzen Familie.

Serge Hutin und Arkon Daraul, die im gleichen Verlag wie de Sède veröffentlichten, gehen in ihren Werken über Geheimgesellschaften auch auf die chinesische „Triade“ ein. Ab dem 17. Jahrhundert nannte diese als ihr Ziel die Restaurierung der Ming-Dynastie. Die Ming hatten ab 1367[169] in China geherrscht und wurden 1644 von den Mandschu vertrieben. Nur konnten die Ursprünge der Triade bis in die Zeit vor der Ming-Dynastie zurückgeführt werden. Auch hier wählte also eine Geheimgesellschaft als offizielles Anliegen die Restaurierung einer untergegangenen Dynastie. Nichts spricht dagegen, aber sehr viel dafür, daß die Prieuré gleich vorging. Erst wenn der Initiand die unteren Grade der Triade durchlaufen habe, werde ihm mitgeteilt, daß der Ausdruck „Ming“ wörtlich zu

[167] Daß ihr dritter Imam, Hussein, der Enkel Mohammeds, wenn nicht 681, so doch ausgerechnet 680 in Karbala ermordet wurde, ist selbstverständlich nur ein Zufall. Aber ein merkwürdiger...

[168] Feirefiz war der Sohn Gachmurets und der dunkelhäutigen Königin Belakane und somit von väterlicher Seite her ein Halbbruder Parzivals.

[169] Berühmt wurde das Porzellan, das in dieser Ming-Zeit entstand und nach ihr benannt wurde.

nehmen sei: er bedeutet in der chinesischen Sprache auch Licht. Das Ziel der Triade - und auch der Prieuré - ist die Erleuchtung: Gnosis.

Die Kraft und ihre dunkle Seite

Zu den absoluten Klassikern der Filmgeschichte gehört „Star Wars“. Warum eigentlich? Die Serie ist lediglich eine Neuauflage des uralten Kampfes von Gut gegen Böse, verlagert in eine andere Galaxis und die ferne Zukunft. Vor allem: warum strömten die Zuschauer schon im ersten Teil in die Vorführungen? Die pikantesten Komponenten tauchten schließlich erst ab dem zweiten Teil auf. Erst dort beginnt die herb-süße Liebesgeschichte zwischen Han Solo und der Prinzessin Leia, und der jugendliche Held Luke Skywalker entpuppt sich als der Sohn des Bösewichtes Lord Vader. Im dritten Teil stellt sich zudem heraus, daß Leia und Luke Geschwister sind.

Der erste Teil hingegen ist recht trivial. Der junge Held, der sich schon immer nach Abenteuern gesehnt hat, wird durch Zufall oder Schicksal aus seinem Alltag herausgerissen und in die Auseinandersetzung zwischen dem bösen Imperium und einer rebellierenden Allianz hineingezogen. Reduziert auf ihre einfachsten Bestandteile ist „Star Wars“ eine in Science-Fiction-Format transferierte Version der Parzival-Legende. Der unbedarfte Luke Skywalker wird von seinem Onkel und seiner Tante genauso im unklaren über seine Herkunft gelassen wie Parzival von seiner Mutter. Lukes Vater gehörte einer inzwischen - fast - ausgestorbenen Bruderschaft an, welche sich die Jedi-Ritter nannten. Ein Einsiedler bringt Luke schließlich die Grundkenntnisse des Jedi-Rittertums bei. Die Allianz gegen das Imperium ist eine Neuauflage der Tafelrunde. Und anstatt sich auf die üblichen Handfeuerwaffen zu beschränken, lassen die Erfinder von „Star Wars“ ihre Protagonisten sogar Laserschwerter schwingen.

Aber der faszinierendste Aspekt der „Star Wars“-Saga ist die geheimnisvolle, alles durchdringende geistige Kraft, die den Jedi-Ritter begleitet. Diese Kraft hat zwei Seiten, eine helle und eine dunkle. Wer einmal der dunklen Seite der Kraft verfallen ist, kann sich nur schwer wieder aus ihrem Bann lösen. Die dunkle Seite der Kraft wird durch Haß und Gewalttätigkeit initiiert, die helle durch Selbstbeherrschung und Zurückhaltung.

Daß es so etwas wie diese Kraft gibt, werden Experten für die Erforschung unerklärlicher Phänomene bestätigen. Erstaunlicherweise sind die meisten Manifestationen dieser Art eher negativ. Selten hört man etwas von einem Geist, der eine ihm zu Lebzeiten nahestehende Person vor einem Unfall gewarnt oder behütet hat. Warum? Sind die negativen Emotionen stärker? Oder hat ein Mensch, der im Frieden mit sich und der Welt verschieden ist, einfach keinen Anlaß, wieder umzukehren und kann ohne Bedauern endgültig die Schwelle zum nächsten Dasein überschreiten?

Diese traurige Tatsache, daß sich das Böse eher als das Gute manifestiert, findet sich bestätigt, wenn man seine nächste Umgebung untersucht. Ein Mensch, der Gutes tut, tritt selten ins Rampenlicht. Gutes ist irgendwie langweilig und scheint außerhalb der Weihnachtszeit sogar leicht deplaziert zu wirken. Aber das Negative findet Beachtung.

Wir haben bereits an anderer Stelle festgestellt, daß man nur eine beliebige Zeitung aufzuschlagen braucht, um der Manifestation des Bösen auf dieser Welt zu begegnen. Die Frage, ob DAS Böse oder DER Böse dahinter steht, haben wir offengelassen. Oder sollte es stimmen, daß wir nur um unserer Sünden willen - beziehungsweise aufgrund des Ungehorsams unseres Vorvaters Adam - soviel Not und Leid auf der Erde vorfinden?

Aldous Huxley schildert in seinem utopischen Roman „Schöne neue Welt“ die Erziehungsmethoden des neuen Staates. Kleinkinder im Krabbelalter werden in einen sonnendurchfluteten Raum gebracht, in dem in einer langen Reihe bunte Bilderbücher und Blumen in leuchtenden Farben auf dem Boden aufgestellt sind. Begeistert bewegen sich die Kleinen darauf zu. Als die ersten nach den Blumen und Bildern greifen, kreischen Sirenen auf, und der Boden wird kurz unter Strom gesetzt. Wenn man dieses Vorgehen mehrmals wiederholt, so sagen die Meister der schönen neuen Welt, werden die Kinder für den Rest ihres Lebens Bücher und die Schönheit der Natur mit unangenehmen Empfindungen verbinden. Es bedarf keines artikulierten Verbotes mehr - sie lassen künftig die Hände davon. Sie wurden nämlich als Delta-Kinder geboren, sind also für grobe und eintönige Arbeiten bestimmt. Wenn sie Sinn für Schönheit und Kultur entwickeln, könnte das den Arbeitsablauf stören. Um von vorneherein sowohl Kritikfähigkeit als auch künstlerisches Empfinden auszuschalten, werden Delta-Kinder bereits im Embryonal-Stadium mit Sauerstoffentzug und Alkohol behandelt, um das Gehirn auf Dauer zu schädigen.

Aber zum Glück ist „Schöne neue Welt“ nur ein Roman. Niemand würde in Wirklichkeit so etwas tun. Zumindest nicht absichtlich. (Ärzteorganisationen weisen seit Jahren darauf hin, daß die Wandverkleidungen von Billigwohnungen in Paris speziell bei kleinen Kindern Bleivergiftung hervorrufen: irreparable Störungen im zentralen Nervensystem.)

In einer angesehenen englischen Wirtschaftszeitschrift erschien im August 1995 ein Artikel über Opernhäuser: es sei ein Unding, solche über Steuergelder zu finanzieren; Opernhäuser produzierten nämlich am Bedarf des Steuerzahlers vorbei. Zur Untermauerung dieser These führte die Zeitschrift den Versuch eines Boulevardblattes an, das zwei Paaren aus der Arbeiterschicht sündhaft teure Eintrittskarten für eine Opernaufführung geschenkt hatte. Nach einer Stunde hätten die so Beglückten den Saal verlassen.

Wie kommt es, daß die einen Jahre ihres Lebens geduldig auf eine Karte für eine Wagneraufführung in Bayreuth warten und die anderen sich gelangweilt abwenden, wenn ihnen ein ähnlicher Kunstgenuß angeboten wird? Dies könnte natürlich mit persönlicher Neigung und musikalischem Interesse oder Desinteresse zu tun haben - wenn „die einen“ nicht fast ausschließlich der Ober- und gehobenen Mittelklasse und „die anderen“ der Unterklasse angehörten. Elegante Abendroben, Champagner, festlich gestimmte Menschen, eine Atmosphäre knisternder Erwartung - die modernen Deltas haben ihre Lektion gelernt: diese Dinge sind nicht für sie bestimmt. Sie sitzen vor dem Fernseher, gehen in die Kneipe oder verbringen ihre Freizeit auf dem Fußballplatz.

Gegen solche Aktivitäten ist nichts einzuwenden - wenn der Mensch die Wahl hat, wenn seine Erziehung so beschaffen ist, daß er differenzieren kann. Und wenn sie keinen Ausschließlichkeitscharakter haben. Wer nie gelernt hat, die Werke eines Mozart oder Schiller zu würdigen, ihren Hintergrund zu verstehen und mit anderen Theater- oder Musikstücken zu vergleichen, an dem gehen sie selbstverständlich vorbei. Und es ist unbestritten, daß die Anzahl der Interessengebiete mit steigendem Bildungsgrad zunimmt.

Allerdings scheint genau dieses Bildungsniveau global zu sinken. Denn in diesem Monat August flammte in England die Diskussion wieder auf, ob das Anforderungsprofil der Schulen nachgelassen hat: weil prozentual mehr Schüler als in früheren Jahren die sogenannten „A-Level“-Prüfungen geschafft hatten. Frankreich führte einige Zeit später einen Test durch, bei dem Jugendliche unter den Prüfungsbedingungen früherer Schülergenerationen deren Examen wiederholen sollten. Das Ergebnis war erschreckend: wesentlich mehr Fehler. Bedenklich stimmt auch, daß in Spanien im gleichen Monat August Zehntausende von Fans eines bestimmten Fußballclubs bereit waren, für den Aufstieg ihrer Fußballmannschaft in die Oberliga zu demonstrieren. Dem standen irgendwelche administrativen Gründe entgegen. Die Fans wollten sich in einem gewaltigen Aufmarsch nach Madrid begeben und die Rücknahme einer entsprechenden Entscheidung erzwingen. Wie viele dieser Menschen sind arbeitslos und sollten ganz andere Probleme haben?

Genau da liegt der springende Punkt. Mit Hilfe von König Fußball wird ihre Aktivität in eine andere Richtung gelenkt, weg von gesellschaftlichen Problemen, auf ein Nebengleis. Für den Fan mag ein wichtiges Fußballspiel seines Clubs live die Erfüllung aller Wünsche sein - so wie für den Wagner-Freund der Bayreuth-Abend. Aber der Opernfreak kennt eher die Atmosphäre des Fußballplatzes als der Fußball-Anhänger die Musik Wagners. Er kann vergleichen.

Das deutsche Kaiserreich, das mit dem Ersten Weltkrieg sein Ende fand, erschuf eine neue Art von Steuer: die Sektsteuer. Sie war dazu bestimmt, den Bau der Kriegsmarine zu fördern. Inzwischen gibt es keinen Kaiser und keine kaiserliche Flotte mehr. Aber die Sektsteuer hat beide überdauert.

Wie es wohl um die Finanzen des Staates bestellt wäre, wenn tatsächlich morgen alle der Warnung des Gesundheitsministers folgen würden und mit dem Rauchen aufhörten? Spätfolgen hin oder her, wenn es um die Frage Profit von heute gegen Lebensqualität von morgen ging, hatte der Profit noch immer bessere Karten. Und die Tabaksteuer wird heute fällig. Genauso wie die Alkoholsteuer.

Es soll nicht behauptet werden, daß irgendeine Regierung der Welt den Drogenkonsum fördert. Aber wie viele Konsumenten von Alkohol, synthetischen Drogen, Haschisch oder Heroin schätzen ihr Leben als völlig perspektivlos ein und holen sich von der Droge die einzige Art von Kick, welche sie je kennen werden? Was käme auf den Staat zu, wenn alle Drogenabhängigen und -gefährdeten samt ihren Angehörigen gemeinsam energisch in Protestzügen einen Therapieplatz, eine Lehrstelle, eine Wohnung oder einen Job fordern würden?

Eine spanische Politikerin, die ein Buch über gefährliche Sekten geschrieben hat, gibt zu, daß der Polizei genügend Belastungsmaterial vorliegt, um alle dubiosen Entzugszentren, die von Sekten geleitet werden, umgehend zu schließen. Aber das würde bedeuten, daß auf einen Schlag Tausende von Süchtigen auf der Straße landen, wo sie zur Befriedigung ihrer Sucht vermutlich Verbrechen begehen würden. Nicht nur in Spanien duldet man daher lieber die Gefahr einer massiven Indoktrination.

Den Körper eines anderen zu töten wird als Mord bezeichnet und mit Zuchthaus bestraft. Den Geist zu töten, sei es durch eine solche Gehirnwäsche, hemmungslosen Konsumzwang, Arbeitszeiten, die keine Freizeitplanung mehr gestatten, oder ein Fernsehprogramm, das an Stumpfsinn nicht mehr zu überbieten ist, bleibt weiterhin straffrei.

Brot und Spiele, wie die Römer ihre beiden Komponenten zur Ruhigstellung der Plebs nannten, wurden inzwischen durch Niedriglohn und Sportberichte beziehungsweise Sensationsnachrichten abgelöst, besonders publikumswirksam, wenn sie miteinander verbunden werden können. Warum interessieren sich so viele Menschen dafür, ob der Boxer Tyson ein Vergewaltiger ist oder der Fußballer Simpson seine Ex-Frau ermordete oder nicht?

Versuchen wir, uns von dem von Kindesbeinen an gewohnten Teufelsbild zu lösen. Der Teufel manifestiert sich nicht mit Schwefelgestank, Bockbeinen und Dreispitz. Der Teufel tötet den Geist. Einen der Männer, welche dies erkannt haben, ernannte die Prieuré de Sion zu ihrem Großmeister: Victor Hugo. Er bezeichnet die Hölle poetisch als Abgrund, wo der Geist das traurige Wort „fehlt" liest.

Der Teufel kann aber andererseits die Gestalt eines jeden unter uns annehmen. Himmel und Hölle, Göttliches und Teuflisches, trägt jeder in sich.

Die uralte Symbolik verbindet die Venus alias Morgenstern alias Luzifer untrennbar mit der Menschheit. Das Pentagramm, das die Venus am Himmel beschreibt, gilt, auf die Spitze gestellt, als Symbol des Leibhaftigen[170]. Mit der Spitze nach oben hingegen bildet es das Symbol des Mikrokosmos, des Menschen[171]. Das astrologische Symbol der Venus ist ein Kreis, der auf einem Kreuz steht. Wenn man dieses Zeichen umkehrt, so daß der Kreis nach unten und das Kreuz nach oben weist, erhält man das Symbol für unsere Erde.

Diese Ausführungen wollen keinen Satanskult propagieren. Im Gegenteil. Ein Satanskult gründet sich nämlich genau auf jene Vision der Kirche vom finsteren Höllenfürsten, die hier angegriffen wird.

Der Schatten ist dunkel und symbolisiert die niedrigen Instinkte. Aber der Peter Schlemihl aus Adalbert von Chamissos[172] gleichnamiger Geschichte, der Mann ohne Schatten, ist kein richtiger Mensch mehr. Das Ergebnis von Robert Louis Stevensons Dr. Jekyll, seine beiden Persönlichkeitshälften zu trennen, verläuft tragisch. Welche Seite in uns stärker zum Tragen kommt, hängt von verschiedenen Umständen ab.

Aber wie kann Philippe de Chérisey verlangen, daß man den Teufel lieben soll? Ihn sogar lieben muß, um ihn zu besiegen? Den Teufel in sich selbst zu lieben bedeutet nicht, sich gehenzulassen. Aber den Teufel zu hassen ist sinnlos: man kann sich nicht selbst mit Haß verfolgen. Haß ist zudem kontraproduktiv. Wer diesen Dualismus in sich selbst erkannt hat, der ist auf dem Weg zur Befreiung.

Aber was ist, wenn man im Prinzip das Teuflische in der Welt erkannt hat, aber nun einmal in den täglichen Kreislauf von Arbeit und Reproduktion eingespannt ist? Macht es das Leben nicht noch unerträglicher, als es ist? Vielleicht. Bisweilen drängt sich der Eindruck auf, daß manche Menschen es vorziehen, weiterhin in der scheinbar besten aller Welten zu leben, anstatt mit der Realität konfrontiert zu werden. Und in einer Art unbewußter Proselytenmacherei[173] versuchen sie, andere in die gleiche Richtung zu lenken. Der Zusammenschluß zu Fanclubs jeglicher Couleur trägt häufig eine solche Komponente in

---

170 Weil die beiden nach oben gerichteten Zacken an Hörner erinnern.

171 Weil es an einen Menschen mit zwei Beinen auf der Erde und ausgestreckten Armen erinnert. Es ist auch kurios, daß sich das Pentagramm der Venus sowohl im Sternenbanner der Vereinigten Staaten von Amerika als auch auf der Flagge der ehemaligen UdSSR wiederfindet, genauso wie auf den Flaggen zahlreicher moslemischer Länder. Vielleicht ein unbewußter Ausdruck der Sehnsucht aller Menschen nach der verbindenden Macht der Liebe, symbolisiert durch die Venus.

172 Adalbert von Chamisso (1781 - 1838), geboren in Frankreich, gestorben in Deutschland, Dichter, Philosoph und Weltreisender.

173 Proselytenmacherei = abwertende Bezeichnung für das Bestreben, Andersgläubige oder -denkende von der Richtigkeit der eigenen Religion oder Weltanschauung zu überzeugen.

sich. Die Massenbegeisterung bestätigt dem Einzelnen, daß er mit seiner Lebensauffassung richtig liegt. Aber irgendwann, spätestens im Moment des Todes, erfolgt schonungslos die Konfrontation mit der Realität, mit dem eigenen Ich.

Die Schönheit der Spur

Von der Befreiung des Geistes sind wir inzwischen weiter entfernt als je zuvor in der Geschichte der Menschheit. Das, was uns als Fortschritt angepriesen wird, eine für jedermann erschwingliche Unterhaltungselektronik, könnte in Wirklichkeit ein Fluch sein. Die Karikatur aus dem Witzblatt, den Fernsehsüchtigen, der zum fahrigen Neurotiker wird, wenn sein Gerät defekt ist, gibt es auch in Wirklichkeit. Abhängigkeit von Glücksspielautomaten wurde inzwischen als Sucht anerkannt. Fernsehsucht ist zu weit verbreitet und gesellschaftlich nicht störend genug, um berücksichtigt zu werden. Ganz im Gegenteil. Es macht zufrieden.

Aber es gibt Menschen, die sich dieser Entwicklung entgegenstemmen. Einige von ihnen schlossen sich zusammen und gaben sich den Namen Prieuré de Sion. In „Circuit" kommt auch die Sibylle von Cumae vor: eine Seherin - beziehungsweise eine Reihe von Seherinnen -, der eine Sammlung von Weissagungen zugeschrieben wird. Robert K. G. Temple ist der Ansicht, daß die Orakelpriester bewußt das Assoziationsvermögen der Menschen anregen wollten. Während die rationale Methode streng logisch Schritt für Schritt eine Lösung sucht, komme es bei den Rätseln darauf an, geistige Querverbindungen zu ziehen, die über die bisherigen Vorstellungen hinausgehen. Temple - übrigens ein sehr passender Name für unser Thema - meint, letztendlich sei es um das Gewinnen von Selbsterkenntnis gegangen. Damit läßt sich der Kreis zu Chériseys Anekdote um die „Autopsie" und Plato schließen. Auch dieser Philosoph zeigte in seinen Dialogen, daß es mit Hilfe der Dialektik möglich ist, Ideen im Menschen wachzurufen, von denen er vorher gar nicht wußte, daß sie in ihm steckten.

Die Prieuré erwähnt nicht nur Plato, sondern greift auch die Methode der alten Mysterien-Priester wieder auf und bezeichnet sie als Rösselsprung. Denn was ist die Angelegenheit Rennes-le-Château anderes als ein gigantisches Rätsel?

Die Prieuré hat dieses Rätsel jedoch lediglich entdeckt, nicht gemacht. Denn aus irgendeinem Grund scheint um das, was wir die Affäre Rennes-le-Château nennen, eine Konzentration von Koinzidenzen stattgefunden zu haben, wie das Kaleidoskop von sich überschneidenden Daten und Namen demonstriert. Warum dem so ist - wer weiß es?

Vielleicht haben die uralten jüdischen Schriften wie das Buch „Sefer Jezira"[174] recht, und es steckt tatsächlich ein tiefer Sinn hinter Worten und Zahlen, durch die sich eine dem gesamten Universum innewohnende Kraft manifestiert. Es kann sein, daß wir verrückt würden, wenn wir unser Schicksal genau kennen würden, und daß uns eine gütige Macht davor schützt. Und wo genau der Brennpunkt ist, wissen wir nicht. Oder gibt es gar keinen solchen? Ist das Ganze eine Art Netzwerk mit verschiedenen Knotenpunkten? Aber wenn dem so ist, dann gibt es mindestens vier Dimensionen.

---

174 Wörtlich „Buch des Glanzes", gehört zu den Hauptwerken der jüdischen Geheimlehre Kabbala.

Vielleicht wollen uns die Ereignisse um Rennes-le-Château und Stenay, Gisors und St.-Sulpice, die französischen Dynastien und verborgene Schätze eine Möglichkeit geben, den Vorhang etwas zu lüften und einen Blick auf das zu werfen, was sonst unseren Sinnen verborgen bleibt. Fromme alte Bücher empfehlen dem Gläubigen, an jedem Abend sein Gewissen zu erforschen und um Vergebung für begangene Sünden zu bitten. Dieser Rat ist gar nicht schlecht; er sollte nur etwas verallgemeinert werden. Wenn man sich hin und wieder besinnt, was einem alles zugestoßen ist, bestimmte Ereignisse rekapituliert und miteinander in Verbindung bringt, so wird man Wechselwirkungen gerade dort feststellen, wo man sie am wenigsten erwartet, und stellt sich früher oder später die Frage nach dem Ursprung dieser Koinzidenzen.

Eine Serie von Publikationen, welche sich von der Affäre Rennes-le-Château inspirieren ließ, zitiert auf der Titelseite einen Satz aus den Schriften des Propheten Isaias (Is 33/6): „Der Schatz von Zion besteht aus der Furcht vor dem Ewigen." Vielleicht erhaschen wir auf dieser Erde immer nur einen Schimmer des Ewigen. Aber macht dies die Suche weniger interessant?

Umberto Eco benannte die einzelnen Kapitel des „Foucaultschen Pendels" nach den zehn Sephirot des kabbalistischen Lebensbaumes. Darunter versteht man die Art, wie sich die Gottheit manifestiert, unter anderem als Liebe, Kraft, Gerechtigkeit, Weisheit. Das Zentrum bildet Tiferet, die unvergängliche Schönheit und Harmonie. Und in diesem Kapitel „Tiferet" erschaffen die drei Protagonisten, eigentlich nur zu ihrer intellektuellen Erbauung, den „großen Plan". Angeregt werden sie durch die Kopie eines alten Dokuments, das aus der Zeit der Templer stammen soll und beschreibt, wie der Orden für die Weitergabe eines Geheimnisses gesorgt hat. Und auf dieser Basis forschen sie nach, aus was das Geheimnis des Templerordens bestanden haben könnte - beziehungsweise konstruieren ein solches. Es handelt sich um eine Schatzsuche auf geistiger Ebene.

Im Zusammenhang mit dem Schatz, dessen Finder es auferlegt ist, ihn wieder zu verstecken, schreibt Chérisey, die idealen Hüter eines Schatzes seien Priester, da sie keine Familie hätten. Wenn der glückliche Finder eines Schatzes Nachkommen hat, könnten diese sich zwar an der weiteren Suche beteiligen, aber der Vater dürfe ihnen keine Hilfestellung geben. Er könne nur versuchen, sie von der „beautés intrinsèques de la piste", der ureigenen Schönheit der Spur, zu überzeugen.

Das haben die Prieuré und die von ihr angeregten Autoren gemacht. Chérisey vergleicht die Suche nach dem Schatz mit dem Streben nach dem Heiligen Gral. Louis Vazart widmet ein Buch einem Mann, den es gar nie gegeben haben soll. Pierre Plantard ergeht sich in kryptischen Andeutungen und erweckt so die Neugier seiner Leser. Schon in „Les Templiers sont parmi nous" vergleicht ihn de Sède wörtlich mit dem Sphinx.

An einer anderen Stelle wird de Sède noch deutlicher. In „L'or de Rennes" hatte er das Manuskript, in dem die leicht erhöht stehenden Buchstaben ohne weitere Decodierung den Satz A DAGOBERT II ROI ET A SION EST CE TRESOR ET IL EST LA MORT ergeben, kommentarlos abgebildet. Auf die Frage Henry Lincolns, warum er nicht auf diesen Schlüsselsatz hingewiesen habe, antwortet de Sède: „Weil wir gedacht haben, daß es jemanden wie Sie interessieren könnte, selbst darauf zu stoßen."

Zu Beginn von „Circuit" fragt der Held Charlot seine Auftraggeber, was er eigentlich auf den Kanarischen Inseln untersuchen solle. Die Antwort ist reichlich enigmatisch: „Das müssen Sie selbst herausfinden.“ Und als er sich nach dem Honorar erkundigt, wird ihm zu verstehen gegeben, daß die Organisation, die ihn hinausschickt, zwar sehr reich ist, jedoch keine Möglichkeit sieht, seine Dienste regulär zu vergüten. Chérisey deutet sogar eine Einweihungszeremonie an: den Namen Charlot erhält sein Protagonist erst in diesem Moment; eigentlich heißt er Amédée. Eine solche Namensänderung ist heute noch in sehr vielen Religionen gebräuchlich: aus Cassius Clay wurde bei seinem Übertritt zum Islam Muhammed Ali. Aber ein Vertrag wird Charlot erst angeboten, als er diese Mission beendet, seine Eignung unter Beweis gestellt hat.

Charlot macht sich auf den Weg, ohne das Ziel zu kennen, aber in dem Bewußtsein, daß alles einen tiefen Sinn hat, daß er nicht einem blinden Zufall ausgeliefert ist. Schließlich hat er schon seit seiner Kindheit eine Narbe in Form des Kanarischen Archipels. Das Spielfeld, auf dem er sich bewegt, hat seine Regeln, wie das „Jeu de l'oie“.

Es gibt einen Roman aus der Feder Jules Vernes, der sich direkt mit dem „Jeu de l'oie“ befaßt. Diese Erzählung handelt vom das Testament eines exzentrischen Millionärs, der aus den Vereinigten Staaten ein riesiges Spielfeld mit verschiedenen Stationen konstruiert hat und seine Erben diverse Prüfungen durchmachen läßt. Zum Schluß stellt sich heraus, daß er seinen Tod nur vorgetäuscht hat und selbst aktiv mitspielt. Er setzt sein gesamtes Vermögen ein, um festzustellen, ob das Schicksal es ihm wieder zuspricht.

Wenn es nun keinen Zufall gibt, wenn wir von einem Netz von Analogien umgeben sind - ist es dann nicht müßig, überhaupt eine Anstrengung zur Steuerung des eigenen Schicksals zu unternehmen? Analogie ist jedoch nicht gleich Schicksal, und das Schicksal selbst ist nicht unabänderlich. Der Gral sucht sich seine Paladine, indem er ihre Namen auf einem Stein auftauchen und wieder verschwinden läßt. Aber Parzival, obwohl er eigentlich seine Chance verspielt hatte, überwand schließlich durch seine Willenskraft das Schicksal. Vielleicht kann der Gral das Innere des Menschen und seine geheimen Wünsche und Sehnsüchte erkennen.

Nur führen uns diese Erörterungen zu einer elementaren Frage. Wenn meine Theorien stimmen, wenn Baigent, Leigh und Lincoln und andere die ihnen vorliegenden Dokumente falsch interpretiert haben - warum erhob dann die Prieuré nie Einspruch? Die Antwort ist einfach. Die Hintermänner der Prieuré wollen nicht ein Geheimnis für sich behalten, sondern suchen im Gegenteil eine breite Öffentlichkeit. Baigent, Leigh und Lincoln haben ihnen dieses Podium verschafft. Und eine falsche Interpretation ist besser als gar keine. Solange immer wieder neue Interessenten die Spur aufnehmen, erhöht sich die Chance, daß weitere Facetten sichtbar werden. Die Prieuré verwaltet einen Schatz von Wissen. Ob diese Erkenntnisse nun tatsächlich getreu von Großmeister zu Großmeister weitergereicht wurden oder ob in jüngster Zeit irgendwer durch Zufall auf bestimmte Zusammenhänge stieß und Gleichgesinnte fand, lassen wir dahingestellt. Es ist unwichtig.

Der aufmerksame Leser mag sich nun die zweite bedeutungsvolle Frage stellen: Wenn die Prieuré uns in Gestalt der Angelegenheit Rennes-le-Château ein Rätsel stellen möchte, das jeden einzelnen herausfordern soll, geht dann dieses Buch nicht schon zu weit? Bérenger Saunière zerstörte die Spur, die ihn zu einem materiellen Schatz führte. Nur der Zufall kann bei der Wiederauffindung helfen. Den wahren Reiz der Suche machen jedoch die Anhaltspunkte aus. Der geistige Schatz der Prieuré de Sion besteht aus den Erkenntnissen, die man bei der Suche gewinnt. Ist es nicht unfair, den Weg aufzuzeigen?

Der bedeutendste Denker der Prieuré war zweifellos Philippe de Chérisey. Diese gesamte Abhandlung basiert zum größten Teil auf den Anhaltspunkten, die er in „Circuit“ hinterlassen hat. „Circuit“ stammt aus dem Jahre 1971, entstand also kurz nach dem inzwischen in die Geschichte eingegangenen Mai 1968, welcher die Gesellschaft mit neuen Impulsen versorgte. Eine Zeitlang sah es so aus, als stehe uns ein Aufbruch in die New-Age-Kultur bevor. Chérisey wußte, warum er gerade die Beatles mehrmals erwähnt. John Lennon gilt bei vielen als moderner Gnostiker. Wer verbirgt sich wohl hinter „Lucy in the Sky with Diamonds“, der - oder dem? - strahlenden Lucy am Himmel? Die gleiche Wesenheit, die an anderer Stelle „Lady Madonna“ genannt wird? Ist sie mit „Mother Nature“ identisch und soll auch den traurigen „Jude“ aus den gleichnamigen Songs trösten? Chérisey mußte davon ausgehen, daß immer mehr Menschen imstande sein würden, sein Werk zu verstehen. Aber er starb 1985. Und die Entwicklung der letzten zehn Jahre zeigt, daß die Hoffnungen, welche er gehegt haben mag, trügerisch waren. Das Gros der Menschen hat immer weniger Zeit und Anreiz, sich mit sich selbst zu beschäftigen. Die Arbeitszeit ist im Begriff, wieder verlängert zu werden, das Realeinkommen sinkt, die hohe Arbeitslosenquote wird inzwischen von allen Industrienationen als unabänderlich hingenommen. Manche haben resigniert und sehen sich an den Rand der Gesellschaft gedrängt, andere setzen alle Hebel in Bewegung, um ihren sozialen Niedergang aufzuhalten - ungewollt auch auf Kosten ihrer Mitmenschen. Die Menschen haben zu viele Probleme in ihrem täglichen Leben, um sich über philosophische Spitzfindigkeiten Gedanken zu machen. Das Anliegen der Prieuré ist jedoch so wichtig, daß es unbedingt wieder aufgegriffen werden muß. Es bedarf eines neuen Impulses. Dieses Buch soll dazu beitragen, die inzwischen etwas verfahrene Affäre wieder in andere Bahnen zu lenken. Verschiedene glückliche Umstände trugen dazu bei, daß es überhaupt entstehen konnte. Aber es stellt nur eine Anregung dar. Es gibt noch genügend zu entdecken.

Bildbeschreibungen

Der Bildteil wurde, mit wenigen Ausnahmen, von der Autorin zur Verfügung gestellt. Diese Fotos entstanden im Verlauf ihrer eigenen Recherchen. Sie stammen aus verschiedenen Ländern; die Autorin hofft, bei keiner Aufnahme gegen irgendwelche nationale oder internationale Lizenzvorschriften verstoßen zu haben. Sollte dies jedoch geschehen sein, dann infolge von Unwissenheit und nicht Absicht. Die Autorin wäre in diesem Fall für eine Benachrichtigung dankbar, um eine Wiederholung zu vermeiden. Gleichzeitig bittet sie um Nachsicht und nachträgliche Erteilung der Erlaubnis. In der Hoffnung, daß eine Gesellschaft, in der die Presse, ohne Konsequenzen befürchten zu müssen, zwei Menschen beim Liebesspiel aufnehmen und diese Fotos dann gegen den Willen der Beteiligten vermarkten darf, auch mit der unauthorisierten Abbildung eines toten Gegenstandes leben kann.

Einige der abgebildeten Unterlagen stammen aus einer Zusendung, welche die Autorin eines Tages ohne Anschreiben, aber mit dem Absender „Prieuré de Sion - Sécretariat Général" erhielt.

Ob es für die Inschriften auf den Grabsteinen der Marquise von Hautpoul sowie die Evangelienabschriften Chériseys einen Copyright-Inhaber gibt, konnte die Autorin trotz intensiver Bemühungen nicht feststellen.

Namentlich bedanken möchte sich die Autorin bei Herrn Louis Vazart, Suresnes (Frankreich), für das Zurverfügungstellen der Diapositive mit den notariellen Beglaubigungen den Exportgenehmigungen.

Der Verlag weist darauf hin, daß Ausschnitte und Vergrößerungen einiger Bildteile vom Verlag nachbearbeitet wurden um diese Bildteile deutlicher hervorzuheben.

Abbildung 01: Die Spuren der Merowinger beginnen diesseits der französischen Grenze. Das seltsame Wappen der Merowinger, die drei Kröten, wurde aufgenommen in der Meersburg (Bodensee), gegründet von Dagobert I.

Abbildung 02: Diese Kröten sollen sich später in Lilien verwandelt haben. Aufnahme eines Glasfensters in der Kirche von Mouzay, Nähe Stenay, das den französischen Kreuzfahrerkönig Ludwig den Heiligen mit einem blauen Lilienmantel darstellt. Seine Mutter habe als Regentin in seinem Namen die von Saunière gefundenen Genealogien unterzeichnet.

Abbildung 03: Eine Vergrößerung des unteren Bildteils von Abbildung 2. (Ausschnitt) Stifterin dieses Bildes war eine Frau namens Louise Guilmin, geborene Fromager - stammend aus Gisors, neben Stenay und Rennes-le-Château die dritte der Prieuré-Hochburgen. Chérisey benützt ihren Mädchennamen Fromager gleichzeitig für ein Wortspiel. Er splittet ihn in seinem Schlüsselroman „Circuit" in Fro-Mage-r auf und weist damit auf die „Rois Mages" hin, die Heiligen Drei Könige - und damit nicht nur auf den 6. Januar, sondern auch auf den 17., das wichtigste Datum der Prieuré.

Abbildung 04: Ein weiteres Glasfenster in dieser Kirche von Mouzay stellt Dagobert II. dar. Denn ganz in der Nähe von Mouzay sei er 679 ermordet worden.

Abbildung 05: Die Barockkirche Saint-Sulpice, im Zentrum von Paris.

Abbildung 06: Die Kirche St.-Martin-des-Champs, Teil des Conservatoire National des Arts et Métiers, bekannt aus Umberto Ecos „Foucaultschem Pendel“.

Abbildung 07: Teil der beeindruckenden Krypta von Saint-Sulpice

Abbildung 08: Reklame für das Foucaultsche Pendel im Conservatoire National des Arts et Métiers von Paris. Der Verleger des „Foucaultschen Pendels“ (zumindest der italienische) hält im hinteren Deckblatt den Hinweis für angebracht, daß irgendwann nach dem 23. Juni 1984 das Periskop entfernt und die Freiheitsstatue an einen anderen Ort gestellt wurde.

Abbildung 09: Reklameschild vergrößert.

Abbildung 10: Die Inversion in St.-Sulpice: das spiegelverkehrte „N“ im Namen des Malers E.M. Signol, auf einem der beiden Gemälde, welche für die Prieuré die Codeworte MORT, der Tod, und EPEE, das Schwert, symbolisieren. Unten links eine Vergößerung des betreffenden Bildteils.

Abbildung 11: Die Inversion in England: die spiegelverkehrte Kopie des Poussin-Gemäldes „Die Schäfer von Arkadien“ in Shugborough Hall (Staffordshire, England) mit der „Schrift DM“. Oben rechts ein nachbearbeiteter Ausschnitt zur Verdeutlichung. Vergleichen Sie dazu auch Abbildung 72.

Abbildung 12: Die Kathedrale von Barcelona (Katalonien, Spanien). Im benachbarten Sabadell starb einst der Abbé Bigou, der die seltsamen Grabsteine der Marquise von Hautpoul geschaffen haben soll. Die Prieuré betont gerne, daß der Null-Meridian von Paris durch das benachbarte Sabadell führt und damit Barcelona streift.

Abbildung 13: Statue Cyrano de Bergeracs in der Altstadt von Bergerac (Périgord, Frankreich).

Abbildung 14: Gänse in der Kathedrale von Barcelona. Der Brauch, genau an diesem Ort eine Herde Gänse zu halten, ist uralt. Barcelona beziehungsweise Sabadell gehören damit zu den „Gänsefeldern“ von Chériseys „Jeu de l'oie“. Diese Gänse in der Kathedrale, immer elf an der Zahl, werden mit der heiligen Eulalia assoziiert.

Abbildung 15: Graben verboten! das Schild, das den Besucher am Ortseingang von Rennes-le-Château begrüßt

Abbildung 16: Aussicht von Rennes-le-Château aus.

Abbildung 17: Turm Magdala, von der Aussichtsplattform aus gesehen.

Abbildung 18: Ehemaliger Altar der Kirche, von Saunière entfernt.

Abbildung 19: Eingang zum Friedhof von Rennes-le-Château.

Abbildung 20: Kreuzwegstation

Abbildung 21: Kreuzwegstation

Abbildung 22: Kreuzwegstation - Das Kind, das mit seiner Mutter links kniet, ist in das sogenannte Schottentuch gehüllt.

Abbildung 23: Darstellung der heiligen Germaine, der Schäferin von Paris, in der Kirche von Rennes-le-Château.

Abbildung 24: Die weihwassertragende Teufelsgestalt, mit dem Dämon Asmodäus identifiziert.

Abbildung 25: Der im Zusammenhang mit der Kathedrale von Barcelona erwähnten spanischen Heiligen Eulalia ist auch eine Templerkomturei im Larzac (Südfrankreich) geweiht, die sich durch äußerst merkwürdige Verzierungen um das Portal auszeichnet. Etwa zwischen diesen beiden Orten, Barcelona / Sabadell und Sainte Eulalie de Larzac, liegt Rennes-le-Château.

Abbildung 26: Das Grab des Abbé Saunière. Die Finte Saunières, Schatzsucher nach Rennes-le-Château zu locken, führte bereits zur Schändung seines eigenen Grabes.

Abbildung 27: Detailansicht der Teufelsgestalt. Die Nahaufnahme zeigt: er hat keine Zähe (abgesehen davon, daß zu diesem Zeitpunkt gerade wieder eine Auge fehlte).

Abbildung 28: Heutiger Altar, von Saunière errichtet, mit dem Bild der heiligen Maria Magdalena.

Abbildung 29: In der Champagne, in deren Hauptstadt Troyes der Orden der Tempelritter 1128 offiziell gegründet worden war, besaßen sie auch zahlreiche Niederlassungen, wie an einzelnen Ortsbezeichnungen nachzuvollziehen: St.-Etienne-au-Temple, Dampierre-au-Temple, St.-Hilaire-au-Temple. Im Osten von Troyes gehörte ihnen ein riesiges zusammenhängendes Wald- und Seengebiet: der Forêt d'Orient. Bis heute heißt dieser Teil des Forêt d'Orient nach seinen ehemaligen Besitzern Forêt du Temple: Tempelwald.

Abbildung 30: Das Rathaus von Stenay, mit dem Teufelskopf über dem Wappen, für Chérisey das Pendant zum Asmodäus von Rennes-le-Château. Das eigentliche Wappen besteht aus dem heraldischen Sparren, französisch „chevron“. Allerdings leite sich dieses Wort von „chèvre“, die Ziege, ab. Steinbock, bocksgestaltiger Teufel oder Sündenbock?

Abbildung 31: Noch interessanter ist der Name eines Dorfes, der nicht auf die Templer Bezug zu nehmen scheint: La-Loge-aux-Chèvres (im Forêt d'Orient) - wörtlich übersetzt die Ziegenloge. Ein unglaublicher Zufall scheint in dieser Ortsbezeichnung den an die Freimaurer erinnernden Ausdruck „Loge“ mit der Ziege und damit Stenay in Verbindung bringen zu wollen - und von der geographischen Lage her mit den Templern.

Abbildung 32: Burg Bouillon (Belgien), Heimat Gottfrieds von Bouillon, nach dem ersten Kreuzzug Hüter und Verteidiger des Heiligen Grabes - und laut Prieuré ein Nachkomme der Merowinger.

Abbildung 33: Kirche von Bodmin (Cornwall, England). Standplatz einer ehemaligen Templerkomturei. Noch heute ist diese Kirche der heiligen Katharina geweiht, neben der Jungfrau Maria und Maria Magdalena die einzige weibliche Heilige, welche die Templer verehrten.

Abbildung 34: Ein bei Mouzon, also in der Nähe von Stenay, lokalisierter galloromanischer Tempel läßt die Überlieferung von einem Saturntempel in Stenay selbst sehr plausibel erscheinen.

Abbildung 35: Die Muscheln auf diesem Kniekissen in der Kirche von Temple Sowerby in Nordengland lassen keinen Zweifel offen, wem sie geweiht ist: dem heiligen Jakobus.

Abbildung 36: Relativ neuer Grabstein von Kilmory (County Argyll, westliches Schottland). Nicht nur, daß der Familienname an die Templer erinnert: das Wort „lewis“ hat gleichzeitig eine wichtige Bedeutung für die Freimaurer. Es bezeichnet auf der einen Seite einen sogenannten Steinwolf, ein Werkzeug zum Heben schwerer Steine, auf der anderen versteht man darunter den Sohn eines Freimaurers.

Abbildung 37: Vielleicht lag Temple Sowerby einst auf einem englischen Zubringer des Jakobusweges. Dieser Name, Temple Sowerby, könnte auf eine ehemalige Templerkomturei hinweisen. Ebenso die merkwürdigen Grabsteine neben der Kirche.

Abbildung 38: Nochmals die Muscheln von Temple Sowerby.

Abbildung 39: Zum Vergleich: diese Grabsteine sind nachweislich von Templergräbern. Die Aufnahme stammt aus Inchinnan (Schottland).

Abbildung 40: Grabstein unbekannter Herkunft im Friedhof von Kilmartin (County Argyll, westliches Schottland). Zahlreiche Grabsteine in dieser Gegend ähneln verdächtig denen von Gräbern, die mit Sicherheit den Templern zugeordnet werden können, wie zuerst von Michael Baigent und Richard Leigh konstatiert. Die Legende behauptet schon seit Jahrhunderten, die Templer hätten nach dem Verbot des Ordens (1312) in Schottland eine neue Heimat gefunden.

Abbildung 41: Weiterer Grabstein in Argyll.

Abbildung 42: Die andere Form des Sündenbocks: das Agnus-Dei auf einem Templergrab in Templetown (Grafschaft Wexford, Irland).

Abbildung 43: George Street Nr. in Edinburgh - der Sitz der schottischen Großloge -, hier verschämt als „Freemasons' Hall“ bezeichnet, aber auch als St Mary's Chapel bekannt. Neben der Königin von Saba hat zumindest die Jungfrau Maria Eingang in die Logen gefunden.

Abbildung 44: Dieses runde Kreuz in Kilmory, südlich von Kilmartin, entspricht haargenau dem Tatzenkreuz der Templer.

Abbildung 45: Zum Vergleich zu Abbildung 44: originales templerisches Tatzenkreuz in der ehemaligen Komturei La Couvertoirade (Larzac, Südfrankreich).

Abbildung 46: Das Wappen der schottischen Sinclairs, Herren der merkwürdigen Kirche von Rosslyn und von großer Bedeutung in der Geschichte des schottischen Freimaurertums Es ist in den typisch templerischen beziehungsweise freimaurerischen Farben Schwarz und Weiß gehalten. Die Prieuré stellte über Pierre Plantards Beinamen St.-Clair und die Hinweise auf Roseline eine Verbindung her.

Abbildung 47: Eine der wenigen erhaltenen polygonen Templerkapellen erhebt sich ausgerechnet in Laon - nur etwas mehr als hundert Kilometer Luftlinie von Stenay entfernt.

Abbildung 48: Das Wappen der Grafschaft Argyll, in der Heraldik geständertes Kreuz genannt, ähnelt sehr dem templerischen Tatzenkreuz. Auf dem Friedhof von Glenorchy (Nähe Kilmartin) aufgenommen.

Abbildung 49: Siehe Abbildung 48 - Diese Abbildung wurde vom Verlag entsprechend manupuliert um das Kreuz zu verdeutlichen.

Abbildung 50: Cairn zwischen Kilmartin und Dunadd. Kultstätte oder Grabmal?

Abbildung 51: Kirche von Glenorchy, Nähe Kilmartin. Es war nicht festzustellen, auf wessen Einfluß die seltsame achteckige Form der Kirche zurückzuführen ist. Auf jeden Fall erinnert sie beinahe allzusehr an die bekannten Templerkirchen. Zufall?

Abbildung 52: Und noch ein Zufall: die einzelnen Buchstaben „P.S.“ auf einem weiteren Grabstein in Glenorchy. Ich dachte zuerst, ich hätte bereits Halluzinationen, weil ich mich zu sehr mit der Prieuré de Sion beschäftige. Detailansicht oben rechts.

Abbildung 53: Aussicht von Dunadd, im Süden von Kilmartin gelegen, ehemals Zitadelle des keltischen Königreiches von Dalriada. Hier soll einst der „Stone of Destiny“, der Krönungsstein der schottischen Könige, gestanden haben.

Abbildung 54: Auf dem Friedhof von Glenorchy stößt man auf die gleichen merkwürdigen alten Grabsteine wie in Kilmartin etc.

Abbildung 55: Ein weiterer Grabstein in Argyll - nicht der einzige - auf dem ein scherenähnliches Instrument dargestellt wird. Zum Scheren von Schafen benützt, sagen die Skeptiker. Eine Form des freimaurerischen Zirkels, behaupten die anderen: ein Ritter überließ wohl das Scheren der Schafe seinen Vasallen.

Abbildung 56: Der Eber von Dunadd

Abbildung 57: Der Eber von Dunadd, Detailansicht und etwas kontrastreicher vom Verlag manipuliert.

Abbildung 58: Eine ganz ähnliche Darstellung eines scherenähnlichen Gegenstandes auf einer Grabplatte in der Kathedrale von Barcelona. Sollte auch hier ein Schafscherer verewigt worden sein? Oder das tapfere Schneiderlein? Oder eher ein Baumeister?

Abbildung 59: Die Kathedrale auf der grünen Wiese, im wahrsten Sinne des Wortes: Notre-Dame d'Avioth, Nähe Stenay.

Abbildung 60: Die ehemals Schwarze Madonna von Notre-Dame d'Avioth.

Abbildung 61: Das allsehende göttliche Auge in einem Dreieck, wichtiges Symbol auch der Freimaurer - in Niederhaslach (Elsaß) gefunden.

Abbildung 62: Dieser Templergrabstein von Bures-les-Templiers ist unter Experten weltberühmt: weil er den freimaurerischen Winkel und die Spitzhacke aufweist.

Abbildung 63: Anonymer Grabstein unbekannten Alters auf dem Friedhof neben der Kirche von Niederhaslach (Elsaß) Man beachte die Ähnlichkeit mit Bures. Eigentlich sollte man von einem Zufall ausgehen können. Aber ausgerechnet bei dieser Kirche handelt es sich um eine Schenkung König Dagoberts II. an den Einsiedler Florentinus. Dieser soll die Tochter Dagoberts von angeborener Blindheit geheilt haben. Louis Vazart rückt ihn deshalb in die Nähe von St.-Clair - und bringt ihn damit direkt mit den schottischen Sinclairs und dem Freimaurertum in Verbindung! Noch merkwürdiger: dieser heilige Florentinus, dem die Kirche geweiht ist, wird ausgerechnet am 7. November, am 7.11., gefeiert - lediglich eine weitere Inversion des 17.1., der für die Prieuré eine so wichtige Rolle einnimmt.

Abbildung 64: Die Schlange und das Kreuz, ausgerechnet auf dem Taufbecken einer ehemaligen Templerkomturei (Garway, im englischen Herefordshire) gefunden.

Abbildung 65: Die Schlange zu Füßen der Jungfrau. In diesem Beispiel durch die Farbgebung besonders auffällig: die schwarze Schlange hebt sich wunderbar von dem weißen beziehungsweise himmelblauen Hintergrund ab. Aufgenommen wurde dieses Bild in der Burg von Fos. Der sagenumwobene Maître Roncelin, welcher dem Templerorden eine geheime Regel gegeben haben soll, heißt mit vollem Namen Roncelin de Fos.

Abbildung 66: Detailansicht von Abbildung 65

Abbildung 67: Kirche der Abtei von Alet, gegründet im Jahre 813, mit den berüchtigten Hexagon-Fenstern Einst Bischofssitz von Nicolas Pavillon, der zu den Gründungsmitgliedern der Compagnie du Saint Sacrement gehört haben soll. Noch früher stand hier ein berühmter Cybeletempel.

Abbildung 68: Die merkwürdigen Vertiefungen im Felsgestein der Burg Fos, teilweise als Gräber, teilweise als Getreidesilos benützt. Eine perfekte Analogie zu den Mysterien der alten Göttinnen der Fruchtbarkeit.

Abbildung 69: Gesamtansicht dieses Wandgemäldes in der Kirche von Rennes-le-Château. Unten rechts neben dem Beichtstuhl kann man die 7. Kreuzwegstation erkennen (siehe Abbildung 74).

Abbildung 70: Feld unterhalb des römischen Oppidums von Enserune (zwischen Béziers und Narbonne und damit geographisch im gleichen Bereich wie Rennes-le-Château gelegen). Dachte Chérisey an diese Verbindung von solum (die Erde) und sol (die Sonne), als er die Evangelien-Abschriften fälschte?

Abbildung 71: Dieses Bild zeigt das sogenannte „Grab von Arques“, obwohl es sich in Wirklichkeit um ein Grab von Peyrolles handelt. Der suggestive Name Aques wurde gewählt, um eine Verbindung zum Poussin-Gemälde „die Schäfer von Arkadien“ herstellen zu können (siehe Abbildung 72). Inzwischen wurde das Grab (unten links im Bild) zerstört.

Abbildung 72: Das Poussin-Gemälde „Die Schäfer von Arkadien“, das im Louvre hängt.

Abbildung 73: Darstellung der „Saintes-Maries-de-la-Mer“, der heiligen Marien des Meeres, in der Pfarrkirche von Vendres, Nähe Béziers (Languedoc). Interessanterweise fehlt ausgerechnet bei dieser Darstellung Maria Magdalena. Man hat den Verdacht, als wollten die Verantwortlichen gerade an diesem Ort bewußt einen eventuellen Zusammenhang zwischen ihr und der Venus unter den Tisch kehren. Denn in Wendres erhob sich einst ein Tempel der Venus (siehe Abbildung 75).

Abbildung 74: Die 7. Station des Kreuzwegs von Rennes. Genau über diesem Bild (am linken oberen Bildrand schwach zu erkennen) befindet sich der Schriftzug BLES, Getreide, aus dem Wandgemälde, das die Mühseligen und Beladenen darstellt (siehe Abbildung 69).

Abbildung 75: Vendres, Nähe Béziers (Languedoc). An dieser Stelle erhob sich einst der Venustempel von Vendres - nicht mehr viel zu sehen.

Abbildung 76: Die 7. Station des Kreuzwegs von Saint-Sulpice mit Vers 14 von Psalm 68: Ziehe mich aus dem Sumpf. Sehr gutes Beispiel für die Arbeitsweise der Prieuré. Denn immer wieder findet man in Büchern, die sich mit der Angelegenheit Rennes-le-Château beschäftigen, diesen Spruch zitiert. Nur kommt es der Prieuré weder auf dieses Zitat noch auf den Kreuzweg von St.-Sulpice an. In Wirklichkeit handelt es sich um einen Querverweis auf die 7. Station des Kreuzwegs von Rennes-le-Château.

Abbildung 77: Der notariell beglaubigte Antrag auf Ausfuhrgenehmigung.

Abbildung 78: Weiteres Blatt des notariell beglaubigten Antrags auf Ausfuhrgenehmigung.

Bibliographie

Alarcón, Rafael Herrera: A la sombra de los Templarios, Ediciones Martínez Roca S.A., Barcelona, 1986

Alarcón, Rafael Herrera: La otra España del Temple, Ediciones Martínez Roca S.A., Barcelona, 1988

Alarcón, Rafael Herrera: La última Virgen Negra del Temple, Ediciones Martínez Roca S.A., Barcelona, 1991

Andreae, Johann Valentin: The Chemical Wedding of Christian Rosenkreutz, Phanes Press, Grand Rapids, MI (USA), 1991

Andrews, Richard und Schellenberger, Paul: The Tomb of God, Little, Brown and Company, London, 1996

Anonym: The Text Book of Freemasonry, Reeves and Turner, London, 1881

Apuleius: Der goldene Esel, Artemis Verlag München, 1989

Arana, José Ignacio de: Historias curiosas en la Iglesia, Editorial Espasa Calpe S.A., Madrid, 1995

Arazo, María Angeles: Superstición y fe en España, Plaza & Janes S.A., Barcelona, 1978

Areilza, José María de: Luis XIV, el Rey Sol, Editorial Planeta S.A., Barcelona, 1990

Atienza, Juan G.: Los santos paganos, Ediciones Robinbook, Barcelona, 1993

Atienza, Juan G.: Santoral diabólico, Fontana Fantastica / Ediciones Martínez Roca S.A., Barcelona, 1988

Baigent, Michal, Leigh, Richard, Lincoln, Henry: The Holy Blood and the Holy Grail, Corgi Books, 1983

Baigent, Michal, Leigh, Richard, Lincoln, Henry: The Messianic Legacy, Corgi Books London, 1991

Baigent, Michael und Leigh, Richard: Des Templiers aux Franc-Maçons, Editions du Rocher, 1991

Bander, Peter: The prophecies of St Malachy and St Columbkille, Colin Smythe Ltd., Gerrads Cross, 1989

Bardet, Jean-G.: La vie de la Louve, bergère de La Salette, Guy Trédaniel, Paris, 1986

Barrès, Maurice: La Colline inspirée, Editions du Rocher, 1986

Bayrou, François: Henri IV, le roi libre, Flammarion, 1994

Bedu Jean-Jacques: Rennes-le-Château, autopsie d'un mythe, Editions Loubatières, Portet-sur-Garonne, 1990

Beltran, Antonio: El Santo Cáliz de la Catedral de Valencia, Valencia, 1960; Druckerei Octavio Y Félez, Zaragoza

Bergerac, Cyrano de: Histoire comique des états et empires de la lune et du soleil, Editions Galic, Paris, 1962

Bergerac, Cyrano de: Oeuvres comiques, galantes et littéraires de Cyrano de Bergerac, Adolpe Delhays, Paris, 1858

Bertière, Simon: Les Reines de France au temps des Valois, 2. Les années sanglantes, Editions de Fallois, Paris, 1994

Bethencourt, Emiliano und Rojas, Félix: El legado del Temple, Etiqueta Oculta, Ediciones Júcar, Madrid, 1991

Bitschnau, P. Otto: Das Leben der Heiligen Gottes, Benziger & Co., Einsiedeln, ca. 1890

Bocconi, Anna Lamberti: Las grandes profecías hasta el 2100, Editorial de Vecchi S.A., Barcelona, 1995

Bosl, Karl: Europa im Mittelalter, Gondrom Verlag, Bayreuth, 1978

Boudet, Henri: La vraie langue celtique et le cromleck de Rennes-les-Bains, Pierre Belfond, Paris, 1978

Bozíky, Edina (Herausgeberin): Le livre secret des Cathares - Interrogatio Iohannis, Editions Beauchesne, Paris, 1980

Chaumeil, Jean-Luc: Le triangle d'or, Editions Alain Lefeuvre, 1979

Chérisey, Philippe de: Circuit, Selbstverlag (vermutlich Lüttich, 1971)

Chollet, M.: Vie de St. Vincent de Paul, L. Saintmichel, Libraire, Paris, 1816

Clebert, Jean-Paul: Histoires et légendes de la Provence mystérieuse, Editions Sand, 1986

Corbu, Claire und Captier, Antoine: L'héritage de l'abbé Saunière, Collection Belisane, Nizza, 1985

Cousin, Victor: Madame de Longueville pendant la Fronde 1651 - 1653, Librairie Académique, Didier et Cie., Paris, 1867

Dailliez, Laurent: Guide de la France templière, Editions La Table d'Emeraude, Paris, 1992

Daniel-Rops: L'Eglise des temps barbares, Librairie Arthème Fayard, Paris, 1950

Daraul, Arkon: Les sociétés secrètes, Editions J'ai lu, Paris, 1970

Delcor, Mathias: Les vierges romanes de Cerdagne et Conflent dans l'Histoire et dans l'Art, Raphael Dalmaur Editeur, Barcelona, 1970

Deléaud, Renée: Le Trésor de Sion, Mas Cadouine, 30700 Uzès, 1985

Deleury, Guy: Les fêtes de Dieu, Editions du Félin, Paris, 1994

Delorme, Philippe: L'affaire Louis XVII, Editions Tallandier, Paris, 1995

Delouvrier, A.: Histoire de Pézenas, C. Lacour, Editeur, Nimes, Collection Rediviva, 1993

Duchet-Suchaux, G. und M: Les ordres réligieux, Flammarion, Paris, 1993
Eco, Umberto: Il pendolo di Foucault, Gruppo Editoriale Fabbri, Bompiani, Sonzogno, Etas S.p.A., Mailand, 1989
Englebert, Omer: La Fleur des Saints, Editions Albin Michel, Paris, 1984
Eschenbach, Wolfram von: Parzival, Philipp Reclam jun. GmbH & Co., Stuttgart, 1992
Facon, Roger: L'Or de Jérusalem, Editions Montorgueil, Paris, 1990
Ferté, Patrick: Arsène Lupin, supérieur inconnu, Guy Trédaniel, Paris, 1992
Flaubert, Gustave: La tentation de St.-Antoine, Garnier-Flammarion, Paris, 1967
Fontana, David: The Secret Language of Symbols, Pavillon Books Ltd., London, 1993
Frazer, J. G.; The Golden Bough (gekürzte Ausgabe), Pan Macmillan Press Ltd., London + Basingstoke, 1991
Gordon, Stuart: The Encyclopedia of Myths and Legends, Headline Book Publishing, London, 1994
Guinguand, Maurice und Lanne, Béatrice: El oro de los Templarios, Ediciones Apóstrofe, Barcelona, 1996
Guigou, Emile: Une cité au Pays d'Oc - de Posquières à Vauvert, Editions de l'impliqué, Montpellier, 1995
Gurgo, Ottorino: Pilatos, Editorial Planeta, Barcelona, 1990
Hancock, Graham: The Sign and the Seal, Mandarin Paperback, London, 1993
Harenberg, Bodo (Koordinator): Chronik der Deutschen, Chronik Verlag, Harenberg Kommunikation Verlags- und Mediengesellschaft GmbH & Co.KG, Dortmund, 1983
Hervás, Ramon: Jesus, el heroe solar, Ediciones Robinbook, Barcelona, 1993
Hugo, Victor: La fin de Satan, Editions Gallimard, 1984
Hutin, Serge: Gouvernants invisibles et sociétés secrètes, Editions J'ai lu, Paris, 1971
Hutin, Serge: Les sociétés secrètes en Chine, Editions Robert Laffont, Paris,1976
Huxley, Aldous: Brave New World, Granada Publishing Ltd., St Albans, 1979
King, Stephen: Salem's Lot, Signet Books, New American Library, New York, USA, 1976
Kletzky-Pradère, Tatiana: Rennes-le-Château, Guide du Visiteur, Copyright: Tatiana Kletzky-Pradère, 1990
Kohn, Richard und Dalsace, Robert: Naissances Royales & Princières, Guy Trédaniel, Paris, 1987
Lamy, Michel: Jules Verne, initié et initiateur, Editions Payot & Rivages, Paris, 1994
Landmann, Salcia: Jüdische Witze, Deutscher Taschenbuch Verlag GmbH & Co.KG, München, 1979
Leblanc, Maurice: 813, Le livre de poche, Librairie Générale Française, Paris, 1990
Leblanc, Maurice: La demeure mystérieuse, Le livre de poche, Librairie Générale Française, Paris, 1993
Leblanc, Maurice: La demoiselle aux yeux verts, Le livre de poche, Librairie Générale Française, Paris, 1991
Leblanc, Maurice: Dorothée, danseuse de corde, Le livre de poche, Librairie Générale Française, Paris, 1992
Leblanc, Maurice: Le formidable événement, Le livre de poche, Librairie Générale Française, Paris, 1987
Leblanc, Maurice: Le triangle d'or, Le livre de poche, Librairie Générale Française, Paris, 1989
Leblanc, Maurice: Les 3 yeux, Le livre de poche, Librairie Générale Française, Paris, 1990
Leblanc, Maurice: L'île aux trente cercueils, Le livre de poche, Librairie Générale Française, Paris, 1992
Lierre, Yves: Le secret des prêtres du Razès ou le mystère des deux Rennes, Editions de Neustrie, Caen, 1986
Lincoln, Henry: The Holy Place, Jonathan Cape, London, 1991
Markale, Jean: Gisors et l'enigme des Templiers, Editions Pygmalion / Gérard Watelet, Paris, 1986
Markale, Jean: Rennes-le-Château et l'enigme de l'or maudit, Editions Pygmalion / Gérard Watelet, Paris, 1989
Marole, Jean-Claude: Blason: langue vivante, Editions Dangles, St.-Jean-de-Braye, 1995
Melchers, Erna und Hans: Das große Buch der Heiligen, Südwest Verlag München, 1978
Miers, Horst E.: Lexikon des Geheimwissens, Goldmann Taschenbücher, 3. Auflage
Molière: Les Fourberies de Scapin, Le livre de Poche, 1986
Molière: Le Tartufffe, Classiques Larousse, 1990
Montfaucon de Villars, Nicolas de: El Conde de Gabalis, Editorias Kier S.A., Buenos Aires, 1987
Mozart, Wolfgang Amadeus (beziehungweise Schikaneder, Emanuel): Die Zauberflöte, Philipp Reclam Jun., Stuttgart, 1983
Niel, Fernand: Quéribus, Editions Robert Lafont, Paris, 1988
O'Kelly, Claire: Concise Guide to Newgrange, Cork, Irland, 1990
Pagels, Elaine: The Gnostic Gospels, Penguin Books, Middlesex, 1990
Perrault, Charles: Contes, Le livre de poche, Librairie Générale Française, Paris, 1987
Plancy, Collin de: Dizionario Infernale, Fratelli Melita Editori, Genua, 1989
Poe, Edgar Allan: The Fall of the House of Usher and Other Tales, The New American Library Inc., New York
Rahn, Otto: A la corte de Lucifer, Ediciones Internacionales Rigal S.L., Zaragoza, 1993

Rahn, Otto: Cruzada contra el Grial, Ediciones Hiperión S.L., Madrid, 1982
Régnier-Bohler, Danielle (Herausgeberin): La légende Arturienne, Editions Robert Laffont, Paris, 1989
Ribon, Pierre: Pierres qui guérissent, Editions Horvath, Lyon
Robertson, John M.: Die Evangelien-Mythen, Eugen Diederichs, Jena, 1910
Robin, Jean: Operación Orth, Ediciones Heptada, Madrid, 1989
Roquebert, Michel: Les Cathares et le Graal, Editions Privat, Toulouse, 1994
Salarrullana, Pilar: Las sectas, Ediciones Temas de hoy S.A., Madrid 1993
Sawyer, Deborah F.: Women and Religion in the first Christian Centuries, Routledge, London, 1996
Sède, Gérard de: La race fabuleuse, Editions J'ai Lu, 1973
Sède, Gérard de: La rose-croix, Editions J'ai Lu, 1978
Sède, Gérard de: Les Templiers sont parmi nous, René Julliard, Paris, 1962
Sède, Gérard de: L'or de Rennes, René Julliard, Paris, 1967
Sède, Gérard de: Rennes-le-Château, Editions Robert Laffont, Paris, 1988
Shah, Idries: The way of the Sufi, Arkana, Penguin Group, London, 1990
Shakespeare, William: The complete works of William Shakespeare, Abbey Library, Murray Sales and Service Company, London
Shuel, Brian: Guide to Traditional Customs of Britain, Webb & Bower Ltd., Exeter, 1985
Spence, Lewis: Alemania, M. E. Editores S.L., Madrid, 1995
Stevenson, Robert Louis: Dr Jekyll and Mr Hyde and other stories, Penguin Books, Harmondsworth, 1979
Stevenson, Robert Louis: Treasure Island, Collins, London and Glasgow, 1985
Tchou, Claude (Editeur): Guide de la France mystérieuse, Tchou, Les Guides Noirs, Paris, 1964
Temple, Robert K. G.: Götter, Orakel und Visionen, Umschau Verlag, Frankfurt/M., 1982
Thouzellier, Christine (Herausgeberin): Rituel Cathare, Les Editions du Cerf, Paris, 1977
Tilmant, Virginie: Nicolas Flamel, Marabout, Alleur (Belgien), 1996
Tolkien, J. R. R.: The Lord of the Rings, George Allen & Unwin, London, 1966/68
Vazart, Louis: Abrégé de l'histoire des Francs - Les gouvernants et rois de France, Selbstverlag, Paris, 1978
Vazart, Louis: Dagobert II, Selbstverlag, Suresnes, 1983
Velikovsky, Immanuel: Welten im Zusammenstoß, Deutsche Verlags-Anstalt GmbH, 1959
Verne, Jules: Les Indes Noires, Editions Gallimard, 1991
Villeneuve, Roland: Le divin Héliogabal, Guy Trédaniel, Paris, 1984
Vincent, R.P.: Histoire fidèle de St. Sigisbert, avec un abrégé de la vie du roy Dagobert son fils, René Charlot & Pierre Deschamps, Nancy, 1702
Wood, David: Genisis, The Baton Pres, Tunbridge Wells, 1985
Woodward, Kenneth L.: La fabricación de los santos, Ediciones B S.A., Barcelona, 1991
Dix Mille Saints, dictionnaire hagiographique, zusammengestellt von der englischen Benediktinerabtei St. Augustin in Ramsgate, französischsprachige Ausgabe: Brepols, Belgien, 1991
Biblia Sacra (Vulgata), Deutsche Bibelgesellschaft Stuttgart, 1969/1983
Charivari no. 18, 1973
Dossiers Henri Lobineau
Etudes Mérovingiennes (diverse), herausgegeben vom Cercle St. Dagobert II
Statuten der Prieuré de Sion 1955 / 1956
hinzu kommen: Informationen aus diversen Wörterbüchern, Lexika, Tages- und Wochenzeitungen, Kalendern, Stadtbeschreibungen und Fernsehsendungen.

Index

A

Ä

B

C

D

E

F

G

M

N

O

P

R

S

T

U

V

W

Z

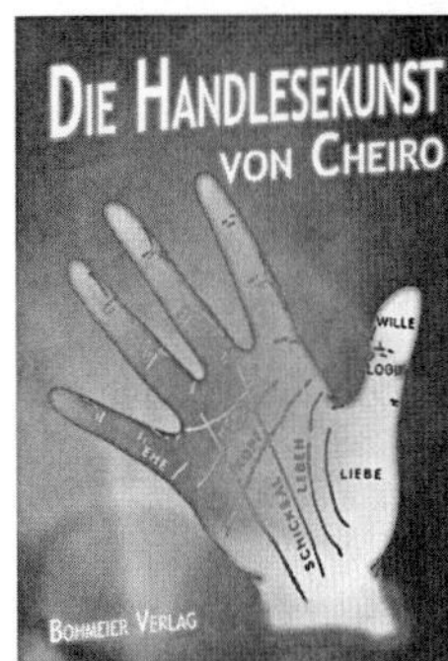
Die Handlesekunst
von Cheiro
Bohmeier Verlag

High werden ohne Drogen
Ein Bewusstseinserweiterndes Handbuch
von Frederick E. Dodson
Bohmeier Verlag

Krafttiere
Die unsichtbaren Begleiter
Bohmeier Verlag

Das Geheimnis der Dualseelen,
Seelengefährten und Seelengeschwister
von Sandra Ruzischka
Bohmeier Verlag

Des Teufels Apokryphen
Zu jeder Geschichte gibt es zwei Seiten
von John A. De Vito
Bohmeier Verlag

Sternentore
Die rätselhafte seehste Dimension

Die Entsäuerung des Körpers
in 10 Schritten
Der ultimative Jungbrunnen und Schlankmacher!
Das Säure-Basen-Gleichgewicht
Anleitung zur Ausschwemmung krankmachender Säure
Bohmeier Verlag
von Patrizia Pfister

Die geheimen Botschaften,
Manuskripte und Schätze der Templer
in RENNES - LE - CHATEAU
Die Auflösung des kosmischen Geheimnisses
das bisher nur Eingeweihten vorbehalten war
von Monika Hauf

Das Buch der
Werwölfe
von Sabine Baring-Gould
Bohmeier Verlag

Küchenmagie
von Sor. Conata
Bohmeier Verlag